U0101027

新 视 界

始于未知　去往浩瀚

02 **财政政治学视界论丛**

丛书主编 刘守刚 刘志广

大明帝国的
财政崩溃
与商人命运

明朝的钱
去哪儿了

华腾达◎著

上海远东出版社

图书在版编目(CIP)数据

明朝的钱去哪儿了：大明帝国的财政崩溃与商人命运 / 华腾达著. —上海：上海远东出版社,2023
(财政政治学视界论丛)
ISBN 978-7-5476-1951-3

Ⅰ.①明… Ⅱ.①华… Ⅲ.①财政史-中国-明代
Ⅳ.①F812.948

中国国家版本馆 CIP 数据核字(2023)第 187548 号

责任编辑　陈占宏
封面设计　刘　斌

本书入选"十四五"国家重点出版物出版规划项目

明朝的钱去哪儿了
大明帝国的财政崩溃与商人命运

华腾达　著

出　　版　上海远东出版社
　　　　　(201101　上海市闵行区号景路 159 弄 C 座)
发　　行　上海人民出版社发行中心
印　　刷　上海信老印刷厂
开　　本　710×1000　　1/16
印　　张　16
字　　数　262,000
版　　次　2023 年 11 月第 1 版
印　　次　2023 年 11 月第 1 次印刷
ISBN　978-7-5476-1951-3/F·720
定　　价　78.00 元

卷首语

在策划"财政政治学译丛""财政政治学文丛"时,我们产生了要编辑出版《财政政治的视界》文集的初步设想。"译丛"主要出版的是国外学者的专著和已出版的论文集,"文丛"主要出版的是国内学者的专著。可是,仍有大量有价值的国内外文献因各种原因无法被纳入"译丛"或"文丛"中,因而需要有一个新的载体作为"译丛"和"文丛"的有效补充。现在,在上海远东出版社的大力支持下,作为"文丛"的续编,"财政政治学视界论丛"也开始出版了,于是我们将已经筹备了几年的《财政政治的视界》纳入"论丛"中,这也算是瓜熟蒂落、水到渠成。期望《财政政治的视界》系列图书能成为国内学界翻译、传播、交流、研讨财政政治学的新平台。

正如"财政政治学视界论丛"的"主编后记"所阐明的,我们推动财政政治学发展的努力,主要是希望继承和拓展在财政思想史上被忽略或被边缘化的一种研究传统。这种研究传统在文献上既体现在各类专著中,也体现在大量分散在各类甚至是各个学科的学术期刊中。这些研究跨越了多个世纪,来源于不同的语种和国家,涉及不同的研究主题和研究方法,甚至可能得出了不同的结论,在学术思想史上还同时得到过极高或极低的评价。在我们看来,这些研究共享了一种"视界",它不同于在社会控制取向下计算资源配置最优或社会福利最大化的财政经济学研究,而是在个体自由取向下努力揭示财政制度形式与国家治理、社会变迁之间的深层内在联系。需要指出的是,我们在此并不希望给"财政政治的视界"进行严格的界定,我们所说的"视界"并没有库恩所说的"范式"或拉卡托斯所说的"科学研究纲领"那样严格。

在《财政政治的视界》系列图书选译(编)的论文中,大家会看到有很多学者在研究中使用的是"财政社会学"而非"财政政治学",但这并非是我们"移花接木"或"张冠李戴",而是从创立者的意图和所使用的方法来说,二者在很多场合下可以作为同义词来使用。在"财政政治学文丛"的"文丛后记"中,我们曾简要地阐述了我们对这个问题的看法,而在"财政政治学视界论丛"的"主编后记"中,我们也重申并补充了有关观点。我们选择从社会理论的角度来看待"财政社会学"和"财政政治学",希望基于财政的维度来理解、解释和识别大规模的国家治理变革与社会变迁,同时进一步分析和理解形成特定财政制度的社会条件以及特定财政制度怎样塑造社会条件。

我们期望《财政政治的视界》系列图书能过一段时间出版一辑。本辑《财政政治的视界》选录的文献主要有三种来源:一是在财政政治学/财政社会学发展史中具有代表性的论文(译文),本辑来源主要是英语文献,我们希望今后能有更多来自德语、法语、意大利语、日语等多语种文献的译文;二是对于财政政治学/财政社会学发展具有重要参考意义的选文,它们大多来自外文专著,但由于种种原因不能或不便将全书译为中文,我们就选择其中具有重要理论探索意义并有相对独立性的篇章翻译后编入;三是国内学者在财政政治学/财政社会学领域具有创新性的论文或对财政政治学/财政社会学研究具有重要启发的文献综述。

感谢学界同仁和社会各界人士对我们编辑出版的"财政政治学译丛""财政政治学文丛""中国近现代财政学名作新编丛书"的大力支持,也衷心期待以《财政政治的视界:缘起与发展》为开篇的"财政政治学视界论丛"能得到学界同仁和社会各界人士的关注和指导。

目 录

"李约瑟之问"等问题都好奇为什么在大分流之后中国和西方走向了完全不同的发展路径,那无疑,一国的财政制度以及商人在其中发挥的作用在其中是占有不少分量的。

公共品如道路网和驿站的建设,民用只是其次的。其最主要的目的,仍然是服务国家和国家财政。明代中后期,频频出现财政危机,张居正是借此节省开支,改革后全国邮驿经费减少了三分之一。

明帝国商人在国家与商人的合作中的地位仍然不高。在看似其角色必不可少的表象之下,明朝商人的存在完全是为帝国财政服务。而且,商人的命运牢牢掌握在当时掌管国家财政的官员手中。

第三章　明代商业税中的财政与商人 ⋯⋯⋯⋯⋯⋯⋯⋯⋯⋯ 93

明初洪武帝和永乐帝创造的一些用于打击逃税的创新举措收效甚微，以至于到了明中，商人的逃税现象日益猖獗，而且很多基层的税收官员也并不作为。明朝末期，万历帝的矿税和加派税吏，以及之后魏阉集团的政策，短暂地增加了明廷的财政收入，却让商人怨声载道。

第四章　明代农业税和非税收入中的财政与商人 ⋯⋯⋯⋯⋯⋯113

商人的地位虽然仍远不及士阶层，但和固守土地的农民和难以创收的工匠相比，明帝国商人的地位是有所提高的。功成名就的商人会回到自己的家乡，大量购置土地，并发挥和乡绅类似的职能，甚至成为乡绅，为村民们修建祠堂、改善基建等，从而在自己的家乡和老乡中博得好名声。

第五章　明代对外商贸活动中的财政与商人 ⋯⋯⋯⋯⋯⋯⋯⋯147

利用外贸发展沿海经济，开拓海外市场，在贸易上补短板，被认为是增加国家财政收入的重要手段之一。然而，遗憾的是，这些思考的出发点并不是站在维护商人权益的角度。

明代徽州商人在其经济活动中,可能除了盐业之外,也就是典当业占有着重要地位。他们经营的质库、当铺,遍布各地,并以此盘剥重息,累积财富。

对于国家财政而言,商人兼具"贡献者"和"参与分配者"两个身份,甚至在某些情况下,和士人阶层一样具有相当的话语权。

绪 论

"李约瑟之问"等问题都好奇为什么在大分流之后中国和西方走向了完全不同的发展路径，那无疑，一国的财政制度以及商人在其中发挥的作用在其中是占有不少分量的。而明代所处的时期，即十四世纪中叶至十七世纪中叶，恰恰正是大分流发生之时。具体细致地研究明帝国时期独特的财政政策和制度，以及商人在其中的角色和地位，对于理解大分流这一段世界近代史上的特殊却极其重要的时期里中国的财政状况和商人角色，具有重要意义。

一、为什么研究大明帝国的财政？

（一）反观大分流同期的中国实际

李约瑟（Joseph Needham）曾在其著作《中国科学技术史》第一卷的序言中提出了这样一个问题："中国的科学为什么持续停留在经验阶段，并且只有原始型的或中古型的理论？ 如果事情确实是这样，那么在科学技术发明的许多重要方面，中国人又怎样……在 3 至 13 世纪之间保持一个西方所望尘莫及的科学知识水平？……中国的这些发明和发现往往远远超过同时代的欧洲……而中国文明却未能在亚洲产生与此相似的近代科学，其阻碍因素是什么？"李约瑟的提问是从科技史的角度出发，好奇为何中国古代的科技理论很薄弱，为何能在古代创造出众多伟大的科技成果，但在坐拥这些极重要科技成果的同时却又在近代落后于西方。而更进一步，我们也不禁想要追问，工业革命为什么没有在同时期的中国发生？

自这一问题提出伊始，众多的学者对此提出了各种解释，比如可能是所有解释里最出名的彭慕兰的《大分流》，就是比较了工业革命前夕东亚和欧洲的经济状况，并以当时的江南地区和英格兰的比较举例[1]。 不过，无论是何种解释，科技的飞升与工业革命的推进总离不开一个因素： 原始积累。而这正需要国家财政的支持。毫无疑问，财政在现代国家构建过程中虽然不是唯一的决定因素，然而其重要性却毋庸置疑,对明帝国来说亦是如此。从财政上看,"帝国依托于君主的土地所有权建立统治权,用君主对个人及家族的关心,激励并约束他为公共利益而治理天下的行为"[2]。

选择明代这个时间段的一个重要原因,是明代和 15 至 17 世纪的地理大发现基本处于同期,而我们都知道,欧洲的原始积累很大程度上正是依赖于对外扩张。一些学者喜欢对中国与欧洲在财政制度上的异同进行分析。这个研究思路无疑是合理的,对明代财政制度的讨论亦是本书的核心内容。不过,在财政制度之外,很多学者的分析却鲜少或根本没有涉及商人这一重要的群体,或许商人阶层历来都不是财政史研究关心的主要群体。在近代欧洲的发展史上,商人的地位是绝对不容小觑的。那个时期的欧洲商人有权放贷给国王,能支持国家出兵与外国打仗或进行殖民侵略,亦有相当多的创新,比如现代商业法律雏形的创立,现代公司制度的建立,银行的创建,汇票、信用等新型金融工具的出现等等。甚至在某些情况下,商人还能直接接管国家财政,比如在拜占庭帝国后期,中央政府由于缺少资金,直接把国家重大项目的专营权和税收权都交给了当时如日中天的威尼斯商人。

反观大分流同期的明帝国,总体上,之前的不少学者均认同明帝国财政趋于僵化,而明代的商人群体毫无话语权。从当时中西方大分流的结果来看,这一论断应该是有其一定合理性的。然而,我们肯定不能只得出这么一个"单一性论断"。很多研究中所体现的思想桎梏是颇为根深蒂固的,"一些人一直以来被灌输的观念,受到的教育就是,明代统治者如何残暴荒淫,如何横征暴敛,广大民众被沉重剥削,生活在水深火热之中。教科书上是这么写的,一些历史学者的文章专著中也是这么宣扬的"[3]。这种质疑是合理的:明帝国是否真的只是皇帝一人独大的专制?明帝国的统治阶层是否真的"残暴荒淫"?明代的财政制度是否真的僵化?即使真的是僵化,其原因是否是财政制度本身的设计缺陷,执行不力,还是有其他因素?明代的商人群体是否仍然处于社会的底层?他们的话语权是否随着明代商业发展而有所改变?这其中的任何一个问题,在进行较为全面深入的研究之前,都是无法妄下结论的。

而在这一系列问题中,本研究最关心的是: 明代的财政制度与明代商人的社会角色之间存在怎样的关系?这两者如何互相影响?明代商人为明代国家财政作出了怎样的贡献?他们在其中究竟发挥了怎样的作用?本书将详细解答这些问题。

（二）探究商人与国家财政的关系

但凡与史学有关的研究，我们不免想问一句：这研究对我们当下有怎样的意义？任何有趣的研究，往往亦有其较为丰富的现实意义。本书亦不例外。本研究虽然立足于几百年前的明代财政制度和商业发展，着重于明代商人在国家财政中的角色和地位，但对于当下仍然有较为丰富的现实意义。

第一，对于明代商人与国家财政的深入研究，有助于还原更真实的历史，破除一些固有的成见。从上述比较中可以看出，从横向来看，一国的财政制度和政策对商人角色的影响巨大，与明朝商人相比，同时期的欧洲商人所面对的财政制度，即使不是大相径庭，也至少是颇为不同的。相应的，明帝国商人在财政活动中发挥的角色也颇为不同的，但这种不同并非简单地归结于明帝国闭关锁国或者明代商人缺乏欧洲商人那样的开拓和创新精神这样的单一因素。而从纵向来看，与之前的先秦时期以及秦汉伊始的专制王朝，以及明之后的清朝相比，明帝国商人所面临的财政制度和政策以及国内外的经济环境等，均有较大不同，甚至在某些方面是很大的不同，因而绝不能想当然地将明代商人笼统地纳入"受到专制皇权压迫的中国古代商人"的范畴中。明帝国仍然是专制皇权，但是如果没有对财政史和商业史的全面考察，明代商人在国家财政中的具体作用和地位，是很容易与其他朝代混淆的。

第二，具体细致地研究明帝国时期独特的财政政策和制度，以及商人在其中的角色和地位，有助于理解大分流这一段世界近代史上的特殊却极其重要的时期里中国的财政状况和商人角色。"李约瑟之问"等问题都好奇为什么在大分流之后中国和西方走向了完全不同的发展路径，那无疑，一国的财政制度以及商人在其中发挥的作用是占有不少分量的。而本研究选取的明帝国，即14世纪中叶至17世纪中叶，恰恰正是大分流发生之时。因而本研究不仅具有财政史或商业史上的意义，对于理解大分流前后中西方发展的路径异同，以及理解当今一些国家经历的财政变革，更是具有非常重要的现实意义。

第三，历史或许经常展现其惊人的相似，本研究对于当今的商人与国家财政的现状亦有一定的借鉴或警示作用。无论是国营专卖，还是各类税收，还是对外贸易，或是商人的消费，甚至是依然存在的商人高利贷行为等，其实都可以在几百年前的明帝国找到其踪迹。"学而优则仕"的古训依然是商人培养子女的金科玉律,文化程度可能不是很高的第一代商人在积攒了一定的财富之后,将其中一部分投入到子女的教育中,这与明帝国也是何其相似。而明帝国士人阶层与商人阶层的关系,与今日的政商关系可能亦有一些共通之处。

二、相关研究概述

之前已有不少学者对明代财政史和商业史做了很多研究工作。这里先就之前一些学者的相关研究成果做一个简述。

(一) 明代财政史研究

明代财政史领域的主要著作和近年的学术论文大致归纳如下。首先是对明代财政史的综合研究。黄仁宇先生的《十六世纪明代中国之财政与税收》可谓研究明代财政的著作中最为声名远播的一本。它以明实录、明人奏疏笔记、明代地方志等史料为基础,对明代的财政与税收进行了详尽的分析。黄仁宇先生作为对明代财政政策作全面阐述的第一代学者,对许多新发现的细节性材料进行了全面的历史性透视。表面强大的明帝国实际没有足够的财力完成它该肩负的职责,而中央集权的政制更是提高了改革的门槛。其著作明确地点出了明代财政制度的根本问题,对有明一代的财政和政治之影响以及明代财政制度对后世的正面和负面遗产。不过,该书所提的范围实际上包括整个明代,因而其实无需在书名中强调 16 世纪,这一提法我认为可能是黄仁宇先生为了迎合当时西方学界对晚明的偏好。

在明代财政系统性的论述方面,张建民、周荣对整个明朝财政进行了系统化的整理,包括鱼鳞图册的绘制、地籍制度的建立、明朝财政管理体系、中央财政管理机构、地方财政管理机构、明代漕运制度等[4]。刘守刚致力于运用财政政治学理论来重新阐释自商周直至当代的财政史料,从而以财政的视角揭示中华国家的发展规律,通过将财政思想演变与财政制度实践有机地交融在一起,揭示千百年来中国人用财政工具治理国家的秘密以及向现代转型的艰难路径。其中,第十至十二讲探讨了包含明帝国的"第三帝国"的财政史[5]。张守军从中国古代的赋税与劳役的角度,详细论述了明代的田赋和一条鞭法,盐税、酒税、矿税、茶税等具体的细分工商杂税,劳役及其向货币税的转变等[6]。边俊杰则主要研究了明代的财政制度变迁,包括明代财政制度变迁的背景、过程、效应、成因以及启示和教训。该研究结合明代的"历史周期率",系统论述了明代财政制度由好变坏、由建立到崩溃的全过程。然后以"民生"思想和"三个有利于"作为评价标准,深入分析了明代财政制度变迁的效应和成因,指出了明代财政制度崩溃的财政文化、政治集团等方面的诱导因素,并总结了财政制度建设的一些经验[7]。

而在明代边防、军屯与财政关系的研究方面,赖建诚从边镇粮饷的角度探讨了明代中后期的边防经费与国家财政危机。在汗牛充栋的明代史料中,赖建诚挑选出五份史料,全面评估明朝在1531—1602年间北方边防部队的兵力(士兵及牲口数目)、粮饷以及中央白银拨款以倍数剧增的情形。该研究通过分析明代史料中连篇累牍的数据重构明代财政内的北部边防开支状况,以此论述十六世纪明朝北部边防的军事财政状况、提出非常全面而具体的分析[8]。赵龙则是以《明史·食货志》、《明实录》为主要材料,结合前人研究成果,梳理明代屯田事业的兴衰,考察屯田与财政、军事的关系,认为以屯田为代表的财政从世宗一朝开始逐渐崩坏,是明代实际灭亡的主要原因之一,而不是以往论者所谓"明之亡,实亡于万历"[9]。

在对明代矿税问题的研究方面,近年的研究主要集中在皇帝、阁臣和宦官在这一问题的立场和互相制约或利益分配上。例如,宋立杰重点研究了万历年间的阁臣如沈一贯对矿税持反对态度,然而阁臣对皇权具有绝对的附属性,在这种形势的支配下,他没有采取强谏的方式,而是委婉劝谏,适度地提议修改矿税政策,并取得了一定的效果,但这并没有促使万历皇帝废除矿税[10]。方兴则对万历年间的"矿税银两"经历从无序的"摊派"到有序的"定额"的过程进行了深入研究,认为一方面,在皇帝与宦官之间达成了"分成"的默契,而另一方面,"有序"和"定额"是相对的,无序的摊派一直没有停止,而矿监税使及其随从所获取的银两是难以估算的[11]。

而在对明代内库的最新研究方面,苏新红以太仓库收支制度的演变为主线,对明代内库,皇室财政与国家公共财政的关系,中央财政制度,中央与地方财政关系,屯田、盐法等北边军镇军饷供应制度,田赋、徭役等税收征收体系与白银、纸钞货币制度的关系等进行研究,动态呈现明代财政制度从初期到末期的整体演变[12]。宋瑞通过分析明代内库的基本情况,如内库的收支与人员构成,基于明代的不同时期探讨了内库中皇室财政与国家公共财政的地位变化。透过内库演变的视角,理解传统财政的公私走向,也透过该视角研究明代皇室财政与一国国运兴衰的关系以及对国运兴衰的影响[13]。

近年来在明代财政史领域亦有一些视角比较新颖的研究。比如,周荣的研究认为明代财政和"僧政"的关系十分密切,从财政赋役状况出发透视"僧政"是一个新颖的视角,反之亦然。朝廷的敕谕、诏令等官方文献所反映的主要是明初财政和佛教政策制定时的理念和条文,民间赋役文书则能直观真实地反映朝廷政策在基层社会实施的情形[14]。姜瑞雯对明代的丝绢税进行了较深入的研究,尤其对一条鞭法改革中以人丁、田地为征收对象的丝绢税项分别与徭役、田赋项目归并核算进行了展开论述[15]。赵中男亦另辟蹊径研究了弘治年间对藩王的赏赐,认为其数量之大是明帝国历朝所罕见的,而大量的赏赐导致了国家财政收入被大量侵夺。针对藩王赏赐产生的财政问题,明廷想出一些办法和措施给予补救,但成效甚微。因此,该研究认为弘治时期是明代国家财政状况恶化的重要转折点,藩王赏赐活动带来的一系列严重问题尤其是财政问题,是国家隐患和社会危机的重要标志之一,故而该研究对"弘治中兴"持怀疑态度[16]。

西方学界研究明史的学者不少,但专门研究明代财政的著作较为罕见。Chou,Chin-sheng and Edward,H. Kaplan 是在西方学术界较早系统地论述古代中国经济和财政的学者。他们代表作的内容不限于明代财政史,但其中就明朝的一条鞭法等部分展开了详细的论述[17]。John Dardess 在其研究的第一章展开论述了明帝国边防和国家财政的问题,而第三章涉及了更具体的明代国家财政管理和相关政策[18]。Richard Von Glahn 在其著作的第七和第八章就明代前期和后期的经济和财政史展开了论述。其中,作者反对对市场的过度关注而忽略创新和其他制度因素(最为明显的是国家的作用)对财政影响的观点,笔者颇为赞同。唐宋以后国家日益依赖商业等非直接税收入,明初制定的政策最终也未能扭转这一趋势。明末,税收转向白银,劳役几乎被取消,国家与家庭之间的关系也转变为货币交易。这两章就以上的问题展开了详细的分析[19]。卜正明等西方明史专家,亦在其著作中多少涉及一些明代财政方面的内容,但并无整章论述,也未成体系。

明代的审计史是明代财政史的一个重要分支。在该细分领域,蒋大鸣在其著作的第五章从明帝国的盐务收支审计、黄册审计、审计法律与法规、审计的特征和局限性、皇室的财务审计等方面对明代审计史进行了比较系统的概述[20]。李金华著作的第八章重点从明代都察院的审计职能、六科给事中的审计职能、户部的审计职能等方面对明代审计展开了论述[21]。方宝璋著作的第十四、十五章,则从明代监察官的兼职审计、课考官吏中的兼职审计、明代的财经监督立法等方面进行论述[22]。

明代财政思想史是明代财政史的另一个重要分支,不过单就明朝展开的整本论著几乎没有,绝大多数都是著作的其中几个章节或一章。胡寄窗的三卷无疑是中国经济思想史领域的重量级专著,其中有相当多的篇幅涉及以田赋为代表的财政收入、财政监管、人口、土地、边防、货币等方面的财政思想[23]。谈敏则对古代中国的财政思想进行了更为系统的梳理,其中第十四和第十五章涉及丰富的明代财政思想、财政监察和审计思想,主要包括但不限于明初的财政言论、丘濬的财政思想、张居正与一条鞭法、明代中后期的财政思想、黄宗羲、顾炎武和王夫之等人的财政思想等[24]。孙文学、王振宇、齐海鹏亦从大量的典籍资料中详细梳理了相关史料,对中国财政思想家及其主要财政思想进行总结论述。其中第二编的第九章以明朝初期、明中期和明后期作为划分来具体论述明朝的财政思想[25]。Bertram Schefold探讨了古典时期的全球主要经济思想,其中专门有一个章节深入分析了亚洲的财政思想,大多数篇幅是在探讨中国,另有一小部分讨论日本和其他一些亚洲国家。其著作从一位西方学者的角度,对古代中国的财政思想作出了解读,其中明代部分对丘濬、张居正等思想家的财政理论作了展开分析[26]。

(二) 明代商人研究

明代商人亦是中外学者们共同感兴趣的话题,相关研究不少,但是谈及其与明代国家财政的关联的研究较为少见。在国内的相关研究中,比较有代表性的著作是吴慧的《中国商业通史》和唐力行的《商人与中国近世社会》。

吴慧的《中国商业通史》第三卷详细记述了明代的商业史,按商业的发展、商人、商业政策、商业思想等板块分章节进行论述,其中有不少部分都对商人在财政中的作用和角色有所提及。除此之外,该著作的另一大特色是就明朝时期各民族之间的贸易交往和边疆地区的商业贸易作了尽可能详细的论述[27]。

唐力行将商人阶层视为 16 世纪以后中国社会中最为先进的一支社会力量。他们的经营活动松动着传统社会的根基,推动着传统社会的缓慢转型。该研究从商人与近世社会相互作用这一广阔视野,考察了商人在明代尤其是明代后期变革时代的特有功能。不过,唐先生作为著名的社会史学者,其论述中虽有涉及财政,却着墨不多,更多地还是关注商人的地域分布、商人的社会生活与心态、商人与都市文化等纯社会学或社会史话题[28]。

卜正明(Timothy Brook)、柯律格(Craig Clunas)和陆冬远(Richard Lufrano)的三本著作是西方学者研究明代商人和商业史的典范之作。卜正明利用了各种各样的一手和二手材料,特别是明代地方志、商人手册、商人路程指南,让我们确切体会到当时的日常劳作、旅游、消费,也让我们看到,在明代,商人等财富新贵怎样惺惺作态,而跻身上流阶层的商人又处于怎样的焦虑状态中。他的研究还重估了明代商业的历史角色,探讨商品经济是否该为明朝的灭亡"埋单"。卜正明认为,明代各阶层的界线模糊,物质欲望膨胀,国家财政恶化,在晚明的士大夫看来,社会的种种道德堕落是商业发展造成的恶果[29]。

Craig Clunas 详细分析了明帝国士人和商人阶层所拥有的"富余之物"(Superfluous Things),比如绘画、书法、青铜器、陶瓷、玉雕和其他物品,并详细描述了当时社会和各阶层对它们的态度,及其对国家财政的影响。他的讨论参考了现代的社会文化理论和同时期即 17、18 世纪英国关于奢侈品、炫耀性消费和日常消费对于经济和社会发展的理论[30]。

鉴于东亚地区尤其是中国目前的经济成功,越来越清楚的是,长期以来在西方学界被认为是经济发展的主要"绊脚石"的儒家社会思想,在适当的情况下可能会产生完全相反的效果。Richard Lufrano 的研究是近期对儒学在明帝国尤其是明末商业和商人对快速发展的经济和国家财政起到的作用的重新评估中最详细和最深入的。作为明史和"中国通"学者,其对财政实践的儒家根源也有详细的论述[31]。

(三) 本研究的创新点和目标

传统的明代财政史研究,以及传统的明代商业史研究,在学界均已有不少知名学者的集大成之作,其中一部分已经罗列在了上述的文献概述中。作为年轻学者,笔者若在其中的任何单个领域再洋洋洒洒写一本书,不免有班门弄斧之嫌。然而,这两个领域的结合,确实是之前鲜有学者涉及的。大体上,由于学术界研究的领域日趋细分化,大家普遍认为财政史与商业史基本是两个"互不相干"的领域。然而,这种理解其实是失之偏颇的。

以古代"士农工商"的排序为例,这虽然是典型的商业史研究课题,却也完全可以视为一个财政史问题,比如士农工商各阶层对国家财政的贡献。士人阶层虽然不纳税,但是却掌管财政。而在"农工商"中,农民需要上缴在税收中占比最高的农业税,显然对国家财政的贡献最大。而商税的比例相对来说就要低很多。于是,从财政的角度,"士农工商"也是一个非常值得研究的话题,本书的第七章就将涉及这一内容。

以上这个举例仅仅是两者可以结合的冰山一角,更遑论同期欧洲的商人在国家财政中所发挥的巨大作用。一个看似显而易见却其实颇为复杂的论断是: 对商人的贬抑在西方呈现逐渐减弱的趋势,但两千年来在古代中国却反而有所增加。而且,所有古代中国的哲学流派,或许在很多议题上会唇枪舌剑,但在平等和不平等这一问题上,几乎都认同平等主义的思想。古代的不少学者似乎认为,通过压制贸易和商人可以从根本上让不平等现象减少,或者至少看起来如此。因此,商人不仅承受来自上层的压力,而且还承受着来自下层的压力。这是明代以前的古代中国的大致情况。接下来的问题是: 明帝国时期,这一情况是否有所改变?

因此,本书的目标很明确: 就是致力于将传统的明代财政史研究与商业史的研究这两者进行结合,基于商人和商业的视角,考察明代的财政制度对各类商业活动的影响,以及商人之于国家财政活动的作用及其地位。

三、内容框架和研究方法

(一) 内容框架

本书第一部分是全书的绪论。第一章到第六章是本书的主体部分。第一章对明代商人所面对的财政制度和商业环境进行阐述。第二章到第六章则从国营专卖、商业税收和农业税收、对内和对外的商业活动等角度,每一章都将财政史和商业史结合,对商人在各类商业和财政活动中的角色及其与国家财政的关系展开论述。第七章是结论部分。

1. 国营专卖

自古以来,历朝历代均对盐铁等民生商品进行专卖,这一点在明朝亦不例外。

虽然一些学者指出明廷对国营商业的控制已经减弱,但在一些关键领域,比如食盐行业,明廷通过开中法的实施以及向商人出售盐引等形式维持盐业垄断的政策。国家和商人在其中的合作关系是比较复杂的,而且它涉及官员和商业利益的不同派别[32]。国家在这一复杂的运作中如何维持其稳定的财政收入,以及皇帝和官僚机构与商人在其中的关系如何,是本书第二章展开论述的重点问题。在阐述中将结合明代诸多财政管理者和学者对这一话题有过的重要论述,比如丘濬、张居正、叶淇、庞尚鹏、袁世振等,他们中的不少人曾官居内阁首辅、次辅、户部尚书等掌管国家财政的重要职位。

在国家与商人的一些主要合作,比如食盐专卖中,商人的寻租现象非常严重。经济上的寻租定义最早见于克鲁格(Anne Krueger)的《寻租集团的政治经济学》一文: 寻租是为了取得许可证和配额以获得额外收益而进行的疏通活动[33]。本书第二章将探求商人在其中是如何寻租的,并重点关注财政上的权力关系和商人基于地域渊源的利益集团的形成。

2. 商业税收

商业税收是商人对于明帝国财政贡献的主要组成部分,将在本书第三章中展开论述。不过横向和农业税收相比,商业税对于帝国财政的作用仍然较为有限。明帝国和之前的绝大多数朝代一样,认为商业税作为财政收入的一部分只是田赋的一个补充。此外,一些在朝廷中掌权的政治势力,比如东林党等文官集团出于自身商业利益而对增加商业税进行阻挠。而从国家层面看,明帝国虽然仍然是一个专制帝国,但明廷对国家的掌控能力与前朝比已有了明显的减弱,那么在财政方面,它就表现为征税不力,田赋与商业税收均是如此,但是商业税更甚。

打压商人的反效应、对商业税的不重视、商人阶层代言人在中央政府的掌权等,这些因素叠加致使明代商人逃税漏税的现象非常严重,而且贯穿整个明朝。具体来看,明初期的几位皇帝创造出了一些打击逃税的创新举措,但收效甚微。到了明中期,商人的逃税现象日益猖獗,而且很多基层的税收官员也并不作为。明朝末期,万历帝的矿税和加派税吏,以及之后魏阉集团的政策,短暂地增加了明廷的财政收入,却是以商人阶层更为怨声载道作为代价。因而随着东林学派在崇祯帝即位后的全面掌权,商人阶层变本加厉地逃匿税收。明朝中后期商业的飞速发展与商业税收占国家财政收入比例之低的强烈反差,其缘由是值得我们作具体分析的。

3. 农业税收和其他非税财政收入

农业和农业税收,即以田赋为主体的税收体制在古代中国是极其重要的。农业税与商业税的对比亦是很重要的。而且,很多商人,尤其是小商人,他的家人,甚至他本人同时也隶属于农民阶层。除此之外,商人在一些非税收财政活动中,比如土地买卖,或者是参与地方建设和赈灾,抑或是捐纳事例。有学者认为朱元璋时期及其之后几任皇帝在位期间的明朝是重农的,而明朝中后期的明朝是"重商"的。这可以说是一种大大的误解。无论明朝中后期的商业发展如何迅速,其小农经济的底色从未发生改变。这种重要性主要可以从两个方面来分析。第一,小农经济的结构保证了国家的稳定性,即绝大多数人口都有地可耕种,于是有足够的食物,因而也就不会胡思乱想。第二,就是从国家财政的角度来看,田赋,即农业税,往往占到财政收入一大部分,这对于国家的重要性亦不言而喻。

若与前述的明代商业税征收相比,对商人的压迫虽然时有发生,但相比较而言,对农民横征暴敛的印象,更是贯穿于整个古代。在畅销全球的《人类简史》中赫拉利也曾指出,"大多数的人类合作网络最后都成了压迫和剥削。在这种新兴的合作网络里,农民交出他们辛苦工作得来的多余粮食,但帝国的收税官只要大笔一挥,就可能让他们一整年的辛劳都化为乌有"。那么我们不禁好奇,从财政的角度来看,这样一种对农民的压制在明帝国时期是否甚于商人?商人在四民中的地位是否有实质性的提高?相比于农民,商人为帝国的财政作出了怎样的贡献?这就是本书第四章要分析的主要内容之一。

4. 对外商业活动

对外商业活动中商人同样为国家财政带来了可观的收入,主要包括朝贡贸易及其附带的私商贸易、地方政府向海商集团的征纳、督饷馆向海商征收饷税等。明代财政管理者和学者们关于对外贸易的思考,大多沿袭前朝如先秦思想家和桑弘羊等人的思考,但亦有创新之处。支持海禁的学说认为遵照海禁的祖训并以此维持帝国的财政稳定是必要的,而且他们认为来自对外贸易的收入之于国家的总体财政收入而言并不重要。亦有一些学者因其大陆中心主义而缺乏对财政的认识。海禁的反对者则指出,国家和平民可以共享财政收益的好处,明帝国可以像以前一样从对外贸易和关税中获得可观的财政收入。他们认为,贸易畅通时海盗成为商人,但贸易禁止时商人则成了盗寇,而这样显然不利于盘活国家的财政。桑巴特对西方世界也有类似的观察[34]。

本书第五章把海商在明代的活动以及对国家财政的影响大致分为以下三个阶段,分别是明朝前期(1368—1500)、明朝中期(1500—1567)和明朝后期(1567—1644)。这样的划分是有充分理由的: 依据海商为主体的私商的活动范围和自由度。明朝建立伊始到大约15世纪末,私商的活动非常受限,他们经常需要以朝贡贸易为"掩护"来开展私下的贸易,而国家则从朝贡贸易及其默许或不知情的附带私商贸易中获取财政收入。从16世纪开始一直到海禁政策被完全废止之前,但这一阶段出现的特殊情况是: 欧洲商人开始频繁地接触中国市场。于是私商们开始在走私贸易中铤而走险地获利,在这一阶段,国家主要从来自西欧和东南亚的外商,以及国内的海商集团处获取收入。而自1567年隆庆开海开始一直到明末,主要的海商集团与政府,特别是沿海地方政府的合作非常紧密。海商集团从对外贸易中大量地获取利润,与此同时依附于海商集团的商人们也都收获颇丰。在这一阶段,督饷馆负责向海商征收饷税。

5. 对内商业活动

本书第六章将讨论的对内商业活动,主要包括明廷和商人的高利贷活动,商人在服饰、艺术品、书籍等方面的消费,以及宫廷内府和皇庄的商业活动。这首先涉及了中国古代哲学关于义利奢俭的讨论。明代学者关于义利奢俭的讨论,与当时社会上商人的积累财富和消费行为是互为影响的关系: 商人的敛财和投资行为引发了学者们的思考,而这些思考又影响了当时社会的思潮,从而影响了商人的行为,也影响了帝国的一些财政安排。

商人在明代这些对内商业活动中的角色以及对国家财政的影响大致可以分为以下几个方面。首先是私商的高利贷。对于国家财政是否应该提供借贷或是否可以默许商人进行这项活动,明代学者们就此发表了各自不同的看法。在实践中,商人和国家财政在高利贷方面的分工和角力关系亦是我们所关注的。明代私商的财富没有用于再生产而用于诸如艺术品和书籍这样的奢侈消费,而这两样在那个时代都是极其昂贵的奢侈品。那么,士人阶层是否因此而充分认可商人阶层也是值得我们讨论的问题。亦值得一提的是,明代的商人们也会参与到与皇室内府用度相关的商业活动中,从而间接地支持国家财政,比如采购和提供宫廷服饰、修缮宫殿所需的木材等。

（二）研究方法

如前所述,本书的研究将财政史和商业史两个子领域进行结合。具体来说,财政史部分包含了财政政治学与财政思想史的内容。财政政治学又可称作财政社会学,起源于 16 至 18 世纪的欧洲官房学派(以德意志、奥地利为主)。财政政治学的研究往往既涉及国家与财政的基础理论研究,也涉及此领域的历史研究。本书的研究正属于后者的范畴。本研究将财政政治学与财政史进行结合,既探讨了明帝国的财政与国家关系、财政和商业反过来对明帝国政治发展的推动,也探讨了商人这一重要的社会阶层在明代国家财政背景下的作用和地位。每一章亦会包含财政思想领域的内容,相应地将涉及财政管理体制、财政原则、财政收入、对外贸易和关税、财政支出等子领域的理论。关于明代财政史的研究,已有比如王毓铨[35](2000)、黄仁宇[36](2001)、边俊杰[37](2011)、张建民和周荣[38](2013)苏新红[39](2021)等学者的大部头的著作。如前所述,本书的一大特点和创新之处在于将财政史与商业史融合起来,进行联合的双向研究: 研究明帝国商人在国家财政中发挥的作用和地位,以及当时的财政政策和思想对明帝国商人积极的或负面的影响。

就具体的研究方法来说,本研究主要采用文献分析法,辅之以案例研究法和比较分析法。本研究使用的文献主要是明帝国时期的一手史料,以及近现代学者的相关研究成果。对史料的选取亦是非常重要的一环。黄仁宇先生早就在其《十六世纪明代中国之财政与税收》中作过类似的表述:"虽然许多学者批评明朝税收过重,但是他们主要是从道德层面进行批评。他们主要关心的是揭露征收者的贪婪和民众的艰辛,而不是去探讨税收制度本身所固有的问题。"[40]

亦有别于以往相似类型的中文研究成果,本书采用了大量的英文文献,其中绝大多数都没有中文译本,之前也鲜少甚至从未被中国学者引用过。这些英文文献是非常重要的,因为中国本土的学者,包括笔者自己在内,均是这一质性研究中的研究者"局内人"。中国学者对于明代的研究虽然会做到尽可能客观,却很难做到完完全全的客观。而西方学者基本上没有这种顾虑,他们作为这一研究的研究者"局外人",他们往往可以对一些关键的财政现象和政策给出不带感情偏好的分析和判断。除此之外,本书还利用笔者的德语优势,引用了一些德国知名学者的德语文献,对中国的财政问题乃至明朝的财政问题,均有或全面或就某一问题详细展开的论述,亦对本书的研究很有帮助。

在此基础上,本书在财政史的部分亦使用了一些案例,目的是更深入地展现商人在国家财政活动中的角色或其发挥的作用。使用这种方法更多地是为了进行分析而不是为了统计归纳,研究的目标更多地是阐述那些可以建立起一般性命题的理论观点[41]。而比较分析法主要出现在财政思想和政策的部分。本书中一些明帝国时期财政管理者或经济学者的思想,和同一时期或近似时期的一些欧洲思想家的理论进行比较,诸如托马斯·曼、霍布斯、斯图亚特、柯尔贝尔、魁奈、亚当·斯密、马尔萨斯等人。虽然"由于价值理论的缺失,西方古典经济思想很难在中国找到切实的对应"[42],这样的比较会略显粗略,但仍不失其意义,一些对比亦比较有趣。

参考文献

[1] Pomeranz,K. (2000). *The Great Divergence:China,Europe,and the making of the modern world economy*. Princeton:Princeton University Press.

[2] 刘守刚:《打开现代:国家转型的财政政治》,上海远东出版社,2021 年版,第 30 页。

[3] 杜车别:《大明王朝是被谁干掉的》,世界知识出版社,2017 年版,第 157 页。

[4] 张建民、周荣:《中国财政通史(第六卷):明代财政史》,湖南人民出版社,2013 年版。

[5] 刘守刚:《中国财政史十六讲:基于财政政治学的历史重撰》,复旦大学出版社,2017 年版。

[6] 张守军:《中国古代的赋税与劳役》,中国国际广播出版社,2010 年版。

[7] 边俊杰:《明代的财政制度变迁》,经济管理出版社,2011 年版。

[8] 赖建诚:《边镇粮饷:明代中后期的边防经费与国家财政危机,1531—1602》,浙江大学出版社,2010 年版。

[9] 赵龙:从屯田看世宗一朝财政与明之兴衰.西部学刊,2021,(21):93—96.

[10] 宋立杰:谏诤与妥协:沈一贯与万历朝矿税问题.贵州文史丛刊,2018(4):71—78.

[11] 方兴:明朝万历年间"矿税银两"的定额与分成.首都师范大学学报(社会科学版),2016(6):21—27.

[12] 苏新红:《太仓库与明代财政制度演变研究》,中国社会科学出版社,2021 年版。

[13] 宋瑞:从明代内库与皇室财政看明代国运兴衰.社会科学前沿,2022,11(3):855—867.

[14] 周荣:财政与僧政:从民间赋役文书看明初佛教政策.清华大学学报:哲学社会科学版,2021,36(5):95—106.

[15] 姜瑞雯:明代丝绢税研究.中国经济史研究,2022(3):100—110.

[16] 赵中男:明弘治时期的藩王赏赐与国家财政.安徽师范大学学报(人文社会科学版),2021,49(2):92—99.

[17] Chou,C. and Edward,H. K. (1974). *An Economic History of China*. Center for East Asian

Studies，Western Washington University.

［18］Dardess，J. W. (2011). *Ming China*，1368—1644：*A Concise History of a Resilient Empire*. Lanham：Rowman & Littlefield Publishers.

［19］Von Glahn，R. (2016). *An Economic History of China*：*From Antiquity to the Nineteenth Century*. Cambridge：Cambridge University Press.

［20］蒋大鸣：《中国审计史话新编：自先秦至民国》，中国财政经济出版社，2019 年版。

［21］李金华：《中国审计史》第一卷，中国时代经济出版社，2004 年版。

［22］方宝璋：《中国古代审计史话》，中华书局，1995 年版。

［23］胡寄窗：《中国经济思想史》上中下册，上海财经大学出版社，1998 年版。

［24］谈敏：《中国财政思想史简编》，上海财经大学出版社，2018 年版。

［25］孙文学、王振宇、齐海鹏：《中国财政思想史》（上），上海交通大学出版社，2008 年版。

［26］Schefold，B. (2016). *Great Economic Thinkers from Antiquity to the Historical School*：*Historical school，old and young*. London：Routledge.

［27］吴慧：《中国商业通史》，中国财政经济出版社，2004 年版。

［28］唐力行：《商人与中国近世社会》，商务印书馆，2006 年版。

［29］Brook，T. (1999). *The Confusions of Pleasure*：*Commerce and culture in Ming China*. Berkeley：University of California Press.

［30］Clunas，C. (1991). *Superfluous Things*：*Material culture and social status in early modern China*. Cambridge：Polity Press.

［31］Lufrano，R. J. (1997). *Honorable Merchants*：*Commerce and self-cultivation in late imperial China*. Hawaii：University of Hawaii Press.

［32］Von Glahn，R. (2016). *An Economic History of China*：*From Antiquity to the Nineteenth Century*. Cambridge：Cambridge University Press，p. 288.

［33］Krueger，A. O. (1974). The political economy of the rent-seeking society. *The American economic review*，64(3)，291—303.

［34］Sombart，Werner (1913a). *Der Bourgeois*. München：Duncker & Humblot.

［35］参见王毓铨：《中国经济通史·明代经济卷》，经济日报出版社，2000 年版。

［36］参见黄仁宇著，阿风等译：《十六世纪明代中国之财政与税收》，生活·读书·新知三联书店，2001 年版。

［37］参见边俊杰：《明代的财政制度变迁》，经济管理出版社，2011 年版。

［38］参见张建民、周荣：《中国财政通史（第六卷）：明代财政史》，湖南人民出版社，2013 年版。

［39］参见苏新红：《太仓库与明代财政制度演变研究》，中国社会科学出版社，2021 年版。

［40］黄仁宇著，阿风等译：《十六世纪明代中国之财政与税收》，生活·读书·新知三联书店，2001 年版，第 341 页。

［41］王逸帅：《参与式治理的兴起》，复旦大学出版社，2020 年版，第 13 页。

［42］Schefold，B. (2016). *Great Economic Thinkers from Antiquity to the Historical School*：*Historical school，old and young*. London：Routledge，p. 351.

第一章

明代的财政制度
和商业环境

公共品如道路网和驿站的建设，民用只是其次的。其最主要的目的，仍然是服务国家和国家财政。比如，粮食的转运，通常一州一县要承担十多个单位的需要。因此，全国错综重复的输送线肯定需要全国道路网的建设作为支撑。而邮驿系统的建设显然和国家财政息息相关。明代中后期，频频出现财政危机，张居正想借此节省开支，改革后全国邮驿经费减少了三分之一。到了明代末年，内外交困的崇祯帝又面临着极端财政危机，这时给事中建议他裁撤天下驿站，每年可以因此节约三十万两白银，崇祯帝立即下令付诸实践。

在详细展开明代商人在各类财政活动中的作用和角色之前,本章将就明朝的财政制度和商业环境展开详细论述。首先对明代的政治和财政制度进行介绍,接着将阐述明代的财政监管制度,最后就商人所面对的明代的商业实体环境和社会舆论环境进行论述。

一、明代的政治制度

正如 Wittfogel 所指出的那样,"虽然不太理想,但写一部封建欧洲的经济史而不过多考虑其政治制度是可能的。但对于中国复杂的官僚社会来说,单纯的经济史是无法产生令人满意的结果的"[1]。若没有经过制度化过程,一个国家就难以保持持续、稳定、协调的发展[2],这一点对于明帝国而言亦不例外。古代中国的政治制度往往以专制皇权为中心,而财政制度必然建立在一国的政治制度的基础之上并"从内部生长"[3]。在新制度主义看来,任一制度下主要行动者的行为是"诸如社会道德、因果信念、行为惯例、激励结构及制度化资源等多重因素塑造的结果"[4]。因此,本节将就以下几个关键因素展开:明代政治制度中的文化基底、中央与地方关系,以及行政体系和内阁制度。

(一)明代政治制度的文化基底:儒表法里与宗族制

要谈论明朝的政治制度,必定绕不开儒家思想。它不仅是古代中国政治制度的文化起源,也是古代财政思想的重要内核之一。儒家思想作为文化层面的主流思想,其本质上也是融合了哲学和宗教的一种体系,不仅在中国占据主导地位,而且影响和传播到东亚其他国家。儒家起源于先秦时期的礼乐传统,以仁、义、礼、智、信、孝、忠、勇为核心价值观,注重君子的道德修养,尤其强调仁与礼相辅相成,重视家庭伦理,提倡教育和仁政,打击暴政。

用韦伯的原话来说,儒家是"将世界的紧张、世界的宗教贬值和对世界的实际拒绝降到最低的理性伦理"[5]。传统儒家倡导通过履行传统职责来实践儒家思想。每一个受过良好教育的中国人都强烈反对继续背负"赎罪"这样的观念,士人阶层基本上认为这种想法是"尴尬和缺乏尊严的"。但是,古代绝大多数教育程度不高的普通民众(以农民阶层为主体)仍然完全处于儒家思想的控制之下。而且即使是很多受过良好教育的高级官员,也往往对儒家抱有敬畏之心。韦伯断言,"迄今为止对生活行为产生最大影响的力量是对家族的虔诚[6],它基于对精神的信仰",而正是这种力量"促成和管理了宗族社会的强大凝聚力"[7]。正如李泽厚(2019)所指出的那样,"中国早期知识分子传统的主要社会基础是等级制度的宗族血缘传统,以及它所遗留下来的强大而持久的风俗习惯"[8]。

不过众所周知,古代中国在大多数时期都是"外儒内法"。而法家的系统化思想可以认为始于商鞅。商鞅的变法思想里有一条叫作"国富而贫治",原话是这样的:"民贫则力富,力富则淫,淫则有虱。故民富而不用,则使民以食出,各必有力,则农不偷。农不偷,六虱无萌。故国富而贫治,重强"。意思是,百姓贫穷,就会有求富的上进心(力富);富有之后,就会放纵、贪图安逸(淫),然后国家有"虱",就不能强盛。所以,让国家富有,使百姓保持贫穷的政策,可以让国家强上加强。商鞅的"弱民强国之术"被历代专制君王奉为圭臬。

而至于宗族关系,其"在西方中世纪社会几乎失去了所有意义,但在中国对于最小单位的地方管理和经济联系的特征仍然很重要"。这种非正式的"自下而上"的体系是与自上而下的官方正式管理体系相对而言的:"由于地方官的合法权力相当有限(除非采取非法手段),所以官员们在遇到大小事情时最有效的办法就是立即上报上司,而不管实际效果如何。但上一级官员同样只能处理有限的日常事务,因此向更上一级或朝廷报告也是他们的法宝。中国结构复杂、内容浩繁的文字和悠久发达的文学传统是大小臣工和他们的幕僚必须掌握的基本技能,这种繁琐的礼仪制度和请示上报手续又为他们施展身手提供了机会"[9]。自上而下的世袭皇室和政府"与自下而上的亲缘组织发生冲突,而这些组织均结构牢固,可作为对前者的制衡"。在中国古代,宗法权力"幸存下来并变得强大,直到它成为与政治权力相抗衡的力量"。

实际上,在城市里,朝廷仍然是"管理城市各地区和街道的行政机构"。然而,"在城墙之外,它的力量很快就失去了真正的效力"。因为在乡镇村,尤其是村一级,宗族的权力和村里有组织的自治都在掌权,尽管"宗族的权力和村庙的管理往往不能提供任何形式的支持来有效保护财产,特别是富裕阶层的财产"[10]。这导致自秦始皇伊始的世袭专制主义和对包括商人在内的城市居民的强烈怀疑。

不过,亦有学者指出,宗族的力量可能并非如大家传统上认为的那样强。比如,秦晖(2014)指出,"在我国历史上大部分时期,血缘共同体(所谓家族或宗族)并不能提供,或者说不被允许提供有效的乡村'自治'资源,更谈不上以这些资源抗衡皇权"。他认为宗族并非是古代中国的悠久传统,而且宗族也并不一定就意味着落后和退步。而且,根据他的研究,"上至秦汉之际,下迄唐宋之间,今天所见的存世'生活史料'涉及的几百个实际存在过的村庄……全是非宗族化的乡村,其非宗族化的程度不仅高于清代农村,甚至高于当代乡村一般自然村落"[11]。

明朝时期的宗族势力虽然确实比唐宋时期更加兴盛,但这些地方要么是属于官办宗族控制,要么是由科举制出身的乡绅所控制。但科举制本身就是打破宗族身份界限的一大制度设计。而且,"至少在宋元以后,宗族的兴盛程度出现了与通常的逻辑推论相反的趋势: 越是闭塞、不发达、自然经济的古老传统所在,宗族越不活跃,而是越外向、商品关系发达的后起之区反而多宗族。从时间看,明清甚于宋元,从空间看,东南沿海甚于长江流域,长江流域又甚于黄河流域"[12]。所以,一种有可能的情况是,传统中国社会并不像大家通常想象的那样以宗族为本,而宗族以外的地缘组织,实质上都是一种官方对"编户齐民"的编制。

对比同时代的欧洲中世纪后期,似乎反而比明帝国更注重宗族关系。西欧的宗族械斗、宗族公产,对个人的干预限制、族权对宗族成员的束缚和庇护等,都是很常见的。所以欧洲从中世纪向近代的演变,被称为从宗族社会到公民社会。而中国从秦汉开始,宗族关系就被压制,本质上是一个编户齐民社会,而非大家所通常认为的宗族社会。

(二) 明代中央与地方的关系

因此,如第一章所述,封建王朝伊始将重农抑商定为基本国策,对商人的约束在随后的朝代变得更加"正统"。政府对商业和商人的官僚控制、干涉和剥削几乎有增无减,对一切商业发展表现出坚决而深刻的非支持力量[13]。元朝以前(包括商业高峰时期的唐帝国)的商人阶级几乎从来都不是社会发展的主流,而是受制于各种政治势力的摆布,无法掌握自己的命运。司马迁在《史记·货殖列传》中算是专门为商人写了一部传记,在此之后很少有人能在任何官方历史中找到对商人阶级的另一种详尽描述[14]。虽然偶尔会提到一些知名商人,但也无法追溯中国古代商人形象的整个历史。

大多数朝代实行的镇压商人制度的背后,是相当全面的权力安排,即以专制权力为核心的统一中央制度。同时,作为一个跨越多个朝代的长期存续的国家,"她秩序的稳定是中国永久存在的原因"[15]。

赫拉利在其《人类简史》中提到,根据中国传统的政治理论,人间的种种政治权威都来自"天"。在中国政治思想中,帝国时期似乎是秩序和正义的黄金时代。现代西方认为所谓公正合理的世界应该是由各个独立的民族国家组成,但古代中国的概念却正好相反,认为政治分裂的时代不仅动荡不安,而且被看作是混乱和不公正的黑暗时代。这种看法对中国的历史产生深远的影响,这自然也包括明朝。

明帝国虽然也有过动荡时期,包括饥荒、财政危机等,但每次动荡都得到解决,恢复到某种形式的统一秩序,而这比分离时期要长得多。中华帝国的一大特点是能够不断地重建帝国体系[16]。千百年来,中国不仅保持着统一帝国的完整性,而且不断重建"支撑国家解决财政危机和其他灾难"的统一帝国[17]。皇帝以压倒性的绝对权力享有全天下至高无上的地位。他是最高的政治领袖,也是唯一的主人,其职责是牧养万民,治理天下,以及监督诸侯[18]。

明帝国的皇帝"被赋予绝对的控制权和所有权,并促进发展,享受其好处,以支持专制统治下的世袭精英"[19]。所有涉及国家利益的资源,人民的财产,甚至所有的家庭,最终都属于皇帝及其帝国。而在长期以农业为典型的低生产力的过程中,为了维持皇权对中国这样一个庞大帝国的统一管理,建造了一套完整的基础设施和一套系统以匹配其规模。

这首先涉及中央和地方的权力分配。更具体地说,包括郡县制[20]以及相互合作的垂直官僚组织最大限度地发挥皇帝的绝对控制权,以阻止地方分裂势力潜在的秘密发展[21]。而中国古代郡县制的一个典型特征是氏族的支持。亲缘关系"在西方中世纪社会几乎失去了所有意义,但在中国对于最小单位的地方管理和经济联合的特征仍然很重要"[22]。因此,由于中国文化对"家庭"的根深蒂固的强调,正是"家庭虔诚的力量促成并控制了宗族协会的不断强大的凝聚力,可以作为分工协作的大家族企业来运作"[23]。

上述文化框架虽肇始于千年前,但在明帝国时期仍然发挥着至关重要的作用。明朝的商人阶层本身就是互为亲属关系。一起出去经商的商人,不是来自同一个家族,就是来自同一个宗族。他们使用相同的方言,因此更有可能建立密切的关系和信任,在当时的条件限制下,这点对于开展商业活动非常重要。这也可以提供一些线索来解释,为什么东林学派的人为了商人的利益而毫不吝啬地努力,甚至在某种程度上是过度的。我们将看到,他们不仅是同事,他们在某种意义上其实也形成了一种"氏族"。

(三) 明代的行政体系和内阁制度

明朝,包括其后的清朝,在君臣关系上,更多地沿袭了蒙古人统治的元朝,而非再之前的唐宋。蒙古人入主中原后,在一定程度上改变了中原文化。其中有一个很核心的变化,就是"人"的社会地位出现了卑微化。这种人格卑微化表现在两个方面,第一点是盛行全民劳役,而第二点便是君臣关系主奴化。春秋战国时期,随着职业官僚制度的建立,君臣关系更多的是雇佣的性质。到了唐宋时期,随着科举制度的快速发展,稳定的士人阶层形成,君臣关系的主奴性质进一步淡化。尤其是宋朝,在君臣关系方面,士大夫阶层强调君臣双方都要服从于道,而道统是先于君统的。然而,元代的君臣关系几乎倒退到了远古时期,呈现为主奴关系[24]。在这一点上,由汉人统治的明朝,几乎是继承了这一点。这颇为让人唏嘘不已。

明朝建立后不久,洪武帝废除了宰相一职。但皇帝毕竟不是超人,尤其是朱元璋以后的皇帝,根本做不到像他那样事必躬亲、起早贪黑。皇帝需要有高级别的大臣为其分担繁重的政务,于是内阁制度应运而生。内阁制度始于永乐初年,成祖建立文渊阁,黄淮与解缙、杨士奇、胡广、金幼孜、杨荣、胡俨等进文渊阁参预机务,明朝内阁制度由此开始。不过,内阁制度的真正运转是在朱瞻基登基后。明朝历史上,君臣关系最为融洽的时期或许就是朱高炽和朱瞻基两代皇帝当政的那12年(1424—1435)了。这一点在民生和经济上也有体现,他们两人在位期间,史称"仁宣之治",可能是明朝历史上最美好的一段时光之一。虽然并不一定是明朝经济最繁荣的时期,却是政治最开明、社会最稳定的阶段。尤其是明宣宗朱瞻基,既继承了爷爷明成祖朱棣的才华,又继承了父亲明仁宗朱高炽的宽厚和善于纳谏的品性。

朱瞻基确立的"票拟制度"标志着内阁制度的正式运转。所谓票拟制度,就是大臣们的奏折上呈后,内阁先商议并提出批复意见,然后写个小条子附在奏折上,一并呈给皇帝。皇帝审阅小条子后,用朱笔进行批阅,或边口述意见边由太监代用红笔批示,这称为"批红"。不过,这一制度虽然在一定程度上便利了皇权的正常运转,却也为之后屡次出现的宦官威慑朝臣、权倾内外的局面埋下了隐患[25]。

内阁在六部以下,处于行政管理最顶层的机构是六部(正二品),六部的长官,即尚书,时常有入阁的机会。其中,吏部负责文官和低级官员的任免、提拔和考核;户部负责统计人口、耕地、赋税的计算和征收以及政府财政,因此本书中提到的很多学者都曾有户部尚书的经历;礼部负责庆典、礼仪、祭祀和进贡等事宜;兵部负责一般性的军事管理;刑部掌管司法和刑狱;工部负责政府建设项目、为朝廷定期招募工匠、维护水利设施、开发自然资源等。在整个明代,六部尚书加上都察院都御史,共同组成内政机构的最高管理层。

一般情况下,明朝的文官治理有方。尽管皇帝在理论上是无所不能的,但他不负责制定政策。不同的问题会根据其轻重缓急程度,提交给六部或内阁,或直呈皇帝。内阁大学士经常会在问题后附上合理建议,供皇帝下诏书时参考。皇帝可以接受内阁的建议,也可能与内阁协商达成另一种决策。最终决策权永远属于皇帝,但文官负责给皇帝提供选择范围。

宦官专权是明朝行政体系里经常出现的一个问题。洪武帝在明朝伊始确立了宦官不得干政的祖训,然而,在实际操作中,皇帝与朝臣之间的政务沟通经常需要宦官这一媒介。因此,宦官对国事的干预几乎是不可避免的。明代的宦官屡次获得超过皇帝的权力,导致常规流程被破坏,内政机构在那些时期经常无法拥有实权[26]。

二、明代的财政制度

(一) 明代的财政体系和制度

1. 概况: 明代的财政体系和制度

明代的财政体系可以分为中央财政管理体系和地方财政管理体系。中央财政管理体系分为两部分,即国家财政和皇室财政。在国家财政中,中央财政管理中枢机构为户部,设尚书一人,正二品;左右侍郎各一人。自洪武二十九年(公元1396年)起改户部十二属部为十二清吏司,直到宣德十年(公元1435年)户部设十三清吏司,分管各省赋税,每清吏司下属民、度、金、仓四科。中央户部在各省还有派出机构,如都转运盐使司、盐课提举司、市舶提举司等。明代的地方财政管理体系分为两部分,其一是省、府、州、县等各级部门及所属财政机构,其二是由中央直接领导的专职财政机关。

明代的财政制度大体上可以分为财政管理制度和财政收支制度。财政管理制度的核心内容是起运与存留。起运是指按中央指派,各司、府、州、县定期定额将赋税运至中央及九边的仓库。存留是指一部分赋税由地方做常规支出,存留主要源于夏税秋粮、盐课、户口盐钞、商税、卫所屯田存留等。明代政府财政收支的运行基本呈现由上到下,层层向下传达政策命令,最后由地方执行的过程,这一过程最终落脚到明代政府的基层组织来组织收入。收入组织完成后,由中央和地方根据自身的财力组织安排支出,其中最主要的是由皇室和户部来安排。从决策过程看,明前期大学士参与财政事项的决策,草拟诏书供皇帝参考。宣德年间内阁获得票拟权。嘉靖年间,内阁权力进一步扩大,获得用人权。作为财政中枢,户部也具有一定的决策权。决策下达之后,最终由地方政府执行[27]。

2. 公共品: 明代的道路和驿站

提供公共品是政府的重要财政职能之一,古今中外概莫能外。平新乔(2018)指出,从公共品的性质来区分,公共品可以区分为全国性的公共品、准全国性的公共品以及地方性的公共品。全国性的公共品是指那些可供全国居民同等消费并且共同享受的物品,比如国防。准全国性的公共品是指不同地域和行政区的居民在对可以共同享有的消费上不是机会均等的,比如教育。而地方性的公共品则包括救火设施、地方治安力量等[28]。而从财政的角度来看,道路和驿站无疑是财政系统中的重要组成部分之一。

在明帝国时期,西汉时由桑弘羊提出的均输和平准等政策继续得到推行,并获得了一些显著的成果,比如稳定主要商品的市场价格、通过国家干预消除与贫困有关的问题等。而为了促进这两个系统,明朝在基础设施建设上投入了大量资金,具体来说,就是道路、运河和驿站。这可以看作是国家力量的另一个重要优势。毕竟,无论在西方还是东方,"商人的市场化计算都需要更频繁、更准确的远距离事件信息"[29]。道路和邮局等基础设施无疑是必不可少的,尤其是对商人而言。

公共产品历来不太可能由私人负责建造,因为个人缺乏动力,同时也担心"搭便车"这样的问题。蒙古人统治时期的元朝,在国家的努力下,首都附近的一些驿站已经可以"提供梨、木瓜等新鲜水果"。而到了明朝,道路和驿站都"密密麻麻,包括边境地区","主要交通干道沿线的一些豪华旅舍看起来高档且有品位"[30]。还有一个与"从十四世纪开始"出现在欧洲的商人组织的"基于商会的通信系统"非常相似的系统在明帝国也出现了[31]。其背后亦有明廷代表的国家力量。

当然,公共品如道路网和驿站的建设,民用只是其次的。其最主要的目的,仍然是服务国家和国家财政。比如,粮食的转运,通常一州一县要承担十多个单位的需要,边区一个军事单位的粮食来源可能来自十来个或二十个不同的县份[32]。因此,全国错综重复的输送线肯定需要全国道路网的建设作为支撑。

而邮驿系统的建设显然也和国家财政息息相关。明代中后期,频频出现财政危机,张居正是想借此节省开支(改革后全国邮驿经费减少了三分之一)。到了明代末年,内外交困的崇祯帝朱由检又面临着极端财政危机,这时给事中建议他裁撤天下驿站,每年可以因此节约30万两白银。大喜过望的崇祯帝立即下诏付诸实践。不过在遭裁撤的众多驿站工作人员中,有一人叫李自成。如果知道这一点的崇祯帝,或许会对自己的决定略有后悔吧。

因此,至少在某些方面,国家垄断可能并不像许多学者声称的那样邪恶。正如桑巴特所说,"国家天然拥有支撑商业活动所需的必要组织。在这方面,国家相对于私商的优势不言而喻。国家已经准备好了各种行政机器;而私商必须首先思考如何提供这些"[33]。但是,从整体商业发展和国家与商人的关系来看,国家干预的主要制度弊端依然存在。这些政策的根本目的是增加"中央和王室"的财政收入。[34]类似于哈耶克的著名断言,"任何试图转向中央计划经济体系的危险在于,经济权力的集中可能导致政治权力的集中"[35]。中国古代的"计划经济"在短时间内增加了国家的财政收入。然而,当政治权力完全篡夺通常由市场机制发挥的监管作用时,拒绝自由市场在商业中的作用就相当于剥夺了私商的机会。这对于经济和商业的发展而言其实是有害的,更进一步,它将反过来影响国家的财政收支。我们将在第二章中展开这一点。

3. 明代的财政改革: 以一条鞭法为例

明代的财政改革主要有宣德、正统年间周忱在江南的改革、景泰至正德年间的赋税改革、正德至隆庆年间的"官民一则"的田赋改革、万历年间的"一条鞭法"等。明代的徭役制度的复杂性为学界所公认,具体来说,在"一条鞭法"之前,还曾有过均徭法改革、十段锦法改革、一串铃诸法改革等。

其中以明代万历年间内阁首辅张居正推行的一条鞭法改革最广为人知,是中国财政史上的重大变革之一。所谓"一条鞭法",就是将赋税徭役的各个项目合并为一条编派的意思。即"以从前均平、均徭、民壮、驿传诸色目太繁,不便缴纳,因令天下州县于丁粮中会计各办额料,通融征解,其诸色目一概归并";"不别立四差名目"。但是,要将不同的税赋和劳役项目合并起来,必须以各项赋役的征收缴纳手段、征派原则和方法都统一起来为前提。因此,围绕着合并编派这个中心内容,一条鞭法包括更为广泛的内容。

首先,赋役征纳全面折征白银,"一切编银","派银上纳,官自雇役"。其次,取消了原来均平、均徭轮年应役的办法。其中,均平改为"通县岁派,不专出于见役",均徭亦"以通县丁粮均派","向皆役于十年、五年、三年者,岁编之"。最后,摊户役于田赋。这主要是通过改变差役课税客体实现的。一条鞭法改革之前,四差的编派对象是由人丁事产(主要是田地)构成的户,户是基本的课税单位,人丁事产系于户下,作为户等高低的依据,并进而成为赋役轻重的标准。每一户差役是固定的。这些原则反映了四差在性质上是一种以人丁户口固着于土地之上的关系为基础,以自给自足经济和职业世袭分工的里甲制度为支柱,带有浓厚的劳役制度色彩的征派。在一条鞭法下,四差一例按照人丁土地征派银子。按人丁多少课证丁税,按土地多寡课征地税,体现了人丁和土地相结合的"户役",由此分解为"丁税"和"地税"。于是"户"在税收中不再作为一种课税单位,"至万历间编赋役全书,遂以丁口名,而户之称渐泯"。也就是说,在税册上统计户数已经失去了实际意义。

此外,由于各项赋役都折征银子和合并起来编派,征收和解运手续因此而大大简化。原来由见年里长逐项催征,人户不胜烦扰。随着赋役完全货币化,税额也有了确定的数字。就可以由纳税户亲自上纳。因此,一条鞭法明确规定,"令民亲自秤纳投柜,毫厘不干里书之手",同时又规定了每年税银分为若干限完足。赋役的解运也因以银子为征纳物而大大减轻了运输的劳费,从而一条鞭法之后,确立了官收官解的制度[36]。本书将有相关章节就一条鞭法的内容作进一步展开。

（二）明代的财政监管制度

明朝的监察体系主要由都察院、六科和提刑按察司组成。其中，都察院的前身是明初几乎完全复制了元朝监察机构的御史台，洪武十五年（公元1382年），御史台改名为都察院，设置左右都御史、左右副都御史等职位。其中，都御史的品级为正二品。高度集中的监察机制得到了皇帝的支持，因为不同于内政和军事机构，它的集中管理无法对皇权造成威胁，反而有助于制约内政和军事机构，这对皇帝是有利的。而且，在官员的监察方面，监察御史是独立的，直接为皇帝服务。六科分吏科、户科、礼科、兵科、刑科、工科，各有都给事中一人，左右给事中各一人。各科在明朝鼎盛时期不过十人，而到了明朝后期最多的一科也不超过七人[37]。

正如之前很多朝代一样，在明代上级官员对下级有监督权，还有政绩评定权，可以说，下级的命运——升降荣辱等都由上级决定。洪振快（2014）提出了一个很有意思的"亚财政"概念。他指出，一个下级如果只知道自己闷声发大财而没有考虑到上级的福利，那么他的官位肯定是保不住的。事实上，明朝的很多事例告诉我们，对下级官吏的"贪污"行径上级是完全清楚的，上级之所以没有摘去下级的"乌纱帽"，那是因为上级和下级之间是有默契的，双方就"贪污"所得财富的分配已经达成一定的协议，并且长期以来已经定型化，成为一种类似"制度"的东西。这种"第二制度"在财政上表现出来，就是官场除了有一套国家的正式财政制度之外，还有另外一套不怎么正式的财政制度，即"亚财政"，可以理解为次生财政、第二财政、非正式的财政。之所以认为它是一种"制度"，是因为它的确就是制度，而不是官吏的个人行为[38]。从明帝国"亚财政"的规模看，老百姓的实际负担可能是法定负担的两三倍[39]。

李金华（2004）、蒋大鸣（2019）等前辈学者对中国古代的财政监管制度史作了非常系统的梳理。本节主要是对明代财政监管和审计制度的概论，其中与本书主题相关的是以国家审计制度、财政监察、市场监管、官员监管和审计为主的内容，具体内容将在后面章节中逐章展开。

1. 概况： 明代财政监管制度

明代的财政监管制度大致可以与现代的审计制度类比。"审计"一词在近代中国以前并不存在，不过财政监管和审计在我国的历史的确是源远流长。早在西周时期，国家财政监管就在我国产生了，其标志是"宰夫"一词的出现。在周朝官制的天官系统中,大宰、小宰和司会等官职就都与审计职责有关。大宰有"八曰官计,以弊邦治"的审计职能,并且每三年要对各级官吏进行一次全面考核。小宰协助大宰受计,并负责以会计文书为依据批准财务出入事项。小宰的属官宰夫是当时官厅审计的主持者。他不掌管财务收支,只负责对各官府的财政收支进行全面审查,就地稽查财务收支情况,监视群吏执行朝法[40]。这些可以说是我国审计工作的萌芽。

而中国不同时期的审计名称亦经历了演变和发展,而其不同时期的名称并非随意给取,都是有其特定的内在含义的。比如,早在舜禹和夏周时期,当时的审计活动称为"考",指代对被审计对象进行经验性的定性审查。而后到了西周时期,"稽"和"比"更多地被使用,"稽"表示用集中、汇总、复核的方法或实地验证法对被审计对象实施定性和定量的审计,"比"则是选择一定的参照物,通过对审计对象与标准比较,进而达到评价、比较、鉴别的目的。到了秦汉时期,"计"开始出现,主要指用计算方法对会计及其账簿实施定量监督。唐代以后,"勾"(或作"钩")被广泛使用,人们认识到审计的重点是依规审计,对被审计对象的财物转移、账与账、账与实的衔接处实施重点监督。而到了宋元时期,又出现了"覆"、"勘"、"磨"等字来作为审计的内容。

依据前朝的经验和已有财政监管制度,明代建立了以都察院和六科给事中审计监督为主的财政监管体制,审计监督的独立性有所加强,与审计有关的法规更趋完善。户部在财政管理中开展的审计活动,是对与监察相结合的审计活动的补充。

洪武六年(公元 1373 年),六部之一的刑部划分为四个属部,即总部、比部、都官部和司门部。其中,比部掌管"赃赎、勾覆及钱粮、户役、婚姻、田土、茶盐、纸札、俸给、囚粮、断狱诸奸之属"[41],履行审计职责,并且兼有部分的司法事务相关职责。不过,比部只存在了不到二十年,"尽管朱元璋在加强财政和审计监督方面采取了一系列措施,严厉打击以权谋私,贪污盗窃,隐瞒财产,制止违法乱纪。但是,他对审计体制建设重视不够,徒以酷刑惩处"。洪武二十三年(公元 1390 年),比部和其他三个属部都按省份被划为北平、山西、山东、河南等十二部。比部的撤销,"使审计丧失了其原有的独立的司法性质"。自此之后,明代的审计职能主要由三个机构及其职官来执行,分别是都察院、六部给事中和户部[42]。然而,总体上,"虽然有都察院的巡回监察,也不能发挥审计监督作用,致使上下官职互相勾结,贪污成风,未能有效地制止违法乱纪活动"[43]。

2. 都察院的财政监管职能

明朝的财政审计监督主要由监察官员来承担,而都察院及其十三道监察御史则是其中重要的一环。都御史一般与六部尚书并列,称为七卿,地位很高,不仅有对官员进行审计监督的权力,而且在查处经济违法案件中也拥有较大的权力。在都察院中,具体进行审计监督的是十三道监察御史。其次是进行两京刷卷,即清查核实两京直隶衙门的公务文书。再次是巡视光禄寺、仓房、内库;验收光禄寺的牲口、果品、厨料等,并监收白银。除此以外还参与官吏的经济政绩审查。

御史刷卷时有磨勘用语,孙承泽《天府广记》记载: 宣德元年(公元 1426 年)八月,宣宗下令磨勘内府钱粮"中外文物诸司文卷,已遣御史照刷。其内府诸衙门皆有钱粮出纳,近闻其弊甚多,即遣能干御史率监生于东华门外虎下取监局文卷簿籍,详加磨勘。有隐匿钱粮虚冒支给者,悉以闻"。

都察院作为一个监督机构,"还有奏疏得以公布,宗室可以在某种程度上纠正失误,在弊政造成的恶果蔓延开来之前得到制止"[44]。这种重要性在其审计职能及其他相关职能上都有体现[45]。

3. 六部给事中的财政监管职能

在明代的审计体制中,六部给事中是很重要的一环。其中,以户部和工部的审计职能最为突出。户部给事中负责审计户部等衙门的财政事务,一般涉及税赋征收、漕运钱粮、盐课以及仓库的收支状况等。而工部给事中的审计则主要体现在对工部等衙门建筑费用的评估和查核上,以及钱粮税收收支情况的审核和奏销。除这两部之外,其他部的给事中也参与对中央官署的审计监督,比如兵部给事中担当马政等事务的监察。此外,六科给事中在官员考满、考察过程中,还由吏部、户部给事中审核其经济政绩。

六部给事中的职能中,稽察是占主要部分的,其对支付和征收凭证的验证、审查就是采用勘合的办法。比如,户部给事中在钱粮征收方面的职能规定,明代在征收粮税时印发应征收数勘合本,一份交粮库,一份交地方交粮官员,粮长根据勘合底本如数收入粮税并缴纳粮税,而后将勘合凭证送户部给事中注销或者凭勘合印信文本再行审查。

相比于前朝,明代六科给事中对六部等中央部门的审计是十分细密的,这对保证国家赋税征收和仓库保管等财政财务事务的正常运行,有十分重要的作用[46]。

4. 户部的财政监管职能

明帝国时期,每到年终,由县、州、府到布政司逐级汇编一年来的财政收支情况,然后派遣计吏赴户部核销一年的财政收支。户部依据各级呈报的会计报告进行稽核、审计,如果发现地方官府的账册有误,就命该地方官府将账册拿回重新填写,再次报审;如果账目相符,没有违法违纪问题,就准予报销。户部要将审查结果上报皇帝,以了解各地的财政状况。户部的另一项重要审计职责就是审核盐课收入,这将在第三章中详细展开。

户部设有内部审计机构,其审计官员名就叫"照磨官",其中包含了上文提到的"磨"。据《明史·职官》记载:"明初户部五科,每科设尚书、侍郎各一人,司计四人,照磨二人,管勾一人。"后设民部,内设民、度支、金、仓四科,置照磨、检校各一人,其职能为:"稽文书出入之数,而程督之",即审计财物的收支情况[47]。

三、明代的商业环境

本节探讨明代商人所面临的商业环境。这里的环境,不仅仅指商人经商时所面临的"实体环境",也包括学界和社会对商业和商人的看法,即"舆论环境"。

(一) 明代商业的实体环境

1. 明代的商业发展和国营商业

卜正明在其《纵乐的困惑》一书中认为,明代中国变成了一个商业世界,"商人们的货物与政府的税收物资在同一条运河上运输,商人与国家的驿递人员走的是同样的道路,甚至他们手中拿着同样的路程指南"。此言非夸张。明代农业的发展为市场的繁荣提供了必要的粮食和各类商品,同时创造了广大的农村市场;而随着手工业的兴盛,各种手工产品的出现则提供了用于交换的商品。此两者共同推动明代商业的发展,并从明帝国中期开始进入飞速发展期。

明代商业的活跃首先表现在越来越多的民众在务农之余从事商业活动,甚至有很多人直接抛弃其农民身份,转而成为商人,于是商人的数目迅速上升。到了万历年间,从事商业的人口数已经达到"天下不知几百万矣"的程度。商人们的足迹遍布大江南北,使全国各地很快连成一个大市场,南方的货物成千上万地运到北方,北方的各种物资也纷纷南下。江南地区、东南地区以及运河沿岸成为明代商品的集散地,亦成为明代商品经济的中心。

明朝的私营商业蓬勃发展,这是明朝商业的一大特点。虽然食盐等仍然是国家专卖商品,但除此以外,大量的棉花、粮食、丝绸等货物出现在各地的市场上。而随着明代海外贸易的兴起,更多的境外商品开始输入中国,使市场上的商品种类亦有了很大增加。明代商业另一个重要特点,正如吴慧所言,"在工商型城市发展之同时,明中叶起,大批市镇兴起,其数量、人口、规模皆非宋时可比"[48]。明代工商型市镇的发展经历了两个高速发展期,前者是在明永乐年间修浚漕运以后,伴随着南粮北调,沿运河一带逐渐形成了一些工商业发达的市镇。后者是在明中叶以后,经济较发达的区域,尤其是江南一带出现相当数量伴随着商业和手工业发展而形成的工商业市镇。

商业的繁荣也直接带来了人口的增加。根据相关研究,从洪武二十六年(公元 1393 年)到嘉靖元年(公元 1522 年)的人口增长率约为 0.8%,而嘉靖二年(公元 1523 年)到崇祯二年(公元 1629 年)的人口增长率约为 0.4%。这是因为在经济较为发达、没有战乱或灾害的地区,会有意识地通过控制生育来降低人口出生率;然而实际上,社会反而可能陷入"人口生活成本不断降低,消费水平不断下降,经济糊口化,越穷越生,越生越穷,过密化内卷化的恶性循环的状态中"[49]。根据马尔萨斯著名的人口理论,他认为人口增长总是会超过粮食供应,从而出现人口过剩,进而造成财政紧张。他指出,人口会按照几何级数增长,而生活资料(粮食为主)按算术级数增长[50]。有趣的是,明末的徐光启也做了一些类似的工作,他通过估算认为当时明帝国人口大约每三十年翻一番[51]。

不过,在明代这样的集权型财政体制下,国营商业仍然在明代经济中占据非常重要的地位,这将在第三章中详细展开。国营商业的某种垄断自然也非明帝国首创。在中国古代统治者处理的所有问题中,国家对国民经济、财政和民生的掌控一向是尤为重要的,甚至可以说是关乎国家兴亡的,"一个国家的制度能力归根结底依赖于它从社会汲取收入的能力"[52]。他们相信"政治压力作为一种泵机制,创造了经济需求本身无法满足的商品流通"[53]。平新乔(2018)指出,集权型的财政体制有其优势,比如可以更有效地配置全国性或准全国性的公共品,且有利于宏观经济的稳定。在征税上,由中央政府征税,也比地方政府出面征税有效得多[54]。因此,统治者往往通过禁止或限制私人实体从事任何被认为与国计民生相关的行业,特别是那些有利可图的行业或与重要自然资源相关的行业,牢牢地垄断国家的财政大权。为此,古代中国还有一个专门的术语"禁榷",特指任何禁止私人经营极重要商品的政府垄断制度[55]。

遗憾的是,古代统治者很少事先考虑民众个人的感受。正如 Schefold(2019)所指出的那样,"个人幸福与其说是主要的独立目标,不如说是实现这一秩序的可能结果"[56]。同时,商业往往处于政治权力的控制之下,经常可以被官员们随意操纵;官员也确实有这样做的便利,因为他们通常"位于城市,这些城市往往被视为下一级行政单位的首府"[57]。我们甚至可以在近乎同时代的孟德斯鸠的记录中找到一些线索,"我们那些去过中国的商人,会被咨询到关于中国官僚的盗匪行为"[58]。商人的日常交易和其他活动经常受到严密监控。有时,商人的财富被部分或全部公开掠夺,私人商业的发展受到大力的控制。桑巴特也曾说,"国营生意总是规模庞大。在资本积累不广泛的时代,国家能够投入大量资金用于其生意,而且通常国家是唯一有足够资金开展生意的机构"[59]。

早在春秋时期,管仲作为齐桓公的国相,曾对"官山海",即国家控制山林和海洋资源的国家垄断体制进行了理论探索和初步试验[60]。这是可以理解的,因为盐、铁等自然资源基本上隐藏在山区或其他难以到达的地方,比如偏远的沿海地区。在齐桓公时期,齐国还没有对盐、铁等资源实行垄断。

不过等到了西汉的武帝时期,政府垄断了盐、铁和酒,这是有记载的古代中国第一次出于政治和军事原因(与蛮夷的战争和饥荒)而正式建立了国家垄断的机制。汉武帝任命桑弘羊掌管全国盐、铁、酒专卖,政府控制生产和销售,严禁个人擅自参与这些行业的经营。桑弘羊指出,如果由帝王自己和他任命的人治理,国家就会强大;否则,帝国就会崩溃。如果让这些可以产生巨额财富的地区落入地方王公诸侯或土豪之手,在桑弘羊看来,很容易成为一个会产生地方权力的奸诈行业[61]。而且,中央集权的消亡,将对皇权的统一构成严重威胁。维持皇权的一种明显方法可能是"可以筹集并用于补充可用于国防的资金的额外收入"[62],而这只能由国家垄断来确保。因此,汉武帝以来,盐、铁、酒等主要工业成为后世的核心垄断产品。明朝也是如此。

汉武帝时期,法家认为,在那种大权旁落的情况下,很难看到国家如何能防止守城的士兵死于寒冷和饥饿。如果打压国家垄断,会对国家造成致命打击[63]。因此,为了让朝廷能够控制和规范全国市场,对私商的利润流施加最大的压力,桑弘羊设计了一个具有深远影响的制度,称为"均输"。他寻求通过将富裕地区征收的税收重新分配给赤字严重的边疆地区,提高军事后勤的效率[64]。作为另一项被称为"平准"的政策的一部分,整个帝国的政府代理人使用公共资金——包括来自垄断行为的收入——通过低价买入、高价卖出的方式来消除市场价格波动[65]。

"均输"通过否定区域外贸易的机会来管理整个大规模市场的基础设施,并控制到处游走的商人;"平准"则旨在管理所有零售市场,并有效地控制商家拥有的当地市场摊位。这两项政策相辅相成: 公平交付依赖于"平准"保证的持续供应,而"均输"提供的产品需要通过公平交付快速大量地销售。这些计划构成了一个统一的国营商业体系,在很大程度上将私商排除在外。

到了北宋时期,王安石的改革推行极端垄断政策,将国家与民众之间的敌意加剧到了极点。这并不奇怪,因为王安石的思想"比大多数儒家更接近法家"[66]。在他的执政下,整个朝廷变成了某种准政府公司,权力空前扩张。首先,政府设立市易司等官方机构来执行市场监管。其次,从国库中拨出专项资金为均输体系提供资金,垄断全国的零售商业。平民的日常使用和消费均受到监控,就连最琐碎的水果、蔬菜交易也被国家垄断。最后,政府统一定价,高价出售给平民。我们或许可以从中发现: 王安石的政策达到了《管子》首倡的轻重论的极限。政府干预所有经济和财政活动并支配商业市场,从而成为最大的(即使不是唯一的)关联商人。他们通过操纵货币、抑价阻商、调整供求、巩固分配权等手段,以确保最终实现全社会无游商且财富均等的乌托邦目标[67]。

2. 明代市场监管与商人

社会稳定,这在任何时代都是古代中国社会各阶层一致的心愿,这在明代亦不例外。究其本质,中国古代的执政者们打压商人,一直是基于某种国家需要维持稳定的要求。当政者固然以稳定为社会治理的首要目标,稳定压倒一切,民众也以过上安稳日子为最大的幸运,明朝冯梦龙的《醒世恒言·卷三》中亦有名句"宁为太平犬,莫作乱离人"。可以看出,无论是社会上层还是下层,大家都希望稳定,社会稳定是一种双赢的局面。而在西方,根据韦伯的说法,"对固定职业的苦行重要性的强调为现代专业劳动分工提供了道德上的理由。以类似的方式,对营利的天意解释证明了商人的活动是正当的"[68]。不过在儒家思想下,这样的观点是不存在的。因此,统治者在利用商业的发展为国家带来各种利益的同时,尤其警惕商人势力的过度扩张威胁到自己的统治。虽然商业的发展对于君主制来说是必不可少的,但对于一个大一统的古代国家而言,在任何情况下都不能让它发展得太过分。因此,商业和商人的地位是略为尴尬的。晋代的傅玄用一个非常简单直接的方式概括:"商贾者所以伸盈虚而获天地之利,通有无而壹四海之财,其人可甚贱,而其业不可废。"即商人可以鄙视,但是商业不能废弃[69]。于是,这就涉及了对市场和商人进行监管的问题。

早在西周时期,中国古代统治者就利用政权的力量加强对市场的控制。《周礼》《礼记》等古代文献的摘录揭示了周朝时期对商品和商家进行系统的监管和限制,组织和管理所有交易市场。《周礼》记载的措施包括: 限制市场商品在官方市场以外的交易;禁止贵族直接参与市场交易;政府对不同类型市场进行监管,确定商品的种类和价格,以及设定交易时限;实行专职专人管理,维护市场秩序[70]。综上所述,周代国家对市场的管制包括政府对私人商品交易行为的严格管制,其最终目的是最大限度地完善相应的"工商食官"制度[71](即当时的商人和手工业者都是归官府管辖的奴隶,他们必须按照官府的规定和要求从事生产和贸易)。显然,当时的商业"可能受到了非经济因素的影响"[72],而值得注意的是,这些做法与当时社会严苛的礼仪秩序是一致的。

后来到了隋朝和唐朝初期,旧的"工商食官"制度已经消失;尽管如此,一个新的制度,即坊市制度取而代之。在坊市制度下,朝廷设立市场、派专人管理、确定授权市场位置、限制交易时间、控制所有交易行为和定价等。这些与《周礼》中记载的种种措施也并无二致。等到了宋朝时,坊市制度已被废除,传统的禁止设立县级以下市场的规定同样被废除。然而,商人仍然处于无处不在的皇权控制之下。朝廷派官员监管市场、征税,许多重要的基层市场升格为县,不过"管控也更全面"[73]。

不同于之前的朝代,明代商业资本的蓬勃发展,有助于一定程度上削弱国家对商人的管控。在营运上,明代的商业资本主要是居间取得厚利,以牙行为中心,榨取直接生产者。明代商品生产虽有较大发展,但生产缺乏集中,城市大多是小商品生产者,而乡村农民遭受地主残酷剥削,为负担高额佃租及其他剥削,必须从事副业生产,因而长期保持农业和手工业的结合,许多流通市场的商品就是这种家庭农业和手工业结合的产物。

明代各地出现星罗棋布的乡村集市,也更助长了农业与手工业的结合,适应于分散的商品生产。在这种场合下,商人要搜集大量的商品和物资,可以不必自己去直接控制生产机构,以加工的形式出卖商品,而可以利用无数的大小墟场组织,来达到集中商品的目的。这样,明代的绝大部分商品流通都是通过牙行进行的,许多著名的工商城市如今天江苏的扬州、苏州、山东的临清等,各种牙行有数十家甚至数百家。明代的商人们便是通过这种牙行,进行不等价的交换,榨取直接生产者。

有众多证据表明,对于明朝政府来说,其对市场和商人只能"弱控制",而不是很多人所以为的"强控制"。明廷对市场和商人的控制的削弱,显然违背了明朝统治者的意愿。商人的流动性和难以管理的本性(这一点在商业井喷式发展的明朝中后期更为明显)迫使国家加倍努力以千方百计控制他们,或许是因为明廷担心"随着商业化经济达到一定限度,商业会导致传统社会结构的瓦解"[74]。在明朝,商人要在特定城市取得合法居留权和经商许可,必须"到官署登记并申报意向"[75]。任何通过核查的民众都可以获得一个叫作"市籍"的许可。这个"市籍"由洪武帝首创,在1398年他驾崩后仍然得到延续[76]。然而,政策本身和它的实际情况可能完全不同。比如,"明朝文官规模很小。1371年省级地方官员的总数只有5 488人……即使在十六世纪初,官职显着扩大的时候,整个帝国的文官也只有20 400人。低级官员总数约为51 000人,但他们同时为文职政府和军队服务"[77]。

政府官员的数量如此之少,很难实现对社会的有效控制,许多本应由政府承担的职能往往被迫移交给基层单位,而如前所述,亲缘关系又在明帝国的基层发挥了重要作用。而且,有时候地理因素也在其中有所影响。如布罗代尔所指出的,"从地理上看,明廷设想中的控制在南部地区似乎遭到了很大的阻力,尤其是江南地区,也就是'长江上游盆地'区域,该区域是一个呈散沙状的分散聚居区,而在中原地带,人口大都集中在核心区域"[78]。

在明朝,尽管有一些激进的政策和法规,但在许多情况下,商人也确实能拥有不小的自主权。尤其是基层社会的商品流通和乡镇经济往来,在实践中往往类似于放任自流的国家,依赖于某种"自治权"[79]。商人和从事其他行业的平民一样,通常可以自由购置地产、搬迁到新的场所、雇用员工以及参与其他相关的经济活动。与此同时,大多数统治者和各级政府(特别是地方政府)在纠正产能过剩或不足、平衡地区贫富差距时,都认识到商贸在社会发展中的重要作用[80]。一些地方官员甚至意识到,至少在潜意识里,"竞争性市场是最好的,在不同的用途、不同的家庭和代理人之间分配资源"[81]。这导致明朝官僚体制内的集权和市场控制甚至不起作用：地方政府经常因利益不同而违抗朝廷的命令，正如我们将在本书的多个章节中看到的。

3. 明代的商业代言人和科举制

明代的商业环境与科举制的关系密不可分，且形成良性循环：商业环境的积极发展助推了商人的地位并最终使商人阶层在科举中获利颇丰；而反过来，科举制度中出来的学者和官员越来越多地拥有了商人阶层的背景，于是充当了他们在朝廷中的代言人，进一步优化了营商环境。这些将在本书相关章节具体展开。

科举考试是明廷控制国家意识形态和社会精英的一个重要措施。"整个明朝的行政都是由文官主导的"，对儒家思想和以儒家文化为基础的科举制度存在着"严肃的尊重"[82]，它"是在大片地区实行统一国家社会和政治秩序的主要工具"[83]，通过将优秀人才吸引到系统中，然后供国家使用。详细介绍明朝的科举考试显然不在本书的任务清单之内，不过科举考试对于明朝政治制度的影响，对于官员，尤其是财政主管官员的思想体系的影响，以及对于商人阶层的影响是较为深远的。因而，下面就这三点略作展开。

第一，明代科举选拔出的官员组成的文官系统比之前的任何一个朝代都发挥了更为重要的作用。与秦始皇或汉武帝相反，明朝的几位皇帝，尤其是中后期，要么完全没有掌控"由文人而非世袭贵族领导的政体"[84]（例如隆庆和崇祯时期），或者他们虽然对文官系统有所把控但对治理国家本身的兴致很低（例如沉迷于多种娱乐形式的正德皇帝，抑或痴迷长生不老药的嘉靖皇帝，抑或长达二十年不上早朝的万历皇帝）。因此，统治者对帝国的控制往往落入有权势的高级官僚手中。正如韦伯所指出的那样，"在世袭制国家中，官员作为最有实力的一群人以及'税收收割者'，最有机会积累财富"[85]。这一条基本适用明帝国。尽管如此，尽管这些官僚可能为家族牟取私利，但他们更重要的角色仍然是充当皇室和帝国的"代理人"。

这怎么会发生？尽管有各种解释，但这种现象至少可以部分归因于明代科举制度在隋朝建立了七百多年后的高度成熟。大多数明朝皇帝似乎都很聪明（但也很懒惰）。皇帝往往只是在幕后操控，挑选出他们觉得最合适的"代理人"，他们会尽力守护皇族和国家的利益。因而，嘉靖皇帝虽然忙于寻找丹药，但还是任命了一些真正能干的官员来代为行事。而对于万历皇帝来说，由于他长达二十年不上早朝,不少官员十多年没见过皇帝的情况确实并不罕见。然而,万历皇帝每周都会和他的内阁见面至少两次,讨论国家政务。

明代科举的第二个显著特点是八股文。本书中出现的大多数理论的提出者毫无疑问都是通过了明朝科举考试的学者,我们将看到,他们的思想确实表现出一种偏狭隘的实用主义倾向,而不是更频繁地出现在那些古书中的较为豁达的形而上学[86]。这种实用主义往往"来自某种民族自信",正如我们将要在本书后面章节中看到的,这也反映在诸如大陆中心主义取向抑或一些财政思想中。

第三,明朝可能是商人阶级从科举中受益的第一个完整的时期,这也是明末东林党等商人阶级代言人能够崛起的制度基础。与前朝很不同,在参加科举方面,明朝的商人从一开始就没有受到政府的歧视和压制。洪武三年(公元 1370 年),明帝国重启科举,并明文规定: 前朝已授官的官员和进士不准参加科举考试;被撤职的官员、唱歌跳舞的艺人、妓女也不得参加。所有其他人,包括那些没有固定住所的人,都可以参加考试[87]。

商人自然是属于"其他人"这个分类的。不过,虽然商人并没有被排除在科举考试之外,但在实践中,因开展商业业务的需要,他们不得不经常长途跋涉,这就导致商人或其子女返乡备考的困难尤为突出。明政府也意识到了商人所面临的困境。到了万历十三年(公元 1585 年),朝廷开始系统地解决这一困境,增加了单独的"商籍",然后增加了这一群体的参加考试的名额。此后,商人可以更轻松地参加科举考试。

传统观点往往过分强调皇权的作用。虽然皇权的重要性在明代中国仍然存在,但科举成为整个权力斗争的另一个核心。科举制度所涉及的一切事情,本质上都是国家事务。明朝的科举比以往任何朝代都更为成熟,成为国家必不可少的基本制度,这也影响着商业的发展和商人的地位。

(二) 明代商业的舆论环境

1. 明代是否仍然重农抑商

明帝国如古代中国的大部分时期一样,是一个依赖自然经济的农业社会。尽管明帝国中后期商业发展迅速,但明代中国的这一本质并未发生实质性变化,"大多数人口仍受商业影响不大"[88]。以农村土地上的简单生产为基础的小农经济满足了大部分人口持续的日常需要,这由中国古代一些学者归纳出"文明的长期静止状态"和"固定保守"的性质,它是整个社会变化最少的经济部门[89];"帝国的财富建立在农业生产的基础上,从这种一心一意的追求之上,制造除基本生产工具或生存必需品之外的任何东西都被视为一种潜在的令人不安的干扰"[90]。因此,农民阶层一直是社会财富的主要创造者和社会秩序维护的基石。纵观历史,这并不是东方文明所独有的,在西方"直到近代晚期,九成以上的人都是农民,他们每天早上起床,流着汗水耕种土地。他们生产的额外产品养活了极少数精英——国王、政府官员、士兵、牧师、艺术家和思想家"[91]。而若从经济思想的角度来看,一个很好的例子是 Klump(2004)提到的"中国人对法国重农主义者的影响可能比人们普遍认为的更广泛、更重要"[92]。

中国古代的所有统治者都明白一个简单的道理: 只有将农民牢牢束缚在土地上并严格控制他们,才能方便征收税赋和寻找劳动力。《汉书》曾特别提到,人员管理的原则是基于土地的。上述官僚机构的经济影响"对农业非常有利",因为"这是他们强制征税的主要领域"[93]。这一点甚至当时的国外学者亦有评论。比如皮埃尔·波弗(Pierre Poivre)的话中就有明确的对当时中国重视农业的认可[94],他在明亡后几十年被派往越南"作为希望扩大与该地区贸易关系的印度公司代表"。他"赞扬了明朝中国的经济和政治制度,他从中看到了该国在经济上取得巨大成功的原因"。他认为,在中国古代,"许多农业创新和农业生产力的高涨,完全归功于一个顺从自然秩序的智慧政府"[95]。而这些对当时的越南经济政策亦有影响。

然而,虽然农业对国家的繁荣负有最直接的责任,但相当多的历史事实表明,作为国家之本的农民却时常生活在贫困之中,承担着最沉重的税收负担,总是最先被抓壮丁,忍受着统治阶级的频繁压迫。相比之下,大多数时间看似"闲置着"的商人更有可能不费吹灰之力就享受奢华的生活方式。

这种具有与社会实践相悖的内在道德含义的社会现实长期以来一直受到古代一些经济学者的重视。司马迁曾在《史记·货殖列传》中明确表示,"夫用贫求富,农不如工,工不如商,刺绣文不如倚市门"。顾炎武曾给一位生前专营盐业的商人做过一篇墓志铭。他在铭文中对这位盐商大加赞许道:"君虽业盐,而孝友、急公好施,有远见,能自树,乃过于世之君子"。这表明其对商人完全不抱传统偏见[96]。

古希腊和罗马奴隶制的兴衰建立在对外国征服的成败之上。在思想界,我们

41

能看到诸如色诺芬"对农业实践的深刻尊重"的强调[97]，试图在古希腊维持奴隶制。而回顾古代中国，管子的"四民分业定居论"以农业为重，最符合当时齐国以及后来大一统国家的政治诉求。统一秩序是商周以来建立和巩固的理想基础上的传统政治现实。中国古代许多经济思想家认为农业是"唯一的财富来源"，甚至是国民经济和民生的唯一基础。他们认为工商业阻碍了农业生产，特别是商人囤积货物和聚敛财富的行为会加剧社会各阶层的不平等，从而进一步加深农民的贫困。从更深的意义上讲，中国古代对社会稳定的狂热追求表明，封建时期国家对所有具有潜在反抗特征的社会群体都非常警惕。商人不在任何特定的地方进行生产活动，流动性极强，因此更容易规避政府的集中控制。同时，那些经营成功企业的人往往还积累了大量财富，于是就产生了商人通过手里的钱来进行权钱交易的可能性。总之，商人是对统治者来说是最成问题的社会群体。抬高农民的同时抑制商人，其实是同一个问题的一体两面而已。

因此，可以说重农而不重商，甚至抑商，是古代中国的一种"自然选择"。"农业是中原王朝赖以生存的基础，以农立国是王朝的基本国策，由此产生的重农抑商、重本抑末（手工业、服务业等非农产业）的政策更使大多数人民成为土地的依赖者和农业的崇拜者"[98]。这种"重农抑商"传统存在的合理性与古代专制统治与压制商业和商人的可行性直接相关。对商人的态度转变在中国与西方出现了一种分流：西方经济思想从最初的对商人的鄙视逐渐转向承认其合理性，并逐步转向宽容和接受的态度；而在古代中国，自秦朝以降，对商人的鄙视绵延不绝，并在古代经济理论中占据了主导地位。不过，我们将在后面章节中看到，类似西方经济思想中对商人阶层的认可和宽容态度，在明朝开始崭露头角并愈发普遍。

重农思想点明了农业与商业的主次关系；然而，这并不表明这两者之间就必然潜在地形成了单一的理论上的替代关系（或零和关系[99]）。不过遗憾的是，纵观中国古代财政史，对于这种仅仅是基于重农而采取对商人的蔑视甚至是敌意，简直堪称一种"常态"。其特点大致可以总结如下。

首先，与一般人所以为的可能正好相反，古代经济学者们对商人和商业的思想其实是很分化的。古代统治阶层层面的"重农抑商"有其政策考量，并不代表在同时期的学术界也是如此的"一边倒"。若同时期横向对比，宋朝时期的苏轼、叶适[100]和其他几位当时重要的思想家对商业和商人价值的肯定程度可能远甚于同时期的早期西方思想家。他们最有可能提倡或至少接受一种可以同等重视农民和商人的政策方案。反之，商鞅、韩非等先秦法家思想家，以及明代的王夫之等人，对商业和商人的蔑视态度显然比任何西方早期的商业理论都要更激进和极端。他们提倡压制商人，"只相信国家拥有最大权力"[101]。韩非甚至将工匠和商人列入"五蠹"[102]。

其次，轻商思想在中西方表现出不同的历史变动趋势。在西方，古希腊和罗马时期对商人的蔑视比中世纪更加鲜明和流行。反观中国，先秦时期(至少在战国中期以前)的中国对商人的鄙视远没有之后的朝代那么严重和普遍。换言之，古代西方对商人的蔑视随着文明的发展而逐渐消散，而古代中国对商人的蔑视则似乎是随着时间的推移而逐渐加强的。

重农思想的盛行在学界和社会上都进一步强调了农业作为中国古代本业的重要性，而对商业和商人的普遍蔑视则将商业降格为"末业"。只要农业被认为是主要的国家财政收入提供者，那些从事商业的人真的别无选择，只能继续在其领域被边缘化，或者更糟的是，在社会地位上落后于绝大多数其他职业，包括士人和农民等等。

事实上，管子提出的四民分业定居理论，可以说是中国古代经济和财政思想的一个转折点。在此之前，虽然重视农业的思想确实被强调，如周文王就明确把发展农业视为君王的首要任务，开垦可供耕种的田地以安民，这样的想法传达了一个信息，即农业仍然是国家的重中之重。然而，当时没有任何迹象表明商业或商人受到重大批评。而在管子之后，镇压商人的思想逐渐成为国家正统政策的主导，旨在加强当时齐国的国力[103]。其他有着相似目标的还有秦国的商鞅和韩国的韩非，以及旨在加强汉武帝统治下的国家权力的桑弘羊。另一个显著信号是，自《汉书》之后，官方史书就不再专门为商人作传记。

再次，另一个突出特点是中西方关于商业和商人的财政思想的理论侧重点不同。诚然，中西方经济学家在谴责商业活动中的欺诈和剥削时都包含了伦理考虑，也没有否认商业的积极经济功能。然而，如前所述，古代中国的学界往往根据其对商人的温和态度或强烈蔑视与否大致分为两个阵营。这两个阵营都专注于与国家对商业活动的控制有关的思考。比如，管子提出的轻重论和司马迁提出的善因论(类似于斯密的自由放任政策)的思想代表了当时的思想。相反，希腊和罗马对商业和商人的蔑视主要是基于他们维持奴隶制度的愿望。而自中世纪以降，西方关于商业和商人理论的争论主要集中在商业交易的公正定价(just price)上。

正如 Schefold（2016）所指出的那样，在明以前的中国，"至少在意识形态上，它的早期目标是通过官僚主义的再分配来取代大型私商"[104]。因此，上述特征明显地表明了一种压制商人而不是采取更合理的政策成为明以前中国古代正统经济和财政思想的趋势。至于它在明代是延续前朝还是发生了变化，将在本书中详细展开分析。

2. 明代的均平主义思想

明代社会对于商业本身的另一个"讨伐"点在于其与均平的概念是否发生冲突。黄仁宇曾明确指出，朱元璋是农民出身，他看穿了宋朝以经济最前进的部门作为财政税收的基础，整个国家追随不及的毛病，于是大规模改制。他的制度仍和宋儒的理论符合，是以最落后的经济部门作为全国标准，注重均平[105]。

不过，这种均平主义思想在明朝的继续流行，显然并非由于朱元璋贫民出身这一个因素，毕竟他虽贵为开国皇帝，却尚不足以他的个人作风长久影响整个明帝国的社会体制。如前所述，中国古代自然经济结构历史上以小农生产和家庭手工业相结合为主。这种简单的生产关系创造了稳定的国家和固定的社会等级，从而保持了皇权的稳定。同时，由于自然经济极其脆弱，统治者分配社会财富的关键是保障社会底层公民的基本生产和生活保障。最理想的情况是坚持社会等级制度，兼顾各阶层利益，实现经济社会平等。中国古代的这种均平化思想是理解与明帝国相关的经济和财政思想和现实的要点之一。在历朝历代，包括在明帝国时期，一些重要的财政事项，比如征收农业税和商业税，都是这一思想的重要体现。

斯密虽然并不研究中国，却曾提到过同时期"中国底层人民的贫困程度远远超过欧洲最穷的国家"[106]。因此，如果允许商业（相对于农业）的高利润，商业的自由发展必然会加剧社会贫富差距，最终超出社会发展的极限，导致社会矛盾激化。因此，在某种意义上，均平主义的思想与抑制商人有着内在的联系。如前所述，通过压制商人的商业活动，统治者可以更好地实现普通民众的个人财富均等化，从而缩小贫富差距。这反过来有利于社会各阶层的稳定和繁荣。而这正需要朝廷通过国家财政手段来实现。

据说早在夏朝，禹就采取某些经济措施调节不同地区的货源供应，以解决粮食短缺和在诸侯权贵之间分封的问题。荀子称赞尧的大度和利益平分于民的理念[107]。在春秋战国时期，"均平"的理想不再是纯粹的经济和财政调整方式，而是被统治者作为治理国家计划的一部分而纳入的政治使命。《周礼》中所载相国的重要职责就包括：在诸侯国之间维持平衡，确保官府的公平，并平齐所有公民的财富[108]。总之，"均平"一直是中国古代社会财富分配的理想原则。其宗旨是保障全体人民最基本的生活条件，使整个社会实现均衡稳定发展。

事实上，先秦多个学派的思想家们几乎都不约而同地提出财富均分或经济均平的概念，批评贫富差距悬殊的社会现象。老子以辩证法见长，主张"道生一，一生二，二生三，三生万物"。他从"无为"的想法出发，分析并谴责了当时社会日益普遍的财富分配不均和贫富差距问题。他有一句名言："天之道，损有余而补不足。人之道则不然，损不足以奉有余。"老子认为，一切都应该平均分配，以确保民众之间的公平感。他还把均衡贫富的思想类比到治理国家和国家间的争霸。

墨子作为墨家的创始人，与儒家学者都认同财富的平等分配是治理国家的关键。例如墨子指出"兴天下之利，除天下之害"。然而，法家的学者们并不认同这一点。比如韩非认为，"今上征敛于富人，以布施于贫家，是夺力俭而与侈堕也"。他认为，国家经过深思熟虑的财政措施，应该鼓励努力工作。如果只是一味地接济贫穷，对富者和贫者都不好，对生产也不利。

儒家思想家对平等的概念有独特而精辟的解释。孔子主张以礼制为基础的平等，孔子的财富分配主张是，"闻有国有家者不患寡而患不均，不患贫而患不安。盖均无贫，和无寡，安无倾"。用胡寄窗的话来说，"儒家普遍理解的是，讲的是财富分配与平等问题的关系"[109]，从而将孔子塑造成一个平等主义者的角色[110]。孟子以其仁爱理想著称。孟子认为，只要每一个农民都能得到一小块土地和房子，他们可以在平静和满足中生活和工作，不再有饥饿或不适。儒家认为财富分配和平等最能体现在一种称为"大同"的社会理想中，它本质上是指以平等为特征的平等社会。不过，它也代表了儒家思想家对社会财富均等分配的想象的"天花板"。

现代平等主义论者指出，"如果富人和穷人的效用函数具有可比性，那么富人向穷人的财富再分配是有道理的，只要可以假设前者的边际效用由于其更高的消费水平而低于后者"[111]。这一理论其实与先秦时期各流派思想家的论调基本是一致的，其后继者普遍坚持这种财富均等、贫富需要调节的观念。同时，均平主义成为国家调整社会财产分配的基本指导方针。它的特点是社会平衡和治国理政的有序政治理想。在一个均衡的社会里，人们各自安居乐业，衣食无忧。甚至，当看到别人享用的奢华物品或其他人穿着漂亮的衣服,人们也不会嫉妒。若人人都能富足,谁都不想与别人竞争。这些社会特征无疑尚且达不到儒家所设想的大同社会的目标。尽管如此,"大同"的这个"低阶版本"是一个相对容易实现的常规的国家治理目标,以维护人民的生活和福祉。这正是历代有为君主的现实追求,明朝亦不例外。

经济平等主义的核心组成部分是实现社会财富的平衡分配,至少按照儒家的礼节等级制度是这样的。这将不可避免地在很大程度上通过损害富人的利益来养活穷人,即某种意义上的"劫富济贫"。尤其是道家和墨家对财富需绝对平均分配的坚持,更是为这种几近抢劫的行为提供了理论基础[112]。在中国古代,与众多古装剧的描述大相径庭的是,占人口大多数的平民百姓生活其实一直很艰难,甚至是饥寒交迫的。社会贫富悬殊趋势日益扩大,财富均等成为老百姓们最朴实也是最迫切、最重要的需求。对以商人为代表的富人阶层的仇恨表达,其实符合中国古代绝大多数人的精神意识。

然而,公平和效率经常很难完美地兼顾。均平主义必然伴随着一定的低效率。对此,在西方经济思想家中,例如瓦格纳(Adolf Wagner)提出均平主义需要"寻求包含经济法规的改革和将民营企业与公有企业有效结合的某些'中间点'"[113]。然而在中国古代,在明帝国之前的很长一段时间里,这种均平主义并没有去寻求"中间点",却往往演变成了"劫富济贫"。这可能至少在一定程度上造成了个体农民的简单化心态和他们有限的识字及认知水平。他们的最高理想是食物短缺时大家一起挨饿,而食物充足时能互相分享,并尽力避免贫困。比如,我们会发现古代中国不管是哪个朝代的农民起义,最常见的口号往往是对于收入平等的诉求,无外乎: 消除贫富不均,停止分配不公,平分田地等,即"均贫富"。

在这些"宣言"下,商人被视为财富的代言人,他们"不劳而获"的脏钱往往成为大家掠夺和瓜分的主要目标。长期以来,"劫富济贫"的思想竟然在平民中被认为是正义和公平的。因此,商人不仅面临来自皇权及其官僚机构的压迫和勒索,他们还面临来自下层阶级的压力。这或许也是中国古代商人阶层努力扩大财富和提高地位的最重要原因之一,这同时或许也是商人阶层的地位被认为长期处于低位的原因之一。

抑制商人是轻视商人的极端版本,因为它会真正导致实践中的有害行为,而不仅仅停留在某种社会情感上。只要中国古代意识形态中盛行的以某种平均主义为中心的正统思想继续存在,抑制商人的思想就仍然是一个潜在和必然的结果,从而为统治者创造了"消除个体和群体多样性"的选择[114]。基于牺牲商人的利益来支持农民的这种所谓均平主义概念和理论仍然是决定商人地位的主要思想,这些思想总体上而言在明朝以前的各朝代大体上历代相传。

那么我们不禁要问,在明帝国时期,以上这些传统思想是否继续占据主导地位,是否继续以鄙视商人为正统? 以及,明代商人在社会各阶层中的相对地位有没有变化? 本书接下来的所有主干部分都将通过考察有助于回答上述问题的财政思想和相关财政史实,分析商人在各种财政活动中的角色、国家和商人关系中的作用,及其与其他社会阶层的相对地位。

四、纵横向比较

在此基础上,我们可以就明代以前的汉、唐、宋、元以及明之后的清帝国的财政与商人的关系,以及明代与同时期欧洲的财政与商人的关系作一个大致的了解。从纵向维度来看,明帝国时期的商人所面临的经商环境和财政制度、政策,其实与其之前之后的朝代均有很大不同,并不能将其纳入"古代中国商人"或者"近代中国商人"的范畴一概而论。而从横向维度来看,明帝国商人与同时期西方,尤其是欧洲商人所面对的一系列制度、环境更是差别迥异。

(一) 横向比较: 同时期欧洲的财政与商人

无论中外,在封闭的封建农业社会中,商人阶层均是地位较低的。他们既不依附于领主,也不控制采邑,他们是等级森严的封建体系的局外人。西方教士或贵族阶级和中国的士人阶级对商人的抵制与反感可能并非只是出于嫉妒。对于教士阶级和士人阶级而言,商人的投机行为违反了他们的"公平"和道德观,虽然教会自己也时常从事商业活动,但他们本质上仍然是领地组织的高级形式,这与全靠倒买倒卖的商人不同。

到了中世纪兴盛时期,当时西欧的一些新兴商业城市重返海洋的怀抱。比如,10世纪开始,尼德兰地区最早的城市兴起于海边,而布拉邦特地区因为海洋贸易优势占据了绝对的主导地位。商人们经营着从波罗的海到西班牙的国际贸易航线,他们在每年的特定时间在市集聚集,因为此地往往有一些地方领主的特惠和贸易特许,商人们在此地云集,进行大宗货物交易,进口的商品再由路上商队或船运发往内陆。

由于热那亚的对外入侵引发了西地中海的重新开放,商业共和国为争夺贸易特权和海域爆发激烈的竞争和冲突,意大利在经济复兴伊始便处于领先的地位。热那亚和威尼斯作为当时意大利的两大城市,其繁荣建立在大规模的国际贸易上,对外贸易和扩张是其最主要的活动[115]。海上贸易带来的收益开始刺激衰落的西地中海沿岸经济,古老的马赛港再次复苏,商队连接了西欧的南北贸易路线,衰落的海上贸易不仅恢复了,而且相较于罗马时期更是大幅度进步了。

这种典型的中世纪商业模式在 12 世纪达到了鼎盛,随着经济的发展,商业体制也在接受一些新思想的冲击,许多时髦的新兴商业概念开始出现。这进一步刺激了西欧的经济贸易,西欧的商人们开始掌握更多的资源和权力。科技的进步提高了手工业者的产量,造船业的发展促进渔业生产,渔业生产和粮食贸易使得城市人口增加,富有冒险精神的市民们离开拥挤狭小的市镇,在交通要塞和天然良港上建立起新兴的商业殖民城市,诸如布鲁日、圣奥梅尔、里尔等[116]。

其实若横向比较,当时在城市的发展、经济生产、人口数量等方面,明帝国的水准均在文艺复兴时期的西欧之上。比如,明末来到中国的利玛窦曾坦言,明帝国的"麦子与稻米以及其他蔬菜,产量远超过西班牙,这是我亲眼见到的,至少每年收获两次;他们听说我们欧洲要让田地休息一年才能播种的事,无不感到十分奇怪;因为他们一年不仅两次,也有三次收成的事,特别是麦子,它不像稻子那样,需要很多的水,这方面归功于照顾与播种的得法和土地的耕耘良好的关系,他们耕种似乎比我们更好"[117];"凡是人们为了维持生存和幸福所需要的东西,无论是衣食用品还是奇巧物与奢侈品,在这个王国境内都有丰富的出产,无需由外国进口。我甚至愿意冒昧地说,实际上凡在欧洲生长的一切都可照样在中国找到"[118]。

当时西欧的人口繁盛程度亦比明代中国落后一大截,明代中国的城市人口的密度在西欧之上。利玛窦虽然来自当时欧洲城市人口密度最高的意大利,但仍然惊叹明帝国的城市人口数量之大。而且在这巨大的人口规模里,商人的比例亦远高于前朝。陆楫在其《蒹葭堂杂著摘抄》中提到"游贾之仰给于邑中者,无虑数十万人,特以俗尚甚奢,其民颇易为生尔"[119]。也就是说,当时的松江府,仅仅是流动的商人数量已经有数十万之多,几乎接近当时的城市市民人口数量。而即使到了晚明,同时期的"苏格兰在十七至十八世纪的 200 年间总人口增长了 210%(从 411 万增至 866 万),而农业人口所占比例却缩减了一半,从 70% 减少到 36.25%"[120]。可以说,明代晚期的农业人口比例大概和英国工业革命前后的水平相差不多,是可以肯定的[121]。

所以,差别可能主要还是体现在制度和外部冲击上。在当时的西欧,随着与日俱增的权力与财富,旧有的封建制度也不断经受改革的震荡,绝大部分的教会商业区走向了衰落,交通运输的发展和城市扩张使得海量的产品淹没了教会的生产模式。英法冲突期间,为了筹集战争资金,英法的统治者不得不放宽商人特权,过去的私人法庭逐渐演变成公共法庭,并建立了完善的城市法体系。中世纪后期到文艺复兴时期,商业的兴起使得自由民的人数与日俱增,西欧人口已经不再是"骑士,教士,农民"的单调组合,商人阶层进一步崛起。

当时西欧各国的收入主要来源,一是实物、货币及徭役收入;二是对城市、海外贸易征收的赋税。当财政收入出现不足时,经常依赖两种方法来举债: 第一种办法是国王或诸侯将某项赋税征收抵押给一些商人、银行家,后者按商定的利率向国王、诸侯放贷;第二种办法是出售"年金",即以富商为主要群体的资金持有者一次性将一笔款项借给市政当局,然后每年按照商定的利息从市政当局取得年金,后来各国君主和教会纷纷利用这个办法筹集资金。而反观明代的统治者,明廷习惯的还是用直接的徭役、赋税征发,或通过官营土地、手工业、矿业、商业及禁榷、专卖等获取财政收入[122]。比较之下可以发现,当时的西方商人在国家财政中扮演着更为积极的角色,尤其是在后来的对外征战中发挥着愈来愈重要的作用。

由此可见,西欧中世纪到文艺复兴时期的商人在政治背景、经济实力、社会组织等方面为自身赢得了得天独厚的历史契机,再遇上地理大发现这样的重要历史进程,成就了他们拥有同时期其他地区所无法比拟的社会优势地位。与近似同时期明帝国压制商人相比,这种社会结构有利于西欧在近现代的快速发展。

(二) 纵向比较: 汉、唐、宋、元、清的财政与商人

在纵向层面,由于古代中国的时间轴非常长,限于篇幅,现仅就西汉、唐、北宋、元、清这几个主要朝代进行简要论述。

西汉时期,自汉高祖到汉景帝的七十余年之间,国家以黄老思想为指导,休养

生息,国库积累了大量的钱财。到了汉武帝时期则对内大兴土木,对外穷兵黩武,财政收支日益不平衡,很多富商大贾虽然积累了大量的财富,却不佐国家用度之急。汉武帝任命东郭咸阳、孔仅为大农丞,掌管国家的财政事务。为了增加财政收入,汉武帝时期的商业税体系颇为复杂,包括算车船、算缗钱、赀税、贳贷税、关税、市税等,其中,算车船和算缗钱均始于武帝时期。算车船是对车船所有者课征的财产税。算缗钱是对商人和高利贷者课征的财产税,"缗钱"就是成串或成贯的钱,一贯或一串为一千钱。《史记·平准书》记载"异时算轺车贾人缗钱皆有差,请算如故。诸贾人末作贳贷卖买,居邑稽诸物,及商以取利者,虽无市籍,各以其物自占,率缗钱二千而一算。诸作有租及铸,率缗钱四千一算"[123]。赀税也叫税民资,是对民众财产总额所征收的一般财产税。在西汉若想要做官,必须要纳一定标准的财产税才可以。贳贷税是对用钱或者用粮食出借所得利息的征税,政府采用的目的是为了限制大商人的高利贷。西汉的关税包括内地关税和国境关税两种。内地关税是指在国内对通过各关隘口的货物征的税,国境关税是指对通过国境与匈奴等少数民族或与外国贸易的货物征的税。西汉的市税又叫市租,"市租,谓所卖之物出税",是对在市场上商品交换数额所征的税。而其后,桑弘羊推行的均输、平准之法,则更是让商民感到更为困苦和不便[124]。

唐代时期,商人中行商和坐贾的区分更加明显。前者"致四方之产物,或巡历各地之周市以贩卖,或历访各地域之各户以呼卖",而后者在市场内居住并经营固定铺面。因唐时东西方贸易兴盛,商人往来频繁,其作用日益显著,因而总体上享有较高的地位。不过唐代官吏对商业的广泛渗透或许一定程度上削减了商人的这种地位,这其中既有边疆大吏经商的实例("南海有蛮舶之利,珍货辐凑,旧帅作法兴利以致富,凡为南海者,靡不捆载而还"),也有政府派驻的使臣经商的实例("使新罗者,至海东多有所求,或携资帛而往,贸易货物,规以为利")。而在财政层面,朝廷也希冀从商人的利润中抽取更多的财政收入,尤其是唐朝中后期。比如大历四年(公元769年)朝廷敕令,凡是百姓有邸店(邸指的是存放货物之处,而店指的是售卖的场所)、行铺及炉,冶应准式合加本户二等税者,依照此税数勘责缴纳实物,这被认为是"邸店之税"[125]。

到了宋代,宋前期国家采用了财政上体恤商人的政策,这和西汉颇为类似。宋太祖先豁免了商税,"榜商税则例于务门,无得擅改更增损及创收"。太宗在淳化四年(公元993年)下诏:"除商旅货币外,其贩夫贩妇,细碎交易,并不得收其算

（税）；当算（税）各物，令有司件析，颁行天下，揭于板榜"。宋真宗时期，"除杭、越十三州鹅鸭钱，又令柴薪渡河津者勿税，又免农器"。宋仁宗也屡次下令减免商税。然而，宋朝初年的这种恤商趋势并未持续。到了宋神宗时期，王安石变法让商人的处境出现重大危机。王安石推行的均输法和市易法，其本意或许不坏，但却被小人钻了空子。均输法仿照了西汉桑弘羊的政策，用于调节物资供需关系、平抑物价，目的是打击大商人。然而讽刺的是，实际效果事与愿违。宋代赋税部分征收实物，当纳税户在购买实物时，巨商大贾从中操纵把持，加重了纳税人的负担，从而影响了国家的财用。市易法系王安石的原创，宋廷设置专门机构，直接收售物资，参与交易，以平抑物价，因而主要在城市中推行。然而，在实际施行过程中，"自市易法行，商旅顿不入都，竞由都城外径过河北、陕西，北客之过东南者亦然，盖诸门皆准都市易司指挥，如有商货入门，并须尽数押赴市易司卖，以此商税大亏"[126]。

元朝作为通商起国的朝代，对商业的重视不言而喻。而且，蒙古帝国的版图横跨欧亚大陆，丝绸之路亦甚为兴盛，商人在其中自然扮演了很重要的角色。然而，元朝对商贾的禁令却也颇为繁复，例如，"诸经商及因事出外，必从有司会问邻保，出给文引，违者究治"；"诸海滨豪民，辄与番商交通贸易铜钱下海者，杖一百七"；"江南铁货及熟铁器，不得于淮、汉以北贩卖，违者以私铁论，又无引私贩铁者，杖六十以上"[127]，等等。而且，元朝既定中原之后，商贾贸易，大多会选择依附权贵或者僧道之势，以免课税[128]。

清朝重农的国策仍然是明显的，但对商业和商人的重视程度也是很高的。即使是在已经处于清朝盛时的雍正年间，雍正二年（公元1724年），谕旨各省督抚："四民以士为首，农次之，工商其下也。而农民勤劳作苦，手胼足胝，以供租赋；养父母，育妻子，其敦庞淳朴之行，岂惟工商不逮，亦非不肖士人所能及"。乾隆二年（公元1737年），朝廷谕农桑为政治之本，又曰："朕欲天下之民，使皆尽力南亩，历观三朝，如出一辙"。但对农业的重视并不必然带来对商业的鄙视。早在康熙年间，朝廷时常颁布体恤商人的政令，比如康熙四年（公元1665年），特令悉数依照定额抽分，免溢额议叙之例。又如康熙五年（公元1666年），命于征收关税处，缮具税则，刊刻木板，以杜绝税吏滥收。吴慧（2004）明确指出，自清朝盛时，"直到鸦片战争前，清朝的进步思想家往往以其务实重商的观点，对现行政策的一些弊端提出改革建议，主张借助商人的力量来替代政府的行为。对商业地位的认识提高,鄙视商人的陈旧看法已成过去。发挥商业作用、发展商业经济的思想广为传播"[129]。

根据以前相关的研究成果,大部分研究可能都认同,明朝初年因为百废待兴的需要而对商人较为仁慈,尤其表现在减免商税方面。而到了明朝中后期,随着朝政日益"腐败",商人的地位日益受到挑战。然而,这样的表述和解释更像是一种"约定俗成"的描述,似乎套用到每一个朝代都颇为适用。当然,这一表述也完全有可能适用于明朝,只是我们需要考察更多的史料,才能让这一结论为人所信服。而且,或许由于篇幅所限等原因,之前的不少相关研究仅是较为粗略的论述,并没有结合足够的·于史料或可信的具体材料深入到财政和商业活动的多方面。因而,明代商人在财政活动中的作用、角色和地位仍然是较为模糊的。而这一点,正是本书尝试解决的主要问题之一。

参考文献

［1］ Wittfogel,K. (1949). *History of Chinese Society*:Liao（907—1125）. Lancaster:Lancaster Press,p. 25.

［2］ 杨红伟:《超越控制的秩序:分税制产生的政治学分析》,复旦大学出版社,2021年版,第7页。

［3］ McCloskey D. N. and DeMartino,G. F. (2016). *The Oxford Handbook of Professional Economic Ethics*. Oxford:Oxford University Press,p. 534.

［4］ 王逸帅:《参与式治理的兴起》,复旦大学出版社,2020年版,第30页。

［5］ Weber,M. and Whimster,S. (2004). *The Essential Weber*:A reader. London:Routledge,p. 36.

［6］ "对家族的虔诚"的原文是 family piety,在古代中国的语境下,更常见的翻译是"孝顺"。

［7］ Weber,M. and Whimster,S. (2004). *The Essential Weber*:A reader. London:Routledge,p. 42.

［8］ Li,Z. (2019). *A History of Classical Chinese Thought*. Translated,*with a philosophical introduction*,by Andrew Lambert. London:Routledge,p. 311.

［9］ 葛剑雄:《统一与分裂:中国历史的启示》,商务印书馆,2013年版,第174页。

［10］ Weber,M,Runciman,W. G. And Matthews,E. (1978). *Max Weber*:*Selections in translation*. Cambridge:Cambridge University Press,p. 319—324.

［11］ 秦晖:《传统十论》,东方出版社,2014年版,第36—41页。

［12］ 秦晖:《传统十论》,东方出版社,2014年版,第67页。

［13］李渡：《明代皇权政治研究》，中国社会科学出版社，2004 年版，第 114 页。

［14］吴晓波：《浩荡两千年：中国商业公元前 7 世纪—1869 年》，中信出版社，2011 年版，第 55 页。

［15］Schefold，B.（2016）．*Great Economic Thinkers from Antiquity to the Historical School：Historical school，old and young*．London：Routledge，p. 342.

［16］Greiner，P.（1977）．*Thronbesteigung und Thronfolge im China der Ming*：（1368—1644）（Vol. 43，No. 1）．Deutsche Morgenländische Gesellschaft.

［17］孙祖芳，孙伟立：《国际金融导引》，同济大学出版社，2002 年版，第 221 页。

［18］Rickett，W. A.（1998）．*Guanzi：Political，economic，and philosophical essays from Early China*，Vol. 1. Princeton：Princeton University Press，p. 62.

［19］Mosca，M.（2018）．*Power in Economic Thought*．London：Palgrave Macmillan，p. 44.

［20］郡县制是中国古代的一种两级地方行政制度。它几乎在中国古代的整个封建时期都很盛行。在这种体制下，中央政府垂直管理地方政府，地方官员由皇帝直接任免，地方政府受中央政府管辖，这有利于加强中央集权和民族团结。这一制度标志着封建早期的亲缘政治被官僚政治所取代，是中国从贵族制度向专制制度过渡的标志。郡县制起源于春秋战国时期。秦始皇变法后，它一直占据统治地位，直到唐肃宗乾元元年（公元 758 年），郡县制被州县制所取代。不过之后的制度也大都基于郡县制的设计。

［21］徐泓：《二十世纪中国的明史研究》，台湾大学出版中心，2011 年版，第 135 页。

［22］Weber，M，Runciman，W. G. And Matthews，E.（1978）．*Max Weber：Selections in translation*．Cambridge：Cambridge University Press，p. 316—317.

［23］Weber，M. and Whimster，S.（2004）．*The Essential Weber：A reader*．London：Routledge，p. 42.

［24］石俊志：《夺富于民：中国历史上的八大聚敛之臣》，中信出版集团，2017 年版，第 218 页。

［25］边俊杰：《明代的财政制度变迁》，经济管理出版社，2011 年版，第 97 页。

［26］［美］贺凯：《明朝监察制度》，中国方正出版社，2021 年版，第 36—41 页。

［27］边俊杰：《明代的财政制度变迁》，经济管理出版社，2011 年版，第 60—68 页。

［28］平新乔：《财政原理与比较财政制度》，格致出版社，2018 年版，第 210—211 页。

［29］Habermas，J.（1989）．*The Structural Transformation of the Public Sphere*．Translated by Thomas Burger. Cambridge：MIT Press，p. 16.

［30］臧嵘：《中国古代驿站与邮传》，中国国际广播出版社，2009 年版，第 139 页。

［31］明朝以前，传递信息和信件是皇室、贵族和高级官员的特权。具体来说，直到宋朝以前，使用邮政系统递送私人信件仍然是非法的。直到元明时期，个人（包括低级官员和商人）才能从邮政系统中受益，并在主要道路沿线的驿站中过夜，而这之前也往往是贵族和高级官员的特权。

［32］黄仁宇：《资本主义与二十一世纪》，生活·读书·新知三联书店，1997 年版，第 523 页。

［33］Sombart，W.（1967）．*The Quintessence of Capitalism：A study of the history and psychology of the modern business man*，translated and edited by Epstein M. New York：Howard Fertig，p. 86.

［34］ 张治安：《明代政治制度》，五南图书出版公司，1999 年版，第 192 页。

［35］ Hayek, F. A. (1988). *The Fatal Conceit：The errors of socialism，Collected works of F. A. Hayek*，Vol. I. London：Routledge，p. 202.

［36］ 刘志伟：《在国家与社会之间：明清广东地区里甲赋役制度与乡村社会》，中国人民大学出版社，2010 年版，第 152—153 页。

［37］ ［美］贺凯：《明朝监察制度》，中国方正出版社，2021 年版，第 45—50 页。

［38］ 洪振快：《亚财政：制度性腐败与中国历史弈局》，中信出版社，2014 年版，第 276 页。

［39］ 洪振快：《亚财政：制度性腐败与中国历史弈局》，中信出版社，2014 年版，第 291 页。

［40］ 陈正兴，周生春：《中国审计文化研究》，中国时代经济出版社，2004 年版，第 61—62 页。

［41］ 解缙：《明太祖实录》，台北中研院历史语言研究所，1962 年版，卷一三零。

［42］ 李金华：《中国审计史》第一卷，中国时代经济出版社，2004 年版，第 245 页。

［43］ 卫永生，刘建俊，赵丽亚：浅谈明朝的审计. 财会月刊，1989(6)：46.

［44］ ［美］贺凯：《明朝监察制度》，中国方正出版社，2021 年版，第 255 页。

［45］ 李金华：《中国审计史》第一卷，中国时代经济出版社，2004 年版，第 245—253 页。

［46］ 蒋大鸣：《中国审计史话新编》，中国财政经济出版社，2019 年版，第 158—162 页。

［47］ 李金华：《中国审计史》第一卷，中国时代经济出版社，2004 年版，第 272—274 页。

［48］ 吴慧：《中国商业通史》第三卷，中国财政经济出版社，2004 年版，第 618 页。

［49］ 杜车别：《明末清初人口减少之谜》，中国发展出版社，2018 年版，第 82—83 页。

［50］ 许建国等：《西方税收思想》，中国财政经济出版社，2016 年版，第 93 页。

［51］ 胡寄窗：《中国经济思想史》下册，上海财经大学出版社，1998 年版，第 426 页。

［52］ ［美］谢尔登·波拉克著，李婉译，刘守刚校译：《战争、收入与国家构建》，上海财经大学出版社，2021 年版，第 21 页。

［53］ Elvin, M. (1973). *The Pattern of the Chinese Past*. Stanford：Stanford University Press, p. 165.

［54］ 平新乔：《财政原理与比较财政制度》，格致出版社，2018 年版，第 211—212 页。

［55］ 吴慧：《中国商业通史》（第二卷），中国财政经济出版社，2004 年版，第 283—284 页。

［56］ Schefold, B. (2019). A Western Perspective on the Yantie lun, in：L. Cheng, T. Peach and F. Wang：*The political Economy of the Han Dynasty and Its Legacy*. London：Routledge, 2019：153—174.

［57］ Skinner, G. W. and Baker, H. D. (1977). *The City in Late Imperial China*. Stanford：Stanford University Press，p. 93.

［58］ Montesquieu, C. (1989). *The Spirit of the Laws*. Translated by Anne M. Cohler, Basia C. Miller and Harold S. Stone. Cambridge：Cambridge University Press，p. 127.

［59］ Sombart, W. (1913a). *Der Bourgeois*. München：Duncker & Humblot, p. 83.

［60］ 胡寄窗：《中国经济思想史》上册，上海财经大学出版社，1998 年版，第 358—359 页。

［61］ 桓宽：《盐铁论》，中华书局，1992 年版。

［62］ Loewe, M. (1974). *Crisis and Conflict in Han China*. London：George Allen & Unwin，p. 100.

〔63〕 Mark，K.（2002）．*Salt：A world history*．New York：Walker and Co，p. 33.

〔64〕 Von Glahn，R.（2016）．*An Economic History of China：From Antiquity to the Nineteenth Century*．Cambridge：Cambridge University Press，p. 116.

〔65〕 胡寄窗：《中国经济思想史》下册，上海财经大学出版社，1998 年版，第 357 页。

〔66〕 Liu，Z.（1959）．*Reform in Sung China：Wang An-shih（1021—1086）and his new policies*．Cambridge：Harvard University Press，p. 45.

〔67〕 吴慧：《中国商业通史》第二卷，中国财政经济出版社，2004 年版，第 829 页。

〔68〕 Weber，M.（2001）．*The Protestant Ethic and the"Spirit"of Capitalism*．New York：Penguin，p. 109.

〔69〕 傅玄：《傅子评注》，天津古籍出版社，2010 年版。

〔70〕 胡寄窗：《中国经济思想史》上册，上海财经大学出版社，1998 年版，第 37 页。

〔71〕 周公旦：《周礼》，上海古籍出版社，2004 年版。

〔72〕 Horvath，J.（2020）．*An Introduction to the History of Economic Thought in Central Europe*．London：Palgrave Macmillan，p. 120.

〔73〕 吴慧：《中国商业通史》第二卷，中国财政经济出版社，2004 年版，第 82—83 页。

〔74〕 Tang，L.（2017）．*Merchants and Society in Modern China：Rise of merchant groups*．London：Routledge，p. 7.

〔75〕 徐泓：《二十世纪中国的明史研究》，台湾大学出版中心，2011 年版，第 228 页。

〔76〕 Ho，P.（1959）．*Studies on the Population of China*，1368—1953．Cambridge：Harvard University Press，p. 4.

〔77〕 Huang，R.（1974）．*Taxation and Governmental Finance in Sixteenth-century Ming China*．Cambridge：Cambridge University Press，p. 48.

〔78〕 Braudel，F.（1979）．*Civilization and Capitalism*，15th‐18th Century，*Volume II*，*The Wheels of Commerce*．*Translation from the French by Sian Reynolds*．London：Book Club Associates，p. 61.

〔79〕 McDermott，J.（2013）．*The Making of a New Rural Order in South China*．Hong Kong：Hong Kong University Press，p. 213.

〔80〕 班固：《汉书》，中华书局，1962 年版，卷八十四。

〔81〕 Haliassos，M. & Tobin，J.（1990）．The Macroeconomics of Government Finance. In：*Handbook of Monetary Economics*，2，p. 907.

〔82〕 Hucker，C.（1958）．Governmental Organization of the Ming Dynasty. *Harvard Journal of Asiatic Studies*，Vol. 21：1—66.

〔83〕 Maddison，A.（2007）．*Chinese Economic Performance in the Long Run：960—2030 AD*．Paris：OECD Development Centre Studies，p. 15.

〔84〕 Russell，B.（1922）．*The Problem of China*．London：George Allen and Unwin, Ltd，p. 34.

〔85〕 Weber，M，Runciman，W. G. And Matthews，E.（1978）．*Max Weber：Selections in translation*．Cambridge：Cambridge University Press，p. 316.

〔86〕 Yu，Y.（2016）．*Chinese History and Culture*，*vol. 2*．New York：Columbia University

Press，p. 21.

［87］谷应泰：《明史纪事本末》，中华书局，1977 年版，卷四。

［88］ Elvin，M.（1973）. *The Pattern of the Chinese Past*. Stanford：Stanford University Press，
p. 165.

［89］ Haney，L. H.（1911）. *History of Economic Thought*：*a critical account of the origin and
development of the economic theories of the leading thinkers in the leading nations*. New York：
Macmillan，p. 48.

［90］ Clunas，C.（1991）. *Superfluous Things*：*Material culture and social status in early modern
China*. Cambridge：Polity Press，p. 141.

［91］ Harari，Y. N.（2014）. *Sapiens*：*A Brief History of Humankind*. New York：Penguin
Random House，p. 97.

［92］ Klump，R.（2004）. The Kingdom of Ponthiamas — A physiocratic model state in
Indochina：A note on the international exchange of economic thought and of concepts for
economic reforms in the 18th century，in：l. Barens，V. Caspari and B. Schefold（Eds.）：
Political Events and Economic Ideas，Cheltenham：Elgar，2004，p. 179.

［93］ Maddison，A.（2007）. *Chinese Economic Performance in the Long Run*：960—2030 *AD*.
Paris：OECD Development Centre Studies，p. 16.

［94］皮埃尔·波弗（Pierre Poivre，1719—1786）是启蒙时代法国资产阶级的典型代表人物之
一。他出生于里昂，1740 年被送往澳门、广东和越南北部。他特别感兴趣的是各国之间
农业生产率的差异。他总是试图把一个国家的农业状况与一个受过教育的农学家的专
业眼光结合起来，与现有的法律和制度联系起来。波弗尔关于哲学家旅行的论文以对中
国的长篇描述作为结尾。详情请参阅 Klump（2004）。

［95］ Klump，R.（2004）. The Kingdom of Ponthiamas — A physiocratic model state in
Indochina：A note on the international exchange of economic thought and of concepts for
economic reforms in the 18th century，in：l. Barens，V. Caspari and B. Schefold（Eds.）：
Political Events and Economic Ideas，Cheltenham：Elgar，2004，p. 181.

［96］顾炎武：《天下郡国利病书》，商务印书馆，1985 年版。

［97］ Strauss，L.（1998）. *Xenophon's Socratic Discourse*：*An interpretation of the Oeconomicus*. South
Bend：St. Augustine's Press，p. 25.

［98］葛剑雄：《统一与分裂：中国历史的启示》，商务印书馆，2013 年版，第 88 页。

［99］马洪宽：《博弈论》，同济大学出版社，2015 年版，第 7 页。

［100］叶适（1150—1223）是宋代大儒。他是永嘉学派最著名的人物，这一学派的成员主要由浙
江温州地区的哲学家组成。

［101］ Rothbard，M. N.（2006），*Economic Thought Before Adam Smith*. Cheltenham：Edward
Elgar Publishing，p. 23.

［102］ Clunas，C.（1991）. *Superfluous Things*：*Material culture and social status in early modern
China*. Cambridge：Polity Press，p. 141.

［103］胡寄窗：《中国经济思想史》上册，上海财经大学出版社，1998 年版，第 291 页。

［104］ Schefold，B.（2016）. *Great Economic Thinkers from Antiquity to the Historical School*：*Historical school，old and young*. London：Routledge，p. 340.

［105］黄仁宇：《资本主义与二十一世纪》，生活·读书·新知三联书店，1997 年版，第 522 页。

［106］ Smith，A.（1979）. *The Wealth of Nations*：*An inquiry into the nature and causes of the wealth of nations*. Oxford：Clarendon Press，p. 89.

［107］胡寄窗：《中国经济思想史》上册，上海财经大学出版社，1998 年版，第 426 页。

［108］周公旦：《周礼》，上海古籍出版社，2004 年版。

［109］ Hu，J.（1988）. *A Concise History of Chinese Economic Thought*. Peking：Foreign Languages Press，p. 49.

［110］ Cheng，L.，Peach T. and Wang，F.（2014）. *The History of Ancient Chinese Economic Thought*. London：Routledge，p. 10.

［111］ Schefold，B.（2017）. *Great Economic Thinkers from the Classicals to the Moderns*：*Translations from the Series Klassiker der Nationalökonomie*. London：Routledge，p. 187.

［112］胡寄窗：《中国经济思想史》上册，上海财经大学出版社，1998 年版，第 125 页。

［113］ Schefold，B.（2016）. *Great Economic Thinkers from Antiquity to the Historical School*：*Historical school，old and young*. London：Routledge.

［114］ Rothbard，M. N.（2000），*Egalitarianism as a Revolt Against Nature and Other Essays*. Auburn：Ludwig von Mises Institute，p. xvii.

［115］［意］卡洛·奇波拉：《欧洲经济史》第一卷，商务印书馆，1988 年版，第 234 页。

［116］史图馆. 中世纪西欧商业简史（下）. 2018 年 2 月 25 日. https://zhuanlan. zhihu. com/p/34007713.

［117］［意］利玛窦著，文铮译：《利玛窦书信集》，商务印书馆，2018 年版，第 48 页。

［118］［意］利玛窦、金尼阁著，何高济等译：《利玛窦中国札记》，广西师范大学出版社，2001 年版，第 9 页。

［119］陆楫：《蒹葭堂杂著摘抄》，中华书局，1985 年版。

［120］黄宗智：《发展还是内卷？十八世纪英国与中国——评彭慕兰大分岔：中国、欧洲与近代世界经济的形成》，《历史研究》，2002 年第 4 期，第 28 页。

［121］杜车别：《明末清初人口减少之谜》，中国发展出版社，2018 年版，第 104 页。

［122］刘秋根：《明清高利贷资本》，中国社会科学文献出版社，2000 年版，第 21 页。

［123］司马迁：《史记》，中华书局，1959 年版，卷三十。

［124］吴慧：《中国商业通史》第一卷，中国财政经济出版社，2004 年版，第 397—401 页。

［125］王孝通：《中国商业史》，团结出版社，2009 年版，第 104—105 页。

［126］郑侠：《西塘集》，卷一。

［127］宋濂：《元史》，中华书局，1976 年版，卷一五零。

［128］王孝通：《中国商业史》，团结出版社，2009 年版，第 146—147 页。

［129］吴慧：《中国商业通史》第四卷，中国财政经济出版社，2004 年版，第 729 页。

第二章

明代国营专卖中的财政与商人

明帝国商人在国家与商人的合作中的地位仍然不高。在看似其角色必不可少的表象之下，明朝商人的存在完全是为帝国财政服务。而且，商人的命运牢牢掌握在当时掌管国家财政的官员手中。例如，叶淇主管户部时，两淮地区的富商们都获得了巨大的经济利益，很多中小商人也跟着沾光。然而等到叶淇卸任后，情况很快就发生了变化。富商们依靠其雄厚财产和政商关系屹立不倒，但绝大多数的普通商人们根本没有能力决定自己的命运。更糟糕的是，当官员依靠国家权力也加入到盐业营销中时，商人陷入了真正的困境。

　　明廷对国营商业的控制是增强还是减弱,是一个关乎国家财政和商人地位的重要议题。以盐业为例,明廷以"开中法"以及向商人出售盐引的形式维持盐业垄断的政策。我们将在本章中看到,不仅机制本身很复杂,而且它还涉及官员和商业利益的不同派别。国家通过出售过多的盐引或许破坏了它的财政收入来源。官僚机构似乎倾向于剥削商人而不是帮助他们扩大贸易,而即使是那些倾向于保证商人权益的皇帝也时常无法有效掌控国家机器,最终消费者不得不承担低效安排的负担。Schefold(2019)认为,基于盐许可证的分配制度指定为"垄断"表明其属于不完全竞争理论[1]。而从财政思想的角度,明代学者对此的讨论始于丘濬。作为主管帝国财政的儒家学者,丘濬反对桑弘羊所提倡的国营垄断,赞成私人贸易,但他也并没有要求废除所有垄断。作为主管财政的户部尚书,他也有明确的财政目标。其他一些思想家与丘濬同属批评国家垄断的阵营,而在其对立阵营,一些学者建议继续汉代盐铁会议时辩论的那类垄断政策,以防止富商获得过多的政治权力。

　　在国营垄断产业中,商人的寻租现象非常严重。以明代的盐业国营贸易为例,这种寻租体现为国家滥发盐引以及商人抢夺盐引,这里的商人以财力雄厚的大商人以及与官场有密切联系的商人为主。明代寻租的另外一个体现是商人对私盐买卖活动的参与,这里既有大商人,也有大量中小商人。此外,本章还将关注明代财政上的权力关系和商人基于地域渊源的利益集团的形成。

一、明代关于国营垄断和商人的财政观点

在明帝国时期,国家是否应该控制商业以及商人在其中扮演什么样的角色,一直是学者们争论的热门话题。粗略来看,当时的经济学家们站在两个对立的阵营,分别反对和支持国营商业。这一时期反对国营商业的阵营以丘濬为代表。他可能是整个明帝国时期与亚当·斯密有着最接近的理论的中国思想家。

(一) 明代反对垄断和支持商人的财政观点

1. 丘濬对国营垄断的复杂态度

丘濬是明代著名政治家、财政管理者,曾任内阁次辅、户部尚书等帝国的极重要职位。他的财政哲学集中体现在他的代表作《大学衍义补》中[2]。这本书旨在为明朝统治者提供治国和理财的原则,其中包含他对财政问题的看法的部分是其中的重要组成部分(卷十三到卷三十五)。就像西汉时期司马迁和北宋的司马光和欧阳修一样,他也偏向信奉政府不过多干涉的理念[3]。这与亚当·斯密最著名的"看不见的手"相类似,"由一只看不见的手推着,促成一个并非他原本意图的结局"。

丘濬的一些观点与现代经济学中的供求规律颇有几分相似之处: 个人不能生产日常生活所需的一切东西,必须通过交换来满足他们的需要。这一思想证实了商人的本质作用。于是,市场兴旺起来,市场上的商品数量必然会增加,那么价格自然也不会很高。当价格保持稳定甚至下降时,供需的共同作用使人们可以拥有他们想要的任何东西,国家从而也可以变得更加富裕。正如亚当·斯密的名言"我们期待的晚餐不是来自屠夫、酿酒师或面包师的仁慈,而是来自他们对自己利益的考虑"[4],丘濬也认同,追求利润是人的本能,也是社会生存的需要。因此,他主张国家应该"民自为市",认为鼓励私人商业是皇帝行政职责的重要组成部分。

不过,丘濬明确表示,制定更为细化的计划并不意味着国家就应该直接控制商业[5]。他对桑弘羊的"均输"和"平准"持否定态度[6]。而对于王安石的市易法实践,他对其国家对商品垄断的实质更是明确反对。按照他的说法,自桑弘羊的财政改革以后,国有垄断体制的弊端其实一直存在,如果后代的财政主管官员的

才能比不上桑弘羊,那又如何使得具体的财政实施得以见效? 当人们被允许进行自由贸易时,一般可以通过公平、透明的交易来保证商品的质量和价格。然而,当国家与平民打交道时,平民被迫提供最好的产品,而价格却是固定的。此外,国家在市场上的代理人很难做到公平,因为从历朝历代的经验来看,他们往往看起来很贪婪和自私。所以,丘濬认为,统治者最好不要直接参与与市场交易直接相关的事务。

丘濬明确反对国家在商业上"与商家争利"。按照他的说法,朝廷直接参与传统上由商人进行的贸易中,会不可避免地导致私商无法获得利润。国家绝不能做劫富济贫这样的事情,那么朝廷也不能和私商竞争,窃取本应属于商人的利益。这种行为着实丢人。类似的,亚当·斯密也曾指出,"对穷人的压迫必须建立在富人的垄断地位上,富人通过对整个行业的把持,就能够获得非常大的利润"[7]。

丘濬不仅反对朝廷对平民使用的各种商品交易进行直接管理,还反对建立类似唐朝坊市这样的制度来强制各地政府为朝廷购买商品。相反,他主张政府应该遵照一般市场交易的原则派人从私人市场购买商品,并要求政府和朝廷派来的买家遵守官方制定的商业管理政策。其实,丘濬的想法是将商品交易平等的原则应用到朝廷,使朝廷乃至皇室在商品交易中与私商平等。

丘濬较早地认识到了国家管理财政与国家直接干预商业活动之间的区别。正因为有这种意识,他的"民自为市"的理论可以被认为是司马迁的某种思想分支的延续: 要求政府尽量避免与私商在市场上竞争[8]。在古代中国,儒家一直认为重农抑商是治国之本。他们尤其坚持打压富商。丘濬却认为,百姓的生计很大程度上要依靠富人,而富人阶层的财富规模也是国家富强的象征。因此,他提出了安抚富人的思想,认为所有以劫富济贫为目的的政策都是不合理的。当时另有一些观点认为,商业由国家来运营可能会造成普通商户无利可图的局面,因为他们所获得的大部分利益都将让渡于国家。丘濬也强烈支持这种观点。他认为,对于皇室和朝廷来说,它们肯定占据着较高的地位,在这种情形下,商人们做生意很容易蒙受某些极大的耻辱[9]。

从上述思想可以看出,丘濬对政府干预市场的态度是坚决的。与司马光和苏轼相比,丘濬的视角更接近商人阶层。他之前的一些财政管理者虽然也看到了王安石改革的弊端,但他们的思想仍然陷于古典儒家的善恶道德二分法中,回避对经济和财政体制的系统思考。而丘濬却能把政府的职能和商业法律明确区分开来。

　　然而,丘濬对国家垄断的态度仍然也是有所保留的。正如胡寄窗所指出的,"传统的教条使他在新旧思想之间摇摆不定"[10]。丘濬明显反对起源于西周时期的山林河流均是国有资源这样的固有观念。他以此作为反对国家垄断的论据之一,指出天地间的元素均是公共的,应该共享,以此用来养活民众。据他说,君王的重要任务之一是禁止公共资源的私有化。但是,具体到关于对不同商品(盐、茶、酒、粮食等)的垄断,丘濬的财政哲学和他反对国家垄断的总体立场不太一致。

　　首先,在盐的问题上,丘濬明确反对当时实行的盐业垄断,这与桑弘羊的理论完全相反。在他看来,盐是一种天然资源,应该由大众共享。若政府垄断盐业并派驻官员来进行具体操作,这就违背了"天地之理"。他呼吁取消盐业垄断,改进私人生产和分配制度。朝廷应允许民众自己煮盐。打算生产盐的家庭只需要提前向政府申请,并从政府获得所需的证书和制盐工具即可生产盐。

　　但在茶和酒方面,丘濬并未完全反对国家的垄断。明代茶叶专卖主要分为外销市场和内销市场。其中外销占大部分,以在边疆地区进行的茶马贸易为主,而国内茶叶贸易量很小。因此,对于内销茶叶这块,丘濬认为国家不应垄断。茶叶税很轻,对国家财政收入没有明显影响。因此,丘濬表示,盐是必需品,国家垄断可以增加中央财政收入。然而,茶叶本非生活必需品。所以按照丘濬的推论,如果被国家垄断,价格高了或者质量差了,老百姓都会少买,甚至不买[11]。需求减少,则国家难以从茶叶内销中攫取利润,还不如放开。

　　不过,对于外销部分的茶叶市场,丘濬明确坦言,如果国家将茶叶的外销利润转让给私商,这不利于中央财政收入的积累。因此,很明显他支持由国家来控制边境的茶叶贸易。然而,茶叶是西北各民族的必需品,而国境之内的平民又需要对方的马匹。因此,这种实际上的紧密供需关系是任何政府法令都无法替代的,因此尽管丘濬有理由支持国家垄断茶叶出口,但在实践中,明帝国对这块的垄断是无法推行的。

　　丘濬关于酒的贸易思想可以从供需两方面看。在供给方面,他虽然不支持国家对酒的完全垄断,但他也看到私商控制酒业有很多弊端: 酒的生产会消耗大量粮食,这会抬高粮食价格,于是不利于粮食安全和国家稳定。在需求方面,丘濬提出了一个想法: 虽然酒业不适合国家垄断,但酒的消费应该仅限于富人,他们可以奢侈地喝一点酒,但也不可过量,因为过量饮酒有害健康,而普通平民则应该戒酒。丘濬虽然反对国家完全垄断酒类,但也强烈反对完全放开酒的生产和销售。不过丘濬的这一思想注定只能停留在理论上。据利玛窦的记载,在明帝国时期,平民"用高粱与米酿成各种酒类;因此,即使很穷的人,买五毛钱的酒,也可足一天之用,而不习于喝水"[12]。

丘濬一直被视为明初反对国家垄断的标杆型人物。然而,仔细分析其思想后可以看出,与这种固有印象相反,丘濬并没有否认国家在管理商业方面的作用。除了他对茶和酒的国家垄断所表现出的"半支持半反对"之外,他对国营粮食贸易的支持也是他这种哲学的一个很好的例子。他的粮食流通思想和价格思想明显受到《管子》思想的影响。他主张在粮食贸易上不能允许自由市场的存在。丘濬认为,国家对粮食销售的控制仍然可以被允许,因为它是民众的日常必需品。虽然它是由国家管理,但目的仍然是造福人民。他肯定了《管子》稳定粮价的理念,提倡粮价的周期性调控[13]。

我们或许可以得出这样的结论,虽然丘濬没有普遍强调国家垄断对国家财政收入的影响,但他反对垄断的观点是有些矛盾的。除了明确反对国家控制盐业外,他明确或暗示国家可以至少在一定程度上垄断茶、酒、粮食等其他重要日常用品。在盐以外的其他商品的国家垄断方面,丘濬的思想本质上与桑弘羊等人的想法是类似的。丘濬虽然明确批评了《管子》中的轻重论和桑弘羊的均输思想,但他却也吸收了他们关于垄断的部分观点,以促进国家的财政利益。考虑到他在弘治年间曾以户部尚书入阁,他的这些观点主要从国家的财政利益的角度来看,或许也不难理解。

2. 江右学派: 张居正和他的"一条鞭法"

在王阳明之后,阳明学派大致可以分为两派,即江右学派和泰州学派。其中,江右学派以万历初年权倾朝野的张居正为代表。正如在第一章中提到的,江右学派的思想相对代表"正统",因为其弟子大多进入朝廷任职,其中一些如张居正一样身居高位。因此,他们中主流的关于商人的观点均是从朝廷利益的角度出发,而不是从商人,尤其是中小商人阶层福祉的角度出发。

因此,不难理解张居正为什么明确反对国家垄断。他批评了桑弘羊制定的政策,他说他曾经读《盐铁论》,见汉元帝年间继续奉行桑弘羊的政策,民不聊生。当时的统治者认为桑弘羊的政策是正确的,应该实行垄断。这种言论颇为迂腐。而在此之前,汉昭帝曾短暂地放弃了桑弘羊的政策,在此期间民众的生活水平有了明显的提高[14]。张居正说这番话时正值嘉靖末年,当时他还未掌握大权。朝政大权都在当时的内阁首辅严嵩[15]手里。严嵩手里的大权,被认为用来为他自己和家族谋取可观的利润。张居正这番话的中心意图确实是反对国家垄断,但他真正想表达的是对仿照私商牟取暴利的朝廷高官的不满。他含蓄地嘲讽严嵩,认为现在朝廷的最高职位都被商人占据了,而钱也不断流向上层。因此,与其将张居正的反对归咎于国家干预商业,不如说他反对朝廷里的一些高官为自己谋取超额收益,将本该属于国家的财政收入纳入自己囊中。换句话说,如果利润没有落入贪官的腰包,而是进了国库,那么张居正或许就不会反对国家垄断了。

不过,值得注意的是,张居正虽然仍然把国家的财政利益放在首位,但与前人相比,他更注重宽待商人,并以此作为他反对国家垄断的思想基础之一。张居正对私商的态度比桑弘羊和王安石温和得多。他不仅像唐代刘晏那样提出扶持中小商人(如盐业中的国家和商人合作),而且还主张资助中小商人,优待他们。按照张居正的逻辑,保持国家物质能力维持在较高维度的最好方法其实是减少而非增加农业税。这样,农民待遇一旦提高,他们就有更足够的资金购买商品,而这被认为能使商人受益。而为了保持平民的较高水平的消费,必须降低商业税。由于商人受到了良好的对待,他们能够流通更多的货物,这反过来会使农民阶层受益[16]。

不过略有讽刺意味的是,张居正本人也是一个深陷贪污嫌疑的高官。虽然他确实比前任(比如严嵩、高拱等人)更亲民,但与他利用自己的权力牟取私利的程度相比前任有过之而无不及。张居正也是一流的敛财高手,与他所嘲讽的严嵩,以及他的老师、前任首辅徐阶并没有什么不同。他享受着奢侈的生活方式。张居正过世后,万历帝搜查张家,据称收缴黄金一万多两,白银十万多两。张居正是帝国首富之一,他在利用作为内阁首辅的权力为家族谋取经济利益的同时,其实也直接或间接地损害了中小商人的利益。他确实反对国家垄断,但他可能也无意让普通商人从商业活动中获利。

由此不难看出,虽然张居正的经济观点看似偏向中小商人,而且他也确实拥有不世出的才能,但他所实施的政策,在实践中往往对国家财政和富商更有利。这方面最好的例证是他著名的一条鞭法。所谓"一条鞭法",从字面上理解,就是将赋税、徭役的各个项目合并为一条编派的意思。即"以从前均平、均徭、民壮、驿传诸色目太繁,不便缴纳,因令天下州县于丁粮中会计各办额料,通融征解,其诸色目一概归并"，"不别立四差名目"[17]。但是，要将不同的赋役项目合并起来，必须以各项赋役的征纳手段、征派原则和方法都统一起来为前提。因而，一条鞭法包括了更为广泛的内容，包括：赋役征纳全面折征白银（即"一切编银"）；取消了原来均平、均徭轮年应役的办法；摊户役于田赋；一条鞭法之后，确立了官收官解的制度；等等[18]。

张居正认为，这项新设计的措施可以通过将大部分对中央政府的义务（例如，土地税和人头税，以及农民的劳役）转化为单一的白银支付，即"赋役合一，计亩征银"[19]，从而简化明法典中复杂的财政措施。乍一看，一条鞭法确实有利于农民和经济等级较低的阶层。然而，根据新法，征税的税率不再按照民众的财产多寡进行分级，于是，穷人和富人的土地都按相同的税率征税。更糟的是，虽然在推行"一条鞭法"之前先进行了丈量土地、清查田产的工作，但一些富商的账面上根本没有土地，他们有各种诡计来隐瞒自己的土地所有权。反而是账面上无法隐瞒其土地的小商人和农民不得不承担更多的税负。从国家财政利益的角度来看，一条鞭法的初始目的应该是为了降低税收的成本以及扩大税基，这有利于大幅提高国家的财政收入。然而从实际实施效果上看，一条鞭法反而容易造成赋税不平等问题，并给普通小农、小商人们带来了不便。

3. 明代的传统儒家财政观点

支持这种观点的一个鲜少被提及的例子是于慎行，万历年间他曾任礼部尚书并入阁。他在其著作中也表示反对君王和朝廷直接参与商业活动，谋取利益，与商人竞争。他批评了《管子》中提到的通过出售公共财产和盐铁垄断来增加国家财政收入的想法[20]。他认为这样将使民众的各类生活用品，包括衣服和食物都完全依赖于国家的供应，从而使管理"轻重"的权利在国家手中而不是在民众手中，并且不尊重市场规律，这将使商人们无利可图。他认为，《管子》的哲学实质上是一种"霸道"的哲学，或许可以适用于战国时期的单个小国家或者藩属国，但显然不能适用于全天下。于慎行指出，治国之道，必不可缺治国所需之财，而答案就在《大学》的前十章。在讨论国家财政问题时，《大学》的前十章阐述了关于道德规范与物质财富关系的结论，即维护道德是根本，而积累财富是次要的[21]。可见，于慎行的经济和财政观点深受传统儒家思想的影响，代表了至少一部分明代中上层官员反对国家与平民在商业上竞争的观点。不过，于慎行的出发点是让富商获利：虽然他主张国家介入私人商业的角色，但他的思想也并没有涉及普通商人在国家财政和商业中的重要作用。同样,顾炎武反对国家垄断盐铁,并告诫国家不要对盐商过度征税。对顾炎武来说,商人的私人活动直接关系到民众的福祉和国家财政[22]。

(二) 明代支持国营和打压私商的财政观点

1. 林希元: 借商人之力获取财政收入

由上可见,即使是明代少数重视私商利益的思想家,如丘濬、张居正等,也并不完全反对国营企业,而绝大多数明代经济思想家更是遵循了前朝的观点,明确支持国营商业。

林希元是这种思想的一个例子。嘉靖九年(公元 1530 年),林希元写下《王政附言》,共计两万九千多字。其中有一半内容与经济问题有关。在开篇,林希元就表示坚决支持国家垄断。在他看来,只有财富是国家的命脉,就像人们必须吃饭一样。如果人们没有食物可吃,他们将不得不忍受饥饿。同样,如果国家没有财富,它将灭亡。他定义的"财"正是政府的财政收支。他指出,良好的国家理财要靠两招,即疏通源头和堵住漏洞。而若要疏通源头,他尤其强调国家要从商人,尤其是富商身上获取更多的收入。他认为,富商们积累了巨额利润,却没有给国家财政作出贡献。如果可以对这些商人征收高额税款以减轻平民的压力,这不是很好吗?他还指出,虽说国家垄断在唐朝的时候被视为失策,但如今(明帝国)的富人逃税逃徭役,又不生产任何东西,却在市场上、在全国各地都获利。而实行国家垄断,既可以减轻农民的压力,又可以打压"末业"。[23]

2. 李贽: 追随桑弘羊的财政政策

泰州学派中,以李贽最为出名。他虽然支持国营商业,然而他的观点仍然存在一些矛盾,因为他也支持商人谋利。虽然他认为,君王的仁政是商人们发财致富的重要前提之一,但他也为商人们的努力辩护,认为致富是靠个人能力而不是天命决定的。不管是天意还是个人勤奋让他们发家致富,一些商人能够发财在本质上是合情合理的。但是,他仍然无法彻底打消打压商人的念头,认同商人并不是一国重要人群的观点。几乎同时期的托马斯·莫尔爵士也有类似的想法,他认为商人、"金匠、放债人或其他通过做一些对公共财富来说不是特别必要的事情来谋生的人,过上豪华的生活并不是正义的"。

基于这个框架,李贽认为国家对商业的控制是非常合理的。他认为桑弘羊的国营商业政策的主要目标是打击富商并重新分配财富，并深表认同。他从未在概念上提出类似托马斯·莫尔爵士提出的"乌托邦"那样的词，尽管本质似乎颇为相似。托马斯·莫尔一定同意以下这样的表述：实现公共福利的唯一途径是平等分配物品[24]。他怀疑"在财产属于个人的情况下，这种平等是否能实现"[25]。

李贽不仅支持国家干预商业，还认为国家官员也应该积极参与其中。这与托马斯·莫尔相信参议院的官员会考虑共同利益的信念不谋而合，托马斯·莫尔认为他们一开始就有足够的远见，并把他们与一些宁愿危害公共福利而不是自己的声誉的人相比。李贽认为，政府应该用它的权力（"势"）来打压商人低买高卖的做法。他断言某些贸易，虽然不能称为垄断（因为它不在一个人的手中），但集中在很少的人手中。在现代经济学术语中，这无疑是寡头垄断。而富商和所有者"永远不会被迫出售，除非他们有想法，而且只有在他们能拿到达到他们的期望的价格的时候"。

李贽不仅强调富国强国的必要性，也突出了有强势的财政管理者的重要性。他相信不谈积聚财富的人无法有效地管理国家。并且，他在自己的文集里加入了一个专门介绍理财名臣及其功绩的部分，其中包括对桑弘羊和刘晏等人物的叙述，而这两位正是通常被认为的为国家敛财之能臣。

虽然他同意商人发家致富是合理的，但如果让他们变得非常富有会导致商人不听国家的[26]，因此，这将构成对一国统治和一国财政的威胁。这种威胁，用托马斯·莫尔的话来说，是"在金钱是衡量一切的标准的地方，许多徒劳且完全多余的交易必然会进行，而这些只是为了满足奢侈和放荡"[27]，而这肯定与托马斯·莫尔对乌托邦的设计初衷背道而驰。在这种情况下，国家需要垄断相关业务，打压富商。从国家财政的角度来看，政府当然要通过重税等手段来约束富商。无论如何，国家应该要求富商除了缴纳正常的商业税外，还应通过额外的捐款来支持国家财政。李贽的思想清楚地延续了桑弘羊伊始关于国家垄断的观点，认为商人应全力以赴支持国家财政，或者用托马斯·莫尔的话，来支持"国家和个人共同的财富"。

3. 王夫之：富商的角色

王夫之作为著名的晚明哲学家，他认为政府应该直接控制盐和茶的贸易。按照他的说法，富商操纵利率，压低耕地农民的收入，而军队和国家的财政收入则严重不足。做生意的人越来越富，勤劳的农民却越来越穷。他认为财富分配不均成为抑制国计民生发展的最大隐患。

王夫之批评了《盐铁论》中儒家学者想把盐利还给百姓的态度，指出他们的建议只会让富人和大商人受益。他更支持刘晏的观点，即如果国家放弃食盐的利润，它们只会流入奸商、豪民和墨吏的口袋，而不是消费食盐的普通人。因此，他认为国家需要介入食盐贸易，遵循并落实刘晏的意见和政策。

不过王夫之也肯定了富商的作用。在寻求财富与寻求节制的理论冲突中，与传统儒家的价值观相反，他更看重前者。他认为富商是"国家的命脉"。这种言辞与他一贯的抑制商人的想法并不矛盾： 国家应该关注富商，因为富商有利用价值，而普通商人仍需要抑制。他认为，如果国家没有富商，普通人可能会遇到经济危机，从而无法进行有效生产[28]。

王夫之认为，富商可以发挥流通金钱和玉米、支持弱势群体的作用。当发生旱涝灾害时，政府的救济常常被推迟。在这种情况下，缺粮的穷人只需要拿着政府发行的兑换券，去敲富商的门，就可以得到足够的食物维持生计。这种思想在今天看来特别天真或者强人所难，但当时王夫之确实认为，富商可以通过这种方式成为国家的命脉。他批评贪官以铲除富商的名义满足个人需求，称这将阻遏金钱和谷物的流通，造成贫弱和流民上街，从而破坏稳定大局。因此，他主张严惩贪官，保护富商[29]。

4. 李雯： 对前任财政管理者们的评论

类似的，李雯重视富商的社会作用，把富人（主要是地主和富商）视为助力国家财政的中坚力量。针对中国几千年来盛行的约束商人和地主的传统观念，他认为，富人能以两种方式为国家财政和提高普通民众的生活水平作出贡献。其一是协助国家养活民众。富人从穷人那里买地，租给他们耕种，替他们纳税，给他们提供衣服和食物，堪称贫民之母。其二是滋养君主[30]。李雯认为以农民为主体的平民和流民显然无法为经济作出贡献，那皇帝只能依靠以商人为代表的有钱人作为国家财政的收入来源。

从保护富商的角度，李雯力劝皇帝减轻他们的负担。首先，他要求皇帝区别对待富商和有钱有势的人物，对他们采取不同的征兵和税收政策。他分析了富商和有权势的人之间的差异，指出后者凭借其政治权力，对穷人的掠夺性行为更加严重。而富商则是通过自己的辛勤工作，即通过承担风险从事商业活动来致富获取收益，这和权势者直接掠夺平民是两码事。此外，当权者利用他们的职位逃避对国家的财政和军事责任，并将负担转嫁给富人和穷人。

不过,李雯虽然和上一节中提到的于慎行一样强调富商在社会中的积极作用,但在国家是否应该控制主要资源和商品的问题上却得出了与于慎行相反的结论。也就是说,李雯认为朝廷仍然应该施加足够的控制。他在给皇帝的奏折中讨论了他的经济观点。

鉴于当时中央财政困难,饥荒遍及许多地区,李雯认为盐和含铜、铁等的山泽资源应完全由政府控制。反过来,帝国会给予所有为朝廷作出巨大贡献的富商,以及积极耕种田地并带来粮食的人等值的铜、铁、木或盐以及免税待遇。这样,需要这些东西的人就会积极耕种,帝国的粮食供应就不会短缺了。李雯认为,国家垄断的作用在于激励富商,鼓励他们为增加国家财政收入和救灾作出贡献[31]。李雯“以农为先”的观点,在这里也能看得一清二楚。上述想法或许可被视为帝国重视粮食供应和帝国安定的又一证据,长期饥荒是不能容忍的。在一些学者看来,万历皇帝或许“被视为软弱无能的统治者”,但实际上,万历皇帝虽然曾连续二十年没有上朝,却并不代表他不与他最重要的几位阁臣时常沟通。因而他统治下的明帝国也“能够有效地发动赈灾”,并“准备地方报告,释放地方粮仓的粮食”[32]。这种成就至少应该部分归功于当时涉及财政问题的思想家(通常也是官员),比如李雯。

在另一篇《盐策》中,他总结了历代盐政的得失,并对明帝国的盐政提出了自己的看法。李雯将盐的生产和销售视为纯粹的商业活动,反对政府干预。不过,他也明确表示,他的观点只适用于东南地区的食盐贸易。西北地区的盐业仍应由政府管理,因为在边境要塞附近的贸易和稳定性需要政府的强权维护作为前提。此外,李雯还肯定盐是国家财政收入最重要的来源:“夫盐之为利一也”。他引用了《管子》中对盐政的论述,解释说齐桓公时代,煮海之利使天下富。李雯称赞桑弘羊的盐铁垄断,称如果没有这些政策,汉武帝就不得不增加对农民的赋税,这可能会引起民众的不满甚至反叛。因此,他虽然在某种程度上是自由贸易经济的倡导者,但他认为儒家和法家的思想皆有可取和需摒弃之处。他如是分析: 后世儒家认为,国家既然有足够的钱花,不用加征额外的税收或寻找其他收入来源。于是他们认为桑弘羊的国家垄断是对汉武帝的欺骗。然而这些儒家学者不明白的是,桑弘羊的政策其实是国家富强的最佳策略。

李雯还批评王安石的政策,认为在实行国家垄断方面,王安石的政策由于经验不足导致了弊端和权责滥用,相比较而言出身商人家庭的桑弘羊更成功。而对于刘晏的政策,李雯却是十分赞赏。他认为,刘晏之所以能通过盐业成功地提供唐帝国一半以上的财政收入,是因为刘晏在盐业生产和销售方面赋予商人一定的自由,而并不是因为采用了什么新技术或者新的财政管理手段。[33]刘晏将国家对重要产业的完全控制转变为利用商人进行贸易,是关于国家垄断的经济思想史上的一个转折点。显然,对这一思想的赞同,反映在李雯的观点中。

综上所述,在盐等关键商品领域,显然明代的大多数哲学家仍然支持国家垄断。他们中的一些人捍卫商人,捍卫的主要是富商,因为他们对帝国财政非常有用,无论是在与帝国的"合作"中增加政府财政收入,抑或在自然灾害来临时帮助分担帝国财政支出。在明朝思想家们看来,对商人福利的考量应该完全从国家利益的角度来考虑。如果它们被证明对帝国财政没有用处,甚至损害国家垄断的利益时,它们也就不再有与帝国分享收益的权利。

二、明代商人与国家的合作: 以食盐贸易为例

(一) 开中法之于明代国家财政

商人在明代国家垄断中的地位,在国营盐业活动中得到了最好的体现。明朝对商业经济的主要干预采取垄断控制主要商品生产和分配的形式[34],比如盐。不过,虽然只有国家可以授权制盐,也只有国营盐才能流通(买卖私盐被视为违法),但在盐业中也并不存在现代意义上的国有企业。盐的实际流通和销售由私商承包,因此商人在盐业经营中发挥了重要作用。明帝国初建没几年,就恢复并完善了著名的开中制:"有明盐法,莫善于开中。洪武三年,山西行省言:'大同粮储,白陵县运至太和岭,路远费烦。请令商人于大同入米一石,太原仓入米一石三斗,给淮盐一小引。商人鬻毕,即仰以原给引目赴所在官司缴之。如此则转运费省而边储充。'帝从之。召商输粮而与之盐,谓之开中。其后各行省边境,多召商中盐以为军储。盐法边计,相辅而行。"开中制并非明代首创,不过开中制确实是在明朝达到这一制度最完善的状态。

具体来说,开中法大致可以分为三个步骤: 商人转运粮食到边镇并取得盐引,使用盐引在指定盐田收盐,最后在指定区域销售盐。然而,朝廷未能为盐的生

产者提供足够的资金支持,同时又发放了过多的盐引。无节制的盐引发放自永乐年间就开始了,导致了上述三个步骤中的第二步的停滞,即商人们不得不按照先后顺序等待,有时甚至长达数年之久,更有甚者要等三代人的时间,超过三十年的延迟兑现是很常见的[35]。为减轻商人的困苦,朝廷放宽了指定田地收盐的限制。永乐十年(公元 1412 年),皇帝下令,等盐多年的商人若愿意,可到邻近的盐田收盐。如果不愿意,那就继续排队等候[36]。

鉴于盐课在国家财政中占据的大比重,持续拖延造成了明帝国的财政赤字。为了解决这个问题,朝廷首先推迟了当期交付义务,然后以更高的价格出售了当前可用的盐库存。因此,可以立即以现金支付的新购买商优先于以前排着队的购买商。于是,到了正统五年(公元 1440 年),出现了第二种方法,就是将盐分为两大类,分别是常股盐和存积盐。两淮、两浙、长芦所产的盐,百分之八十留给排队等候的商人,称为常股。剩下的百分之二十存放在官仓里,叫作存积盐[37]。存积盐根据商人交付的粮食的优先顺序、质量和数量来分配,而常股盐是在商人和他的粮食到达时就当场交付,不过价格要比存积盐低得多。因此,苦苦等待的商人们仍然"争趋存积,而常股壅矣"[38]。

正统十三年(公元 1448 年),政府将存积盐增至百分之六十,而常股盐仅减至百分之四十。[39]这么做的结果是: 商人手中的常股盐,已经受到"祖孙相代不得者"的不公平待遇,一旦国家有财政困难时,可支取的盐引配额还会被压低到四成甚至三成[40]。这种现象在弘治年间更为严重,随之而来的是盐法的转变。弘治五年(公元 1492 年),因商贾困于候盐,户部尚书叶淇提议改"纳粮中盐"为"纳银中盐"。虽然一引盐的价格因此上涨了,商人们仍然争相抢购。

价格的变动实际上对一些商人有利,而侵害了另一些商人的利益。从 15 世纪后期开始,盐业出现了两种商人。边商将粮食运送到边镇供给军队,然后将盐引卖给内商。开中制的利益原本主要属于边商,其中陕西、山西等北方商人是其中的主力军。而买盐引、收盐的商人往往是内商。

(二) 寻租体现之一: 滥发及抢夺盐引

从现代经济学语境的视角来看,明盐业存在一定的"寻租"现象。正如德国新历史学派经济学家桑巴特所指出的,"国家权力是一个人为了利益所能寻求到的最万能的影响,无论是为了利用人还是为了使用商品;抑或是为了有助于销售或讨价还价,例如授予特许权或垄断权。有影响力的贵族成员为了共同利益而与富有的中产阶级或贫穷的发明家互相勾连"[41]。

寻租在上述盐引的买卖活动中也得到了体现。边商把盐引卖给内商的时候,肯定是要高价的。如果盐引被与权贵有紧密联系的商人囤积和垄断,价格就更高了。所以,这些有足够资源就地收盐的商户,游说主管税务的部门,表明立场,要以涨价为代价垄断食盐的销售,也就可以理解了。徽商们与叶淇商量,以前想拿到卖盐的许可,必须自己把粮食运到边境,或者从边境商人那里买盐引。但是,如果接受白银而不是谷物作为支付方式,那么收益将变得更大,操作将变得更有效率(不再需要长时间等待)[42]。

叶淇原籍淮安,属两淮地区,而徽商是两淮地区内商的中流砥柱,即使他们并非来自同一县同一村。在叶淇的改革下,边商被排挤。再者,虽然改革后商人们要多付一引盐的钱,但这成本基本相当于他们本来需要被迫支付给边商的溢价,因而对徽商来说并没有损失[43]。

叶淇制定的新政策使徽商能够从山西对手手中夺取对盐业的控制权[44]。于是,叶淇被他在朝廷中的对手指控为"以私谋利"[45]。叶淇卸任户部尚书后,开中制又恢复了。然而,将近一个世纪后,庞尚鹏也意识到,与低效率的开中制相比,叶淇提倡的现金形式支付的效率明显更高[46]。可以看出,实际上朝廷中不同势力对盐政的讨论,也反映了他们所代表的不同地区的商人集团之间的内讧。

有时,一般落户扬州的内商也不直接参与食盐的销售。相反,他们将从批验所得到的票引给小型分销商[47]。内商因其雄厚的资金实力而得以坐享其成。作为唯一的买家,他们可以操纵边商接受他们指定的仓钞价格。而作为经销商唯一的食盐供应商,他们也拥有价格的决定权。隆庆四年(公元 1570 年),边商为了在盐场买到一引仓钞要花 0.5 两银子,而卖给内商的价格只有 0.54 两。换句话说,若把运费算进去,边商其实是在做亏本生意。因此,相关官员不得不作出一些让步并降低官方盐价,否则边商都不愿意参与其中[48]。

由此可见,与秦以后的大多数朝代一样,明帝国商人在国家与商人的合作中的地位仍然不高。看似其角色必不可少的表象之下,明朝商人的存在完全是为帝国财政服务。而且,商人的命运牢牢掌握在当时掌管国家财政的官员手中。例如,叶淇主管户部时,两淮地区的富商们都获得了巨大的经济利益,很多中小商人也跟着沾光。然而等到叶淇卸任后,情况很快发生了变化。富商们依靠其雄厚财产和政商关系屹立不倒,但绝大多数的普通商人们根本没有能力决定自己的命运。更糟糕的是,当官员依靠国家权力也加入到盐业营销中时,商人陷入了真正的困境。

(三)寻租体现之二: 官商参与私盐买卖

上面提到的盐引发放不规范的重要原因之一是官员或与官场有紧密关系的商人的参与。国家对盐业的控制和参与,不可避免地滋生了利用国家政策和权力谋取私利的官员腐败。这个问题早在西汉桑弘羊的改革前业已存在,当时的政府政策使逐利行为合法化,造就了一个新富阶层以及喜欢炫富的政府官员[49]。官员们开始钻开中制的漏洞是这个问题的实质,这直接与国家财政的利益对立,也与商人阶级,尤其是无权势的中小商人的利益对立。

洪武二十七年(公元 1394 年),皇帝下令禁止皇室成员和四品以上的官员以及他们的侍从参与盐业[50]。然而,尽管明廷一再警告和颁布相关法令,实际上自始至终都没有消除走私和皇室或官员的参与。首先,官员们似乎无意约束自己在盐业中的深度参与。早在景泰年间,已经有高官指派他们的家丁参与盐业。他们占有大量的盐引,高价卖给别人,不仅破坏了国家的律法,而且明目张胆地攫取商人利益[51]。其次,皇室成员,以藩王为主的群体,也有为自己谋利的切实需求。根据规定,藩王如果没有得到皇帝的正式批准,不能离开他们所居住的城市。他们被禁止供职文武,也没有资格参加科举考试,也被禁止参与商业贸易[52]。他们中的很多人显然不满足于每年 1 万石左右的禄米收入,他们因而开始和高官或宦官们一起,参与甚至操纵国家的食盐专卖。

私盐之类的问题该如何解决? 更棘手的是,政府出台了一项实际上是纵容私盐交易的新政策。理论上,所有生产的盐都必须由政府收购。然而,为了支撑盐价,官方配额往往远低于实际盐产量,这就造成了盐大量过剩。由于禁止私盐交易,这些盐无法出售,被称为"余盐"。为"疏通"堵塞已久的未兑现盐引,除上述从附近盐场取盐的方法外,弘治二年(公元 1489 年),朝廷开始允许生产者将这些盐直接卖给商人,令其缴纳一定比例的"余盐银",即对"余盐"征税[53]。

由于这一政策,许多盐商不再关心他们的粮仓凭证是否可以兑现。盐引成为他们唯一渴望获得的东西,因为它使盐商能够直接从生产者那里买到盐,从而相当于突破了食盐限购的规定,允许提取并销售额外的盐[54]。这一规定表面上有助于解决盐引过量的问题,同时又不破坏盐业垄断制度。然而,在实践中,这意味着商人必须为同一批盐支付两笔费用: 首先是向盐业生产者支付,然后是政府(因为余盐税的成本被转嫁给了商人)。即使如此,盐商还是愿意忍气吞声,因为这笔额外的支出仍然小于漫长等待期间需支付的各种费用。

而且,商家为了增加自己的利润,往往会购买超过规定量的"余盐"。这些多出来的盐本质上是私盐,是违法的,但他们可以通过混淆配额内的盐和余盐,取得盐引后一同售卖,最终完成把余盐合法化的操作。盐场的基层干部非常欢迎商人从盐生产者处直接购盐[55],因为这会在官方记录中显示为大量的贸易额(也即意味着更出色的政绩)。因此,实际上,基层官员对私盐交易活动放任自流。

因此,可以假设大量盐被转作余盐,并与官盐竞争。如上所述,有权势的官员也积极参与这些活动,甚至采取了一些策略,诱使皇帝授权他们参与其中[56]。一旦他们获得盐许可证,他们可能会重复使用盐引,有时甚至会重复使用多年[57]。主管官员并不会对他们采取任何行动,因为地方官员忌惮他们的强大关系网。其他商人通过支付某种中介代理人的费用获得交易特权,通常是政府官员的朋友或亲戚[58]。

在此背景下,自 15 世纪末以降,明廷曾多次尝试通过降低官盐价格来吸引合法盐商[59]。成化十二年(公元 1476 年),在北部边镇一引盐只值约一百五十文,同期河东的百斤盐更是只值约五十文,这甚至明显低于生产成本[60],然而,这种做法进一步阻碍了盐引的发放。到嘉靖二十九年(公元 1550 年),税务部门估计朝廷实际只收集了两淮地区产盐总量的百分之四十,其余百分之六十都在走私者的控制之下[61]。这些走私者主要是权贵家族的成员以及为他们服务的商人。

因此,明帝国所收的盐税非常少。明中后期盐政年收入 200 万两,而对比前朝,唐帝国时期仅两淮地区的盐政年收入就达到 600 万两。明帝国各级盐业管理部门都承受着巨大的压力,每一次增加的压力都从上到下传递到垄断体系中最脆弱的部分,即贫困而无力的盐生产者。直接从生产者那里购买余盐的盐商也参与了对生产者的压榨[62]。同时,由于盐的官方价格丝毫没有竞争力,合法生产者根本无法与非法盐市竞争。到了 16 世纪末,盐业管理机构已经无法再强迫商人在指定区域销售盐了。

卜正明在他的《纵乐的困惑》中断言,"明中叶国家与商品市场的关系只是适度的榨取"[63]。在大多数情况下,这一论断或许毋庸置疑。然而,在明朝盐业垄断的背景下,这种表述可能并没有描绘出完全准确的图景,至少从盐商的资金来源来看是这样。首先,在官方的检查站发放盐之前,商家必须缴纳余盐税。除了可以立即筹集到所需资金的富裕盐商外,大多数中小盐商在上一轮交易完成之前根本无法收回下一轮交易所需的资金。这意味着可以存活的小商户的数量非常有限。

其次,重复征收高额关税和罚款的现象较为普遍。虽然如上所述,盐场的基层盐业官员经常容忍商人私下走私配额外的盐,但在港口和陆路检查站负责监管盐业的官员的审查却非常严苛,尤其对超重的处罚异常严厉[64]。此外,虽然理论上,持有盐引的人运送"官盐"在通过检查站时应该免税,但在实践中不能保证不会对其征收额外的税。负责检查站的官员经常对货物征收额外的关税。[65]尽管对过境盐征收的税款看起来并不高,但总量却是不成比例的,因为几乎所有经过的县都对其重复征税。

商人受到的待遇还取决于官员的公平竞争意识。确实,当商人受到虐待时,检查官员有时会站在商人一边进行抗议,但他们这样做更多的是出于意识到对帝国臣民的严厉对待与政府仁政的理念相冲突,而不是出于对个人正义的关注[66]。卓有成效的财政改革只有在真正关心小商人利益的官员上台时才会发生。比如,当庞尚鹏[67]于16世纪后期负责两淮地区盐政时期,降低了余盐税,并且想办法使原本必须到官方检查站纳税的商人更容易缴付余盐税。然而,大多数官员显然对增加个人收入更感兴趣。17世纪初,一个中层盐官的个人收入一年可达三万两。[68]事实上,制度本身的不完善似乎滋生了不诚实。在16世纪,如果一个人被任命为盐官,他的名声经常会每况愈下。16世纪末,当一个基层官员被提拔为长芦[69]盐场的副主管官员时,盐务局的一个部门,他的一位朋友写信给他,深表遗憾。

此外,由于明廷从未向盐务管理部门提供足够的资金投入或服务设施,相关管理部门没有自己的船只,疏浚运河的资金非常稀缺。这导致运河经过的两淮地区部分盐田根本无利可图。商人们发现,从这些盐田运盐的成本实际上超过了收购价。此外,检查站签发的通关文件价格昂贵。这些成本通过提高盐价转嫁给了消费者,也就是购盐的普通民众[70]。在1610年代的湖广[71]部分地区,当盐价飙升三四倍后,盐这种普通的生活必需品居然已经让一些普通民众望而却步[72]。

15世纪以来,不少官员已然注意到,盐业越来越多地由少数有权势、与皇室或官场关系密切的家族隐藏在国营垄断的外衣下进行。权贵家族的成员越来越多地主宰着食盐市场,并在所颁发的盐引中占据了不成比例的份额。

三、明代食盐专卖: 财政观点

(一) 食盐贸易的收支监管

在明代财政制度中,六科给事中是重要一环,而户部和工科兼财政监管职能最为明显。这可以称得上中国古代财政制度发展中的一个创新。首先,在对中央六部等官署的监督中,户科负责监管户部等衙门的财政和财务事务,涉及赋税征收、漕运钱粮、盐课以及仓库收支状况等。其中,在盐课审计方面,凡是各盐运司、提举司合办盐课,年终开具课征实数,造册赴户部,并差官吏于户科注销。

各盐司、分司、提举司和盐课司的职掌是管理各处盐场、盐井,向灶户征收盐课,并据盐引将盐批转给盐商。盐课是明朝的一项重要税收,每年约解送太仓银一百余万两,各镇银三十多万两,约占明朝每年总税收的一半左右。因而,政府对盐课的监管也特别重视[73]。

明朝对盐政的监管活动,体现在以下几个方面。首先,对征收、储存盐课的稽查和审核。明代盐课折色,早期以实物形式如布帛为主,征收后基本不解户部,而是备各边支取使用。成化以后,盐课越来越多地折银,于是各地的折银需要解送户部。弘治年间,明廷还制定了不同地区盐务机构盐课账册送达的时间表,同时不定期令各地盐务机构对征收盐课情况另外制作青册上交,以供稽查和复核。以万历六年(公元1578年)盐课银收入为例,见表2.1。

表 2.1　万历六年盐课银收入

机构	岁入(两)	分配
两淮都转运盐使司	600 000	全数解运户部
两浙都转运盐使司	140 000	全数解运户部
长芦都转运盐使司	120 000	全数解运户部
山东都转运盐使司	50 000	全数解运户部

（续表）

机构	岁入（两）	分配
福建都转运盐使司	24 545	地方防务 2 344 两； 解运户部 22 201 两
河东都转运盐使司	198 565	解运军卫和他地 194 170 两； 解运户部 4 395 两
灵州盐课提举司	36 135	解运军卫
广东盐课提举司	15 968	地方防务 4 790 两； 解运户部 11 178 两
四川盐课提举司	71 464	全数解运他地
云南盐课提举司	35 547	全数解运户部
总计	1 292 224	

注：黄仁宇，《十六世纪明代中国之财政与税收（大字版）》，九州出版社，2020 年版。

其次，为了使上述的"开中法"真正起到充实边疆地区粮食储备的作用，明廷对其进行了严格的财政稽查和审核。正统年间，"各该中盐卫分造册一本，具客商名数径缴户部。其盐运司仍将该司额办盐数申报"。然后，户部通过注销每年支取过的"盐引"和客商的数量，来进行稽查和复核。明廷采取的做法是，平时将日常支取食盐和接收粮食数量，及商人姓名、住址等情况造册上报，与每年年终的时候"将放过商名、盐数类总造册"上报相结合，进而由户部进行查照、审核的方法。这是对"开中法"中盐的支放情况进行详细核查，以杜绝漏洞。同时，明政府还加强对盐引回收的审核。明帝国政府对盐政的稽查和监管，对于保障盐业的生产和灶户盐商的正当权益，有一定的正向作用，不过其作用亦是颇为有限的[74]。

盐课是明代的一项重要税收，约占每年总税收的一半左右，因此政府对盐政的财政监管特别重视。《明史·食货志》记载："巡盐之官，洪、永时尝一再命御史视盐课。正统元年始命侍郎何文渊、王佐，副都御史朱与言提督两淮、长芦、两浙盐课，命中官、御史同往。未几，以盐法已清，下敕召还。后遂令御史视察，依巡按例，岁更代以为常。十一年以山东诸盐场隶长芦巡盐御史。"除临时派遣户部和都察院长官巡视、稽查盐政之外，经常性的审计工作由御史，即巡盐御史承担。

（二）叶淇：盐商代言人

在明朝，白银不仅逐渐成为主要交易工具，而且还成为明中期赋役改革的主要手段(赋役折银)。这主要是因为通过长期海外贸易而流入的白银已经有了一定的积蓄,民间也对白银作为交易工具普遍加以接受。折银是明朝成化、弘治年间以后,从地方到中央赋役改革的主题之一[75]。而这一改革由时任户部尚书叶淇[76]主导。

在叶淇主导的这一变法之前,明朝实行的是"边中海支",也即开中法。盐商在边境上纳粮食换取在政府专卖下的食盐运销资格,即边中;再到海边的盐场支取相应数量的食盐。换言之,在明朝盐商并不能直接用货币(比如白银)来购买食盐,买盐的成本是通过采购一定的粮食运输到边镇上纳输出的。作为盐商购盐费用接收方的边镇大部分位于明朝的北部(如大同、宣府、榆林等),而主要的食盐提供方比如两淮运司却位于南方(两淮运司的驻地在扬州)。这让北方商人获利颇盛: 北方商人(比如晋商)分享了原本属于南方商人(比如徽商)的地理优势,甚至占据了更大的地理优势。尤其是在开中法执行十分严格的前期,北方商人几乎垄断了盐利。那么,民间存在一股支持"变法"的势力也是很自然的事。"巧合"的是,提出变法的叶淇正是淮安人。

叶淇认为,国营盐业的问题,本质上是两种截然不同的逻辑体系相互交织造成的矛盾。他认为,一方面,这一制度是国民经济的命脉。尽管政府将其纳入国家垄断,但其实际运作仍需遵循市场自身的经济逻辑。另一方面,边防由国家实施的各种制度来保障,这在很大程度上受到国家外部环境的限制。这些系统依赖于政府通过行政、外交和民族政策来进行控制。因此,由于政府在盐法体系中的主导地位被过分强调,边境政治完全取代了它,从而导致了盐引的滥发和供需问题,并导致商人们的热情减弱。因此,盐法实施的真正问题在于,商人无法获得他们想要的地位,也不愿意参与开中制度,因为这不符合他们自己的利益。因此,从财政学的视角,为恢复市场在资源配置中的基础性作用,叶淇认为折银可以重振盐市和明帝国经济。

然而,叶淇关于商人利益的经济和财政观点除了基于他位居户部尚书这一事实之外,很大程度上还基于他自身的背景: 他常被认为是两淮地区盐商利益的代言人。从 15 世纪后期开始,盐业的商人细化为两类职能: 边商和内商。所谓边商,负责将粮食运送到驻守边境的军队,然后将粮仓收据卖给所谓的内商。边商和内商均得益于开中制度。边商以晋商、陕商等北方本地商人为主。购买盐引和收集盐的商人通常是内商,其中包括在该州盐滩附近作为中流砥柱的商人。

而且,根据叶淇的观点,明代前中期开中制度的形成和演变是"专制"与"理性市场"的较量。可见明朝政府控制的自我调整过程"依然强大"。尤其是在明代前期,边境仍然受到一些外族的袭扰而形势紧张,国内经济则还没有完全从元末的经济颓败中彻底恢复。如果要最大限度地提高组织和行政效率,威权权力就需要渗透到国家的政治、经济、国防等部门,并通过各种制度来投射中央政府的权力。而这种专制权力在明朝时期是僵化的。即使在开中制度濒临崩溃的情况下,叶淇关于国家垄断和盐制改革的观点的前提仍然是确保原有制度框架的运行,目的是通过接受白银作为付款方式来为市场自主运行留出空间。

叶淇在户部尚书的任上试图扭转局面,实施政府干预的新模式,这也导致商人在其中的作用仍然非常有限。不仅如此,叶淇变法甚至还时常被认为是明朝衰亡的主要原因之一,虽然这一点在学界也并无定论。支持这一观点的学者或许认同《明史》的看法,即边区大范围的商屯使得边镇粮价低廉,而"变法"之后盐商不再需要赴边镇上纳粮食,这个时候再在粮价很低的边区进行屯田自然是没有意义的,所以盐商们纷纷撤离,即"商屯撤业"。于是边镇粮价飞涨,最终导致"边储日虚",边镇的粮食储备大幅降低又会导致边军的战斗力下降,成了明朝衰亡的前兆。

(三) 对维持专卖体系下的开中制的不同见解

在盐法运行效果不佳的情况下,一些朝廷官员仍希望维持开中制度,持有这种理论的代表是韩文[77]。他认为,明朝的统治者本来是希望帮助小商贩的。然而,不幸的是,他们现在被权势家族挤出市场。韩文首先声称,在开中制的实际实施中,权贵阶层通过与朝廷高官甚至是皇室的关系,可以轻松获得比普通商人更多的盐引。其次,权贵阶层不仅获得了更多的盐引,而且每一个都经常重复使用,这意味着以每单位盐引的视角来看,他们偷卖的盐也比普通商人多很多。虽然这明显违反了开中制的规定,但没有一个官员敢于指出或制止这种情况。毕竟,他们不敢得罪权贵。

他的同事,包括时任礼部大臣刘健(后在弘治年间升任内阁首辅),也认为索取盐引的人太多,导致现行规定被破坏。类似的,时任礼部侍郎(后亦升任内阁首辅)的李东阳[78]认为这一现象激励更多的商人私下出售非法盐,从而形成一个不良循环[79]。与同僚们只注重索要盐引人太多这样的看法不尽相同,韩文认为朝廷和皇室的纵容才是开中制无效的最根本原因[80]。然而,韩文虽然了解朝廷不遵守制度的深层事实,但对于其最根本的劣势,还是没有深入思考。他的目标仍然是维持国营体系下的开中制,并努力恢复其原定的实施方式,而非从根本上改变开中制的弊端。因此,虽然他对小商贩表示同情,但他没有办法也没有意愿对他们的情况提供具有建设性的见解。

不过,亦有学者主张摒弃开中制,并对明朝的盐业进行了一些新的"战略设计",比如李雯。李雯肯定了开中制的初步成功,但指出它后来也开始带来越来越多的弊端。李雯认为,每出一个新的法案,就给商人增加一个不利条件。而每给商人增加一个不利条件,腐败官员就可以获得多一份的额外好处。

那么,在这种情况下,如何确保大部分的卖盐利润能流入商人之手呢? 李雯为明朝统治者设计了一套蓝图,允许商人自由经营,但他的目的是通过"掠夺富商的不法所得并归还朝廷"的方法来改革盐制。李雯认为,政府应将盐滩的经营权分给商人。在这种模式下,商人自行购买生产材料,独立租用盐锅,并自由经营。与此同时,国家通过为商人们提供各种服务来行使征税权。而且,理论上朝廷在产盐区只能征税一次,之后商人就可以在任何地方出售他们的盐而无需缴纳其他额外的税款。为了避免权贵(既得利益者)的反对,减少对他的计划实施的阻力,李雯主张将盐田平分给权贵和一般商人,要求权贵必须像普通商人一样公平地从事商业活动。李雯解释了这样做的两个好处。第一个好处是,这一做法可以消灭黑市盐,因为任何销售渠道的盐都将被视为"官盐"。他认为这种做法可以使盐商免于被指控贩卖黑市盐,从而增加盐商生产经营的积极性[81]。而对于国家而言,这将增加国家的税收。第二个好处是,这种做法使权贵们无法再依靠政治权力牟取暴利;相反,他们只能像普通商人一样依靠自己的商业能力来获利,这得以从宏观上维护社会稳定。

他认为这种做法一石二鸟: 不仅可以使普通商人致富,还可以增加国家的财政收入。显然,李雯的观点比唐代的刘晏更进了一步。在李雯设计的盐政中,政府不再是参与者,甚至也不再是管理者,而是为盐商提供必要服务的"服务提供者"。虽然李雯的思想最终并未被全盘纳入朝廷的实际政策中,但这种开创性观点的出现,证明了明朝,尤其是明末时期,国家对国营商业的控制已经减弱了多少,无论是由于朝廷的掌控能力降低还是掌控意愿降低。

（四）庞尚鹏和袁世振： 确保国家财政优先

朝廷里专管盐政的负责人的看法显然也非常值得玩味。隆庆二年（公元1568年），隆庆帝任命庞尚鹏统领山东、长芦、两淮地区等盐业产销要地和边陲地区的盐政，实为统领全国盐政。庞尚鹏的指导思想是，国家和商人应该相互合作，共同获利。庞尚鹏之前丰富的基层经验让其对边商和内商的实际困难较为了解，因而他在任上致力于调解两大阵营的利益冲突。他认为，盐价应由国家进行合理控制，价格既不能太低以至于国家亏本，但也不宜太高而使得商贩难卖盐。他认为，边商和内商都可以从相互让步中受益。他认为，这样既能保证政府在盐业征收到足够多的税，又能保证所有商人的生计。[82] 国家和商人之间的有效合作将会使两者之间的关系更加密切。

据魏斐德的论述，在17世纪，水盐在盐业中的地位变得越来越不可或缺。他们购买盐引的费用，也成了朝廷税收的主要来源之一。明朝军费因为女真人（后改称满洲）入侵而大增时，朝廷曾试图强迫商人提前购买未来二至三年的盐引许可，来增加额外收入。商人们通过拒绝购买这些预售的盐引，来表达自己无声的抗议。除非盐务官员答应扩大运输额度，并让他们以现有盐引运输，他们才会妥协。其中一些更具投机野心的盐商，甚至趁机买下同行的旧盐引，以求增值获利。当然，盐务官员可以裁定旧的盐引许可无效，借此打破盐商的专卖局面。然而，官员们发现，盐业贸易过于庞大，只有眼前这些商人，才有足够资本预购盐引。因此，在盐务官员的请求下，朝廷于1617年作出重大让步。任何购买新盐引的人，都可以在不久的将来获取永久性的运输选择权。对那二十四家水商来说，朝廷的这次妥协，无异于一场巨大的胜利[83]。

等到了万历四十五年（公元1617年），另一个比较正直的官员袁世振[84]，像庞尚鹏一样，统领国家盐务。袁世振在任上进行了一些改革。当时，很多已经拿到提盐资格的商人，因为不想冒着提前缴纳余盐银（税）却提不到盐的风险，就放弃了提盐。袁世振知道，如果余盐税收入达不到应上缴北京的数额，后果很严重。因此，袁世振下令，凡是缴纳了余盐税的商户，无论排在候补名单上的什么位置，都将立即收到承诺的盐量。这一政策能鼓励更多的商户缴纳余盐税。然而，与明帝国的许多其他政策一样，高层官员的优良设计，到了基层的实际运作时其初衷和执行效果被大打折扣。尽管有袁世振出台的新规定，仍有相当多的商人无法在缴纳余盐银后提到盐,甚至有商人在三次提前缴纳余盐税后仍然没有提到盐。[85]因此,一些商人只能"另辟蹊径",通过支付一些额外的费用,例如贿赂官员,以获得优先收到盐的权利。

在袁世振看来,作为国家财政收入来源和国民经济基础的重要组成部分,保障盐业顺利经营是重中之重。与庞尚鹏一样,袁世振的盐法改革仍然综合考虑了国家与盐商的关系。他认为,虽然边商和内商被视为不同类型的商人,但他们扮演的角色决定了他们实际上是相互依赖的。有些狡猾的商人和囤积者靠囤盐来炒作价格,操纵边商和内商,不仅使商人受苦,更是使国家的边防处于危险之中,国家也因此遭殃。袁世振指责这些人欺骗政府、偷国家税款,将他们视为奸诈之人。然而,他也表示,囤积者中的不少人也属于商人阶层,他们虽然是奸诈之人,却也具备一定的能力。鉴于盐政的全局,政府若要实施新的改革,也需要这些囤积者的帮助和支持。因此,袁世振主张政府作出适当的妥协,对囤积者进行某种形式的"招安",将他们纳入国家正式的盐制体系,以利于国家和商人[86]。

庞尚鹏、袁世振作为国家盐政的领导者,同时也作为士大夫阶层的代表,在思考盐政问题时,他们不约而同地把国家的利益,尤其是财政利益,放在首位。他们提出了批评其弊端的想法,但没有从国家垄断经营的核心弊端来看待问题,也没有真正考虑商人的利益。即使是庞尚鹏、袁世振等学者斥责囤积者奸诈,但由于政府在盐制改革方面需要他们的帮助,这些官员在处理囤积者时也愿意采取比较温和的措施。因此,普通商人的地位受到了损害。以此为代价,国家的财政收入没有受到明显影响。

(五)其他学者: 对商人进行监管和指导

在很多学者看来,商品流通和富国的目标依赖于政府通过提供激励来引导商人以对其有利、进而对国家有利的方式行事。以下这些具体例子说明了这种思想在明帝国的官员和学者们之间颇为盛行。比如,赵炳然[87]强调国家需要在官商合作方面采取主动。他认为,理财是治国的首要任务,国家要牢牢掌握理财的收益权。如果把财政的收益握在手里,对市场的管理就可以更为灵活。其中一个重要方面,就是奸商无法进行垄断交易,因此一些重要市场,比如盐市的价格可以保持稳定,从而降低国家的边防成本。

刘应秋[88]审视盐政得失时,将商人、边防军和国家的长远利益联系起来。他认为,官盐的运营如果越来越不景气,势必造成边防军队的供给变得稀缺。一旦边境发生紧急情况,商人可能不再响应国家的号召,所以军队收不到足够的军需品,这对军队和商人都不利,从而会影响国家。陆深[89]则阐述了商人对开中制度的意义: 建立开中制度的主要目的[是]使商业活动更加顺畅。一般来说,商人的活动越顺畅,国家就越会变得富有[90]。

万历年间巡抚湖广的右佥都御史郭惟贤指出,保障盐法公平的最终目的是为了富国,而富国首先要惠及商人。国家每省下一分钱,相当于商人多获利一分钱[91]。类似的,许国[92]认为商人的本质是以营利为目的。如果没有巨额利润的诱惑,就无法激励任何一个商人。如果国家从商人那里榨取得少,那么他们就会乐于参与开中系统,以支持国家财政以及边防事务。一旦大部分商人能获利,国家的财政收入就足够了。许国认为,国家按照这种方式,尽管可能无法获得太高的利润,但实际上通过这种方式,国家的财政收入是永远稳定的[93]。

四、附论: 明廷对商人的利用

多行业的国营垄断是否进行变革以及如何变革,不仅是商人的诉求,更是有明廷自身的意愿包含在内,因而涉及的因素其实颇为复杂,很难归结于某一点。不过,明代商人在国营专卖中的角色是不容小觑的,比如其在本章所重点展开的开中制度中发挥的作用。据赖建诚(2010)的计算数据,从嘉靖十八年(公元1539年)到万历三十年(公元1602年),商人解运占十三边镇之一的辽东镇的总岁入银两的比例,大约在22%—28%浮动,并指出其他十二边的比例类似[94]。

赖建诚(2010)对辽东镇的计算方法是正确的,但是我认为其对其他十二边的比例的估算可能不太确切。我使用了《万历会计录》和《武备志》中的数据,选取了蓟州镇等另外五个镇的数据,并依照赖建诚的方法做了计算(见表2.2),发现其比例并非在22%—28%的区间内浮动,而是各镇的额差异非常大。比如密云的商民运送比例仅为4%—7%左右,而易州镇则高达83%—85%。不过,虽然计算和估算值有出入,但从各边镇数据中可以看出一个明显的趋势: 商民运输占各边镇每年粮饷的比例基本上呈现明显的上升态势。

表 2.2　商民运输占各边镇每年粮饷的比例

边镇	万历十年(公元 1582 年)			万历三十年(公元 1602 年)		
	商民运银	该镇总岁入银两	比例	商民运银	该镇总岁入银两	比例
辽东镇	159 842	711 391	22.47%	159 843	570 259	28.03%
蓟州镇	88 219	780 706	11.30%	101 801	571 942	17.80%
永平镇	40 712	404 935	10.05%	43 938	285 797	15.37%
密云镇	28 216	656 506	4.30%	28 217	422 544	6.68%
昌平镇	20 704	167 256	12.38%	23 133	167 280	13.83%
易州镇	306 297	365 961	83.70%	327 129	386 794	84.57%

注：作者计算。数据来源主要为《万历会计录》《武备志》等。

在本章中可以看到，丘濬、张居正反对国家垄断的立场，显然没有成为贯穿明帝国的主流立场。他们只是明代少数反对国家垄断的高级官员(而且他们自己也依靠手中的权力为自己谋取个人利益)。尽管两人都担任过内阁首辅或次辅，但两人总共的执政时间不到 12 年。在长达 276 年的明帝国历史中，这段时间的长度几乎可以忽略不计。更重要的是，即使是丘濬和张居正也没有完全反对国营商业，他们在各自的思想中都留下了一定的空间。丘濬虽然总体上否认国营商业对国家财政收入的积极影响，但他相对支持国家垄断粮食贸易。事实上，他的态度与桑弘羊对国家垄断盐铁的态度没有什么本质不同，因为盐和铁与粮食一样，是国家稳定和民众生活不可或缺的组成部分。而对于张居正，他在国营垄断问题上的出发点是，这种垄断所得的钱不能进入贪官的腰包。只要钱顺利流入国库，他就不反对国家垄断。而且，作为一个善于为自己谋私利的高官，从普通民营商人的角度考虑经济问题，对张居正来说也是不太现实的[95]。

国家对商人的利用，最好的体现就是在盐业的国商合作上。而商人在这一合作中的较低地位，至少有一部分可以归因于官僚机构的专横和腐败上。不少官员，尤其是基层官员，钻营于如何最大限度地榨干商人，而不是如何协助商人的活动使其更为便利。有时，某些皇帝似乎基于商人的财政功能而试图保护商人，但统治者无法完全控制国家机器，导致形式上公平的法律与盐业的现实之间存在差异，明朝垄断经营制度的设计亦是有漏洞的。尽管统治阶级在制定法律条规时表现出对民众福祉的关心，但在基层实施顶层设计时，其效果往往与初衷不同。在国家对盐业的垄断中,得到官方支持的盐商富户成了最赚钱的群体。大部分中小商户由于财力有限、实力不足,很容易被大商人挤出利润丰厚的生意,而一小部分能够灵活变通的中小商人仍然靠走私余盐赚了大钱。在盐业垄断中,虽然很多商人可能认为自己是受压迫的群体,但盐的生产者和盐的最终消费者(即平民)受到的压迫更加严重。前者在大部分时候只能赚取微薄的收入,甚至在一些特殊时期还会受到其直接下游(即商人)的压迫,而后者往往不得不承担盐价上涨的压力,商人的额外成本是盐价上涨的主要因素之一。

尽管官员和学者们对盐政的看法不尽相同,但本章的一系列证据表明,对于明朝的国家和商人关系主要是为国家的财政利益服务这一点,几乎所有的官员和学者都对此达成共识,只是表述形式不同。可以这么说,如果商人、制盐者、贪官的勾结导致了国家税收的减少,那么他们就应该受到惩罚,并且体制中的某些漏洞需要被堵上。否则,他们的行为可以在一定程度上被容忍。

参考文献

［1］Schefold, B. (2019). A Western Perspective on the Yantie lun, in: L. Cheng, T. Peach and F. Wang: *The political Economy of the Han Dynasty and Its Legacy*. London: Routledge, 2019: 153—174.

［2］《大学衍义补》是明代丘濬所著的一部影响深远的儒家经典注释,主要研究经济财政制度和法律制度。它最早出版于弘治初年,在万历皇帝时期再版。万历皇帝亲自为这本书的再版写了序。全书共一百六十卷。

［3］Chang, J. L. (1987). History of Chinese Economic Thought: Overview and recent works. *History of Political Economy*, 19 (3), 481—502.

［4］Smith, A. (1979). *The Wealth of Nations: An inquiry into the nature and causes of the wealth of nations*. Oxford: Clarendon Press, p. 27.

［5］丘濬:《大学衍义补》,台湾商务印书馆,1986年,卷二十五。

［6］Von Glahn, R. (2016). An Economic History of China: From Antiquity to the Nineteenth Century. Cambridge: Cambridge University Press.

［7］Smith, A. (1979). *The Wealth of Nations: An inquiry into the nature and causes of the wealth of nations*. Oxford: Clarendon Press, p. 113.

［8］Rothbard, M. N. (2006), *Economic Thought Before Adam Smith*. Cheltenham: Edward Elgar Publishing, p. 26.

［9］丘濬:《大学衍义补》,台湾商务印书馆,1986年,卷二十五。

［10］Hu, J.（1988）. *A Concise History of Chinese Economic Thought*. Peking：Foreign Languages Press，p. 448.

［11］在经济学上，更高质量的替代品通常会降低产品的需求。可惜食盐在古代中国并没有替代品。不过民众可以考虑在日常饮食中调节对食盐的需求量。据一些历史记载，在特殊时期（战争、干旱、饥荒、盐荒等情况下），普通民众往往要经历"淡食季"（在这段时间，烧菜时只放入非常少许的盐，甚至不放盐）。

［12］［意］利玛窦著，罗渔译：《利玛窦书信集》，台湾光启出版社，1986年版，第47页。

［13］丘濬：《大学衍义补》，台湾商务印书馆，1986年，卷二十五。

［14］张居正：《张文忠公全集》，商务印书馆，1937年版。

［15］严嵩（1480—1567），明朝权臣，嘉靖二十七年（1548）任内阁首辅，把持朝政达十四年以上。《明史》将严嵩列为明代六大奸臣之一，称其"惟一意媚上，窃权罔利"。

［16］张居正：《张文忠公全集》，商务印书馆，1937年版。

［17］康熙《高要县志》卷七，《赋役》。

［18］刘志伟：《在国家与社会之间：明清广东地区里甲赋役制度与乡村社会》，北京师范大学出版社，2021年版，第179—181页。

［19］华强：《中国通史》，上海古籍出版社，2002年版，第331页。

［20］管仲等：《管子》，台湾商务印书馆，1965年版，第143页。

［21］于慎行：《谷山笔麈》，江苏人民出版社，1980年版，第128页。

［22］Lufrano，R. J.（1997）. *Honorable Merchants：Commerce and self-cultivation in late imperial China*. Hawaii：University of Hawaii Press，p. 46.

［23］林希元：《林次崖先生文集》，厦门大学出版社，2015年版，卷二，第462页。

［24］Schefold，B.（2018）. *Die Bedeutung des ökonomischen Wissens für Wohlfahrt und wirtschaftliches Wachstum in der Geschichte*. Wiesbaden：Franz Steiner Verlag，p. 166.

［25］More，T.（2002）. *Utopia*. Cambridge：Cambridge University Press，p. 37—38.

［26］李贽：《焚书》，远方出版社，2001年版，第245页。

［27］More，T.（2002）. *Utopia*. Cambridge：Cambridge University Press，p. 51.

［28］王夫之：《读通鉴论》，中华书局，1975年版，卷二十四。

［29］王夫之：《读通鉴论》，中华书局，1975年版，卷二。

［30］李雯：《蓼斋集》，北京出版社，2000年版，第35页。

［31］李雯：《蓼斋集》，北京出版社，2000年版，第39页。

［32］Tanimoto，M. and Wong，R. B.（2019）. *Public Goods Provision in the Early Modern Economy：Comparative Perspectives from Japan，China，and Europe*. Oakland：University of California Press，p. 138.

［33］李雯：《蓼斋集》，北京出版社，2000年版，第91页。

［34］Twitchett，D. and Mote，F.（1998）. *The Cambridge History of China：Volume 8，The Ming Dynasty，1368—1644*. Cambridge：Cambridge University Press，p. 678.

［35］刘吉：《明宪宗实录》，台北中研院历史语言研究所，1962年版。

［36］申时行：《明会典》，中华书局，1989年版，卷三十四。

[37]《明史·食货志四》:"淮、浙、长芦以十分为率,八分给守支商,曰常股;二分收贮于官,曰存积"。

[38] 张廷玉:《明史》,台北中研院历史语言研究所,1974 年版,卷八十。

[39] 朱廷立:《盐政志》,上海古籍出版社,2002 年版,卷四。

[40] 赖建诚:《边镇粮饷:明代中后期的边防经费与国家财政危机,1531—1602》,浙江大学出版社,2010 年版,第 182 页。

[41] Sombart,W.(1967). *The Quintessence of Capitalism*:*A study of the history and psychology of the modern businessman*,translated and edited by Epstein M. New York:Howard Fertig,p. 77.

[42] 陈洪谟:《继世纪闻》,中华书局,1985 年版,卷二。

[43] 吴慧:《中国商业通史》第三卷,中国财政经济出版社,2004 年版,第 795—796 页。

[44] Von Glahn,R.(2016). *An Economic History of China*:*From Antiquity to the Nineteenth Century*. Cambridge:Cambridge University Press,p. 305.

[45] Sun,E. and DeFrancis,J.(1966). *Chinese Social History*:*Translations of selected studies*. 7. London:Octagon Books,p. 299—308.

[46] 陈子龙等:《明经世文编》,中华书局,1962 年版,卷三六零。

[47] 张廷玉:《明史》,台北中研院历史语言研究所,1974 年版,卷八十。

[48] 陈子龙等:《明经世文编》,中华书局,1962 年版,卷三五七。

[49] Cheng,L.,Peach T. and Wang,F.(2019). *The Political Economy of the Han Dynasty and Its Legacy*. London:Routledge,p. 8.

[50] 申时行:《明会典》,中华书局,1989 年版,卷三十四。

[51] 张廷玉:《明史》,台北中研院历史语言研究所,1974 年版,卷一六三。

[52] 黄仁宇:《十六世纪明代中国之财政与税收(大字版)》,九州出版社,2020 年版,第 52 页。

[53] 费宏:《明武宗实录》,台北中研院历史语言研究所,1962 年版。

[54] 陈子龙等:《明经世文编》,中华书局,1962 年版,卷四七四。

[55] 朱廷立:《盐政志》,上海古籍出版社,2002 年版,卷四。

[56] 李东阳:《明孝宗实录》,台北中研院历史语言研究所,1962 年版。

[57] 费宏:《明武宗实录》,台北中研院历史语言研究所,1962 年版。

[58] 朱廷立:《盐政志》,上海古籍出版社,2002 年版,卷七。

[59] 费宏:《明武宗实录》,台北中研院历史语言研究所,1962 年版。

[60] 刘吉:《明宪宗实录》,台北中研院历史语言研究所,1962 年版。

[61] 张溶:《明世宗实录》,台北中研院历史语言研究所,1962 年版。

[62] 顾炎武:《天下郡国利病书》,商务印书馆,1985 年版,卷十二。

[63] Brook,T.(1999). *The Confusions of Pleasure*:*Commerce and culture in Ming China*. Berkeley:University of California Press,p. 108.

[64] 顾炎武:《天下郡国利病书》,商务印书馆,1985 年版,卷十二。

[65] 海瑞:《海瑞集》上册,中华书局,1962 年版,第 50 页。

[66] Huang,R.(1974). *Taxation and Governmental Finance in Sixteenth-century Ming China*.

Cambridge：Cambridge University Press，p. 201.

［67］庞尚鹏(1524—1580)，字少南，广东广州府南海县人，明代中期著名经济改革家。1568 年，授任都察院右金都御史，总理两淮等多地盐政。他推行了一系列改革盐法的措施，一定程度上改善了国家的财政状况。但他的改革也得罪了不少权贵，于 1570 年被罢官后回乡。

［68］周玄暐：《泾林续记》，中华书局，1985 年版。

［69］长芦盐区，海盐产量高，是我国最大的盐场，在河北省、天津市渤海沿岸。元始设河间盐运司，明初改名长芦，以运司驻在长芦镇(今沧州市)而得名。

［70］陈子龙等：《明经世文编》，中华书局，1962 年版，卷三八三。

［71］明帝国时期的湖广行省，包括湖南省和湖北省全部。名称上还沿用了元朝的湖广，只是这个"广"，不再包括广西。

［72］Huang, R.（1974）. *Taxation and Governmental Finance in Sixteenth-century Ming China*. Cambridge：Cambridge University Press，p. 219.

［73］蒋大鸣：《中国审计史话新编》，中国财政经济出版社，2019 年版，第 131 页。

［74］Hua, Tengda (2021). *Merchants，Market and Monarchy：Economic thought and history in early modern China*. London：Palgrave MacMillan，p. 90—94.

［75］刘守刚：《中国财政史十六讲》，复旦大学出版社，2017 年版，第 218 页。

［76］叶淇(1426—1501)曾于 1491—1496 年期间担任户部尚书。弘治五年(公元 1492 年)，叶淇将开中法，即纳粮开中改革为折色法，也就是允许直接用白银换盐引。在这一新政下，徽商集团依靠其在两淮的优势迅速发展了起来。

［77］韩文(1441—1526)曾担任吏部尚书，后因得罪权宦刘瑾而被免职。刘瑾被诛杀后，复职致仕。

［78］李东阳(1447—1516)于弘治八年(公元 1495 年)以礼部右侍郎、侍讲学士入直文渊阁，预机务。后任内阁首辅。立朝五十年，柄国十八载。

［79］李东阳：《明孝宗实录》，台北中研院历史语言研究所，1962 年版。

［80］陈子龙等：《明经世文编》，中华书局，1962 年版，卷八十五。

［81］李雯：《蓼斋集》，北京出版社，2000 年版。

［82］陈子龙等：《明经世文编》，中华书局，1962 年版，卷三五七。

［83］[美]魏斐德，梅静译：《中华帝国的衰落》，民主与建设出版社，2017 年版，第 45—46 页。

［84］袁世振(？—1631)于万历四十五年(公元 1617 年)任两淮盐法道按察使，在淮南、扬州一带推行了纲运法，取代原来的开中法。

［85］陈子龙等：《明经世文编》，中华书局，1962 年版，卷四七六。

［86］陈子龙等：《明经世文编》，中华书局，1962 年版，卷四七六。

［87］赵炳然(1507—1569)，字子晦，号剑门，剑州(今四川省广元市剑阁县)人。曾官至兵部尚书、太子少保。

［88］刘应秋(1549—1620)，万历十一年(公元 1583 年)登癸未科进士一甲第三名(探花)，授翰林院编修。不久升任南京国子监司业。万历十八年(公元 1590 年)弹劾内阁首辅申时行，后升任太子中允，充任日讲官，官至国子监祭酒。

［89］陆深(1477—1544)是明代著名文学家、书法家。字子渊，号俨山，南直隶松江府上海县

人。弘治十八年(公元 1505 年)进士,授翰林院编修。遭刘瑾忌,改南京主事,瑾诛,复职,累官四川左布政使。嘉靖中,官至詹事府詹事。其著述宏富,为明代上海人士中绝无仅有。今上海的陆家嘴地区也因其故宅和祖茔而得名。

［90］陈子龙等:《明经世文编》,中华书局,1962 年版,卷一五五。

［91］陈子龙等:《明经世文编》,中华书局,1962 年版,卷四零六。

［92］许国(1527—1596 年),字维桢,号颖阳,徽州府歙县人。他是知名徽商许鈇的次子。他曾先后出任翰林检讨、国子祭酒 、太常卿、太子詹事、礼部侍郎、吏部侍郎、礼部尚书兼东阁大学士,进入内阁参与机务。

［93］许国:《许文穆公集》,北京出版社,2000 年版,卷四。

［94］赖建诚:《边镇粮饷:明代中后期的边防经费与国家财政危机,1531—1602》,浙江大学出版社,2010 年版,第 133—134 页。

［95］Hua, Tengda（2022）. *Handel im chinesischen Imperium der frühen Neuzeit*. Wiesbaden: Springer Gabler，S. 79.

第三章

明代商业税中的
财政与商人

对商人的打压的反效应、对商业税的不重视、商人阶层代言人在中央政府的掌权等等，几种因素叠加导致了明帝国的商人逃税漏税的现象非常严重，而且贯穿整个明朝。明初洪武帝和永乐帝创造的一些用于打击逃税的创新举措收效甚微，以至于到了明中，商人的逃税现象日益猖獗，而且很多基层的税收官员也并不作为。明朝末期，万历帝的矿税和加派税吏，以及之后魏阉集团的政策，短暂地增加了明廷的财政收入，却让商人怨声载道。然而随着东林学派的起伏和阻挠，以及崇祯帝即位后的全面掌权，让商人阶层重新获得了逃税匿税的机会。由于税收被认为是明帝国为国防提供资金的重要手段，商业税无法为朝廷提供足够的财政收入，也被一些学者认为是导致明帝国最终覆灭的罪魁祸首之一。

商业税收是明代商人对于明帝国财政贡献的主要组成部分。明代伊始,洪武帝对商人采取胡萝卜加大棒的策略: 一方面展现"皇恩浩荡"并降低了商业税率,另一方面表现为压迫,比如强迁数以千计的商人并没收财产。总体上,国家层面的指导思想仍倾向于以农业税作为帝国财政主干,而相对忽视商业税对于帝国财政的作用。一是各朝代对商业税历来不重视,明帝国也是如此,认为在财政收入中商业税只是农业税的一个补充。二是以东林学派等为代表的文官集团出于自身利益(或是自己来源于商人家庭,或是与商界有千丝万缕的关系)而对增加商业税大力阻挠。三是在明帝国某些时期(尤其是明中后期)朝廷对国家机器的掌控能力与前朝比可能有所减弱,因而在征收商税问题方面也是即使有心也无力。王夫之等明末学者呼吁商人缴纳的税款不能转嫁给农民或地主,认为对商业税的征收进行改革可以减轻农民的负担。不过,他们强调这样的思想,亦从反面印证了在整个明帝国时期,商业税对于明朝财政的贡献其实是很不够的,与明中明末的商业蓬勃发展的事实很不匹配。事实是: 农民的赋税太重而商人的税收负担其实并不重。

对商人的打压的反效应、对商业税的不重视(甚至是轻视)、商人阶层代言人在中央政府的掌权等,几种因素叠加导致了明帝国的商人逃税漏税的现象非常严重,而且贯穿整个明朝。明初洪武帝和永乐帝其实已经创造出了例如"重典刑""邻里互保、处罚连带"等打击逃税的创新举措,但收效甚微,以至于到了明中,商人的逃税现象日益猖獗,而且很多基层的税收官员也并不作为,这些在明朝学者、官员以及当时在中国的欧洲传教士,如 Semedo 等人的记录[1]中都可以看到。明朝末期,万历帝的矿税和加派税吏,以及之后魏阉集团的政策,短暂地增加了明廷的财政收入,而且确实是让商人怨声载道。然而这种在明末昙花一现的现象随着东林学派在此期间的起伏和阻挠,以及崇祯帝即位后的全面掌权,让商人阶层重新获得了逃税匿税的机会。由于税收被认为是明帝国为国防提供资金的重要手段,商业税无法为朝廷提供足够的财政收入,也被一些学者认为是导致明帝国最终覆灭的罪魁祸首之一。

一、明代的商业税征收与商人

明代的商业税大致限于"关市之征"的范畴,也就是商品通过税和商品交易税为主,主要包括但不限于: 钞关税、竹木抽分税、塌房税、市肆门摊税、门税、过坝过闸税、商税等。大体上讲,宣德以前,明代的商业税较轻,名目也较少。宣德以后,尤其是万历后期,商业税的名目明显增多。但总体而言,其征收额和税率仍然没有农业税高。

钞关税主要是对过关船户征收船料钞。在明帝国时期,钞关税的收入是商税的最重要组成部分,尤其在明代后期,钞关税成了仅次于田赋和盐课的明廷第三大财政收入来源。征收标准一般以船料为据。钞关税初设时全部征钞,后来渐渐有钱、银的征收,从万历年间开始,折银日益普遍。钞关税的收入多少每年差别较大,比如《明实录》记载了以下年份的钞关税收入: 成化十六年(公元 1480 年),钞2 400 余万贯;弘治十五年(公元 1502 年),钞 3 719 余万贯[2]。表 3.1 归纳了1599—1625 年期间明帝国八个主要钞关的税额。

表 3.1　1599—1625 年八个主要钞关的税额(单位: 两)

	1599 年	1621 年	1625 年
北新关	40 000	60 000	80 000
浒墅	45 000	67 500	87 500
扬州	13 000	15 600	25 600
淮安	22 000	29 600	45 600
临清	83 800	63 800	63 800

(续表)

	1599 年	1621 年	1625 年
河西务	46 000	32 000	32 000
崇文门	68 929	68 929	88 929
九江	25 000	37 500	57 500
合计	343 729	374 929	480 929

注： 黄仁宇，《十六世纪明代中国之财政与税收（大字版）》，九州出版社，2020 年版。

竹木抽分税主要指在竹木产地及其贩运要道上设置抽分竹木局数处，对竹、木、柴、薪等商品征收的实物税，作为官方营造修缮等的用料。竹木抽分的税率受到品种、时间、地点等因素的影响而呈现明显的差异。比如，抽分征以实物时，松木税额约为 20%，而如果是纳银，则一般在 5% 到 10% 之间变化。竹木抽分税的征收有很大的弹性，在商品流通较为发达的明代后期，如果剔除弊端，堵塞漏洞，征收足额并不困难。但是，为多征邀功或为中饱私囊而加重商人负担的现象却很普遍。

市肆门摊税是按照商店的店面计征的税，其实质上对应现代的营业税。市肆门摊税从洪熙元年（公元 1425 年）开始征收。宣德以后，随着钞法渐通，市肆门摊税有所减免。这项税收对于城镇乡村的店铺微乎其微，而两京等大城市则相对重要。比如，沈榜的《宛署杂记》记载，对北京铺行的征税，分别由大兴县和宛平县两县管理，万历七年（公元 1579 年）两县实征银一万零六百四十一两。

门税是对通过北京九门运载货物的车辆与驮畜征收，始于弘治初年，规定"客商贩到诸货，若系张家湾发卖者，省令赴局投税，若系京城发卖者，以十分为率，张家湾起条三分，崇文门收税七分，如张家湾不曾起条，崇文门全收"[3]。正德七年（公元 1512 年）以后，各门监税官以苛税敛取民财，使门税收入大增，较弘治年间，钞增加四倍，钱增加三十文，商民深为其困。到了隆庆年间，针对各门监税官横征暴敛的情况，明廷将门税明定则例，张贴于门，以便征收。

过坝税始于嘉靖皇帝在位的最后一年，主要于淮安坝征收。对经过淮安坝的米麦杂粮，每石征银一厘，称为军饷，用来抵补所在州县夏秋税粮及民壮、军壮饷。过坝税最初是直接对过往粮船及牙人征税。但时隔不久，由于税收负担重，牙人脚商四散，无法征收。于是，便让客商从应付的工钱和牙人的口钱中代扣代缴。而过闸税是对过闸商船课征的税，始于隆庆四年（公元 1570 年）。其税额多少根据商船大小而定。

塌房税始于洪武二十四年(公元 1391 年)。塌房是指专供客商储存货物的场所。明初,抵达京城的商贾货物无栈房可以储存,只能"或止于舟,或贮城外民居"。商民感到非常不便,而且很容易被中间商人盘剥,于是洪武皇帝"命工部于(南京城西)三山等门外濒水处,为屋数十楹,名曰塌房"[4]。按照商税三十而一的税率对客商储存于塌房的货物课税。塌房税并没有在全国普遍开征,整个明朝统治时期,该税仅仅在两京征收。

最后一个是商税。明朝有一个专门的税种叫商税,并非泛指商业税收,而是特指税课司局与地方有司征收之商品交易税或落地税。商税原则上实行实征制,按货值三十税一,由商人自行申报。明中叶以后,因行商流动性大等原因,在实际征收中多采取定额制。商税是补充地方财政的灵活财源[5]。

二、明初的商业税

商税的征收及相关思想无疑也反映了商人的地位及其在国家财政中的作用。首先,与上一章的诸如盐业专卖这样的国家垄断在整个明朝延续不同,明朝不同时期的商税政策和征收及其相关思想似乎存在较大差异,可以大致按明初、明中、明末三个时期来划分,以宣德帝与万历帝作为间隔。

明初,最初的几位皇帝,尤其是洪武帝和永乐帝,着眼于国力和经济的恢复。蒙古人以屠杀被征服城市的居民等野蛮不文明的行为而闻名,因此不难想象明初国家的破败。相应地,帝王不能容忍偷税漏税来使国家的财政雪上加霜。相反,他们还计划从商人(主要是富商)那里获得更多的"商税",尤其是那些似乎太强大而可能威胁到他们统治的人,比如沈万三,他据称是当时江南地区最富有的商人。不过,尽管如此,对于大部分小商人来说,帝王们还是表现出较大的同情和关怀。毕竟,除了商税这一块,小商人们在流通物资等方面有着不可或缺的作用,这对于维护国家财政收入稳定有着间接甚至直接的重要作用。

(一) 洪武帝: 对富商的打压

商业税和农业税的征收方式上有很大的区别。如前所述,商业税的征收几乎完全仰赖国家机器,而农业税并非如此。如卜正明指出的那样,"明代反对不加区别的徭役和土地税承包的做法,认为这样做既不道德又无效率。前者罔顾农业耕种的节律,毫无节制地将农业劳动力与土地分离;后者纵容'买扑'者一味搜刮民脂民膏,为的不是国家的基本财政支出,而是侵人肥己"[6]。古代中国几乎在每个朝代之初,政府都会实行较为宽松的政策。在商业方面,也大都会允许一定的商业自由,以恢复社会经济的活力。尽管洪武帝对小农经济是全力支持的态度,但明初在对商业的宽容方面也与之前的朝代并无二致,正如万志英(2016)所言,"为了贯彻洪武帝降低政府后勤和行政成本的意图,明初财政制度产生的收入水平远低于宋代"[7]。

与国家削减财政支出的目标相呼应,洪武帝即位后立马搬出了大规模的减税计划,社会各阶层,包括农民和商人,无疑都从中获利。洪武帝下令各级官员不得惊扰商贾。后来他听说由于通行税过重,有些商人甚至将其携带的货物遗弃,于是立刻下令降低"通行费"的税率,因为他认为这一举措有助于使利润流动,从而供应足够的军饷[8]。同时,洪武帝将一般商业税率定为"凡商税,三十而取一,过者以违令论",所有超过此限额征收的税款都被视为非法[9]。而且,还免除了前朝开征的农器税、婚丧嫁娶之物的税课和舟车丝布之类税课,并为商人建立储货之地,为商品流通提供种种方便。解缙认为,不顾商贾经营的盈亏兴废而实行税有定额,"民必受害",所以主张商税征收应该"随时多少,从实征收"。这是第一次对北宋初年规定的商税定额制度明确表示反对意见[10]。可见,与前朝相比,明朝初期的商业措施相对比较宽松。

这些降低商税的努力,足以从侧面看出洪武帝对商人至少在一定程度上的同情。洪武帝的减税主张或许可以追溯到孔子当年的"减税"呼吁:孔子坚决反对设置关卡,征收重税,认为这是不义之举[11]。洪武帝面对的是蒙古人留下的萧条社会,他采取类似西汉高祖和文帝的政策是明智的。然而,这个看似开明的想法只是为了帮助中小商人,一个没有威胁到他的统治的群体。尽管传统上以"士农工商"作为阶层分类依据,但洪武帝在实践中将小商人和农民归为一类。而且,也没有丝毫证据表明,让老百姓富裕起来成为他的首要任务,因为绝大多数农民和小商人仍然很穷。他们可能受惠于洪武帝的政策减轻了一些负担,但明廷并没有鼓励他们致富。相反,明初的朝廷"在普查户籍、田产的基础上,编制各种籍册,又行保甲法等,把民众牢固地束缚在土地上"[12]。

以富商为代表的富人集团，才是皇权的真正威胁，无疑是洪武帝的打压目标。他向大商人"征收商业税"的计划很简单：粗暴地没收他们的资产。他对大商人缺乏同情的例子简直是不胜枚举。洪武元年（公元1368年），他将江南地区的14万商贾迁往他的家乡安徽凤阳，凤阳在当年还几乎是不毛之地。定都南京后，洪武帝又将6万多户富商迁往南京。洪武帝消灭沈万三的商业势力就是一个广为人知的例子。据说作为当时的江南首富，沈万三在洪武帝统治之初曾为帝国提供了大量的资金和军事支持，但最终他的资产仍然被没收了[13]。

先利用富商然后"过河拆桥"，这并非洪武帝的首创。西汉高祖、东汉光武帝等多位开国皇帝都做过类似的事情。洪武帝显然仍是"农本商末"的坚定拥护者，控制富商是维护国家稳定的重要一环。与此同时，制定低商业税率可以让农民和小商人从中获益，且有利于维护帝国稳定的大局。

（二）财政监管：打击逃税的创新想法

兴许是借鉴了法家的重刑思想，用重的刑罚震慑商人成为明初统治者防止商人逃税匿税的主要指导意见。其中，对京师内外库藏物资的存放、收支出纳情况进行稽核，是其中很重要的一个措施。洪武年间明廷规定，各地交纳运输到京师的物资，审核后若发现有不符的情况，要及时上奏。洪武年间，对库藏数目、物资品种、质量等情况，每季度都会进行审核[14]。到了永乐年间，如永乐三年（公元1405年），明廷"差监生于各处会同巡按御史查盘库藏钱帛等项解京"[15]。

有些明朝学者的记录似乎有点过于随意，不过一定程度上也可供参考。例如，《明史》的编者之一王世茂认为商人往往有偷税漏税的动机，不过他并没有给出具体的例子。他提出了一种惩罚方法：所有货物被官府没收，惩罚措施按照律法来决断，最好再加五十次鞭笞。当时的政府遵循《大明会典》的规定，凡是有客商逃税的，或者卖酒醋的商家不纳税的，鞭笞五十下；其货物或者酒醋，一半被官府充公。显然，王世茂提出的办法就是用比《大明律》更重的刑罚来震慑不法商人。

从其他一些学者的记录中可以看到更可靠的信息。例如，时任浙江杭州府知府的高安曾经上奏，杭州府下属的铺店及卖酒醋之家，每年征收商税十万六千八十贯。由于年份已久，当中有已经关门歇业的商家……也有新开铺店或者卖酒醋的商家，但是由于没有新一轮的勘验，必然有很多商家没有交分毫的税。像这样征收赋税，很多民众感到很不公平[16]。于是，高安建议重新勘合征税的商户，防止部分新增商户逃税。另一个例子是何良俊,他提出了一种"邻里互保、处罚连带"的制度,或许是受到了《周礼》的启发: 效仿古代之法,在里巷之中,每十家编作一甲,其中一户定为甲长,如有隐漏,这十户人家互相查实,若有发现隐匿资产和漏税,这十户人家一体治罪[17]。

显然,从上述明初统治者和一些学者的陈述中,可以推断出他们从一开始就认为商人是不可信的。他们即使在某种程度上关心底层人民,总体上却先入为主地倾向于相信商人有逃税动机的观念。

三、明中期的商业税

明帝国中叶,随着经济恢复到正常水平,思想界开始出现一些减少商业税的想法,但这种想法在这一时期还仅限于对某些特定税种的减免上。同时,向农民倾斜和均平主义也仍然出现在商税的征收思想中。对一些思想家来说,对商人多征税的核心目的是作为减轻农民负担的一种适当而有效的方式。不过,在实际操作层面,明初一直延续到明中期对部分逃税商人的严厉惩处虽然效果显著,但明中叶的官员往往对逃税行为视而不见。

(一)对商人征税: 降低农民压力

明代中叶,商业开始井喷式发展,尤其在历来就比较富庶的江南和关中地区。然而,商业的发展给统治阶级和为他们服务的学者们带来了更多的焦虑。一些学者显然倾向于证明对商人征收商业税是合理的。例如,刘颖在《罢征边关商税以通货财疏》中认为,古代帝王治天下,之所以要抑制商人,并非为了他们自己的私利。如果不征收商税,缉奸锄暴就没有资金来源了,帝王们这样做其实是不忍心让农民承受重担[18]。他说,征收商业税虽然看似是为了抑制商人的利润,但其真正目的仍然是提供足够军饷以维护边防稳定。

作为明代最声名显赫的财政思想家,丘濬并没有表露出任何应该对商人多征税的思想,不过他主张对农民少征税以及重视国家理财却是不争的事实。丘濬亦不赞成重复课征,其中关于酒税,他明确指出"谷麦既已纳税,用谷以酒又税之……此一物而三、四出纳也"。

马卿、许令典等官员在其奏疏中亦表达了商业税的征收实质上是为了降低农民压力的意味。马卿认为，征收商业税是符合上古先哲王法的。基于当时国库空虚的情况，他认为，国家设立钞关，并非是为了提高国家的财政收入，而实际是为了抑制太多人成为商人，让他们回归到农业中；古代的先哲和贤明的君王们都重视农业这个民众生活赖以生存的首要之务，他们看重五谷而使金玉卑贱，这是很不错的想法。因此对商人征收商税，既不会废除古代贤明君王的王法，也可以用来充实国库同时使民力宽裕。对商人征收商税可以获得利润，对农民征收农业税则是搜刮民脂民膏，而这两者的利害一目了然[19]。

由此，马卿从道德的层面为征收商税的合理性提供了解释。随后，他又说，天下的商贩往来南北者，经过临清等地的时候都要被征税，然而沿着淮河往西的商人，经过正阳的时候却不需要被征商税，这很不合理。因此，马卿从使全国各地商税平均的角度，建议在正阳开设一个新的税关。

许令典也表达了类似的想法：官员俸禄、祭祀、宾客驿站、军费开销、宫室维修，都无法节省。君王奉行仁爱之心，这些庞大的开支不能取于普通民众，因此对商人征税变得理所当然[20]。其后的王世贞也类似地解释了对商人征税的"原理"，并分析了商人与国家之间的利益关系。他建议采用一种更温和的方法来征收商业税。他表示，"关征非古也，其七雄之贪心乎？几而不征，古之道也……以国家之日寻于干戈也。农入且不给，何为乎独商之恤？至汉而用益侈，农益以不给，而商益以富，于是益峻征之……高皇帝以恭俭享天下……而司征者……稍以己与之，则国与商俱病"。关市征商肇始于战国乱世，其时各国因为战争需要，不得不加强稽查，获得商业上的缴款和罚款，从而补贴军费。到了汉朝，君主骄奢，农民入不敷出，于是统治者只能从商税中取钱。而本朝太祖则恭行节俭。征收商税要张弛有度，如果官员因为私心而破坏征收的规定，失之偏颇，最终会造成国家和商人都出问题的后果[21]。

因此，从这些观点中可以看出，国家的财政收入，不是取之于商人，就是取之于农民。那么，作为明帝国这个小农经济的统治者，为了维护小农经济的稳定，他们更可能选择取之于商人。出于对重视农业的关照，通过向商人征税来扩大财政收入的合理性被明代士大夫们多次提起。

（二）对定额商业税的反对

反对定额商业税的思想在明中期开始流行。在中国古代大多数时期，固定税经常被认为是公平的,并被认为是一种有效的财富再分配方法。然而,随着商业的快速发展和商人赚钱能力的增强,一些官员开始指责无差别定额商业税造成社会财政效率低下,他们的矛头直指那些很会赚钱的商人。

当时明代一些学者的观点符合或至少反映了统治阶级的目标: 一旦商人找到了赚钱的方法,统治阶层就有动力想方设法让他们财富缩水,使整个社会重新回到某种"均贫"的状态,这样有利于有效统治人民。在商业税总额较小的情况下,问题或许还不明显。但是,随着明中叶商贸总量开始增加,官员们认为征收一定数量的商业税相当于增加了穷人(主要是农民)的相对负担,导致社会资源配置不当。许多官员反对固定配额税,支持差别税。其实早在永乐后期,解缙就指出不顾商贾经营的盈亏情况而实行定额税,造成百姓吃苦。定额商税给商人逃税的机会,所以他主张商税应按实计征。然而,解缙也并没有提出按实计征的具体办法。由此,解缙的想法也只是体现了想对商人的利润按比例征收差额税的愿望。

万历初年,沈季文提出,宜向富人征税,穷人应免征赋税: 从富商那里征税,只不过收割其多余,然而对微末的商人征收商税,却如同从其腹部割下膏脂[22]。他建议对典当和高利贷等行业按最高税率来征收。而对于那些整天卖大饼和豆浆,只能赚几块银子的小商贩,沈季文认为政府应该只收少量税款,甚至可以对他们免税。陈衍同样认为,应该根据商家销售的商品种类征收差别税。例如,他认为对酒类征税,不意味着对食品也要征税。他认为限制酒类的生产并对其征税有三个好处: 第一,如果农民不种植高粱,也就是酿酒的原料,他们可以收获更多的谷物,对酒类征税等于是鼓励粮食生产。第二,酗酒的人数会减少,从事各行业的平民可以免于怠工。第三,即使加税提高了酒价,也不会伤害平民[23]。他指出,由于消费酒类和茶类的多是富裕阶层的成员,虽然提高税费会导致物价上涨,但需求不会有太大变化,也不会影响税收的征收,因为这些家庭仍然能够负担得起这样的商品,因此酒商的利润也不会受到影响。相反,如果对穷人每天必须消费的食品等商品提高税率,价格上涨就会波及无辜者,这是不公平的。在陈衍的观点中,我们甚至可以看到些许现代经济学中需求价格弹性概念的影子。

当时对定额商税的消极态度和对差别税的日益支持,在一定程度上反映了当时明代社会的财富分配不公和贫富悬殊。它清楚地反映了统治阶级和士大夫对商人赚钱能力的忌惮。他们希望通过改变税收制度和重新配置社会资源,避免让一些商人积累过多的财富。

（三）财政监管：日益猖獗的逃税

明中后期虽然经济繁荣，但与前朝相比，商业税本身仍然很低。主要原因（如果不是唯一的原因），可能是商业税提供的收入"太小，太分散，不能被视为主要的收入来源"。例如，"一些明朝官员在史书中读到，仅在唐朝时期，仅两淮地区的盐业年收入就超过 600 万串铜钱"[24]。逃税开始变得相当普遍。这可以从当时在中国逗留的葡萄牙传教士阿尔瓦罗·塞梅多（Alvaro Semedo）的记载中看出："这里有一个非常有名的税关，商人并没有付出很多，而是得到了更多的恩惠。没有专门用于存放或称重商品的房屋；商品也没有从车船上取出；单纯根据商人的账簿和靠税官用肉眼来判断，而且商人只按中等水平的税率支付。如果乘客不是商人，就算他独自或者和他的仆人一起乘船，随身携带着五六个箱子和其他一些通常从一个国家运送到另一个国家的东西，它们也不会被搜查，也不会被打开，也不用支付任何关税。相比之下，欧洲的税关是很好的反例，在那里一个贫穷的旅行者会被野蛮地抢劫；他随身携带的所有东西都不值那里的税官要求他交税的金额"[25]。从这份记载来看，所谓查商货，有时候不过是一种形式而已。一般情况下，商人可以随心所欲地缴纳（他认为数额合适的）商业税。甚至，如果你能够成功地假装自己不是商人，无论你带来多少货物，你都不会被征税。

在这种形同虚设的检查下，绝大多数的商业交易都可能发生大量的逃税行为。许多逃税行为甚至是政府官员纵容和鼓励的结果。明朝官员们似乎认为只要自己该收的税都收了，其他的税就无视了。黄仁宇提到了明中期一些奇怪的事情——在 1510 年以后的十年，何逊掌管沙市税课使司。一旦达到配额，他就降低对木材商人的抽税。在 1520 年代，邵经邦掌管同一个税课使司，采取了更为惊人的改革方案。在三个月内完成年度配额后，他在当年余下的时间里允许木材商免税通过该关。1560 年，杨时乔榷税杭州建立了一个令人敬佩的制度：以商人自己的申报额为基础进行征税。值得注意的是，这三位官员都赢得了传统史学家的高度评价[26]。

基于这些异常的情况，我们或许能够理解为什么会出现以下情况："在帝国早期，有 400 多个税课司局，但到了 17 世纪早期仅存 112 个。其余的因无利可图而被关闭。1568 年，户部报告某个税课司巡拦每年俸粮工食费不下 400 余两，而其征收折钞银仅为 110 两[27]。"征收的商业税甚至不足以支付税务人员的工资，因而在很多地方实际上只能关闭税关。而这种在明朝中期已经凸显的情况，到了晚明时期持续加重。

四、明末的商业税

到了晚明，东林学派的官员成了朝廷中商人阶层的主要代言人，而且在相当长的一段时间里（魏忠贤擅权前，以及崇祯帝上台、魏忠贤倒台后）东林党一直似乎是朝中主要势力之一。东林学派的学者们不遗余力地鼓动削减商业税，但实际上商业税本来就很低，进一步削减的空间已经很小。而其他学派的不少思想家则在争取增加商业税，主要目的是为了应对日益增长的财政开支，尤其是在军事方面，他们普遍认为增加商税可以分担农民的重压。

（一）东林学派：商业税减少的获利阶层

除了前述征收较低商业税以造福国家利益的观点之外，其他也有一些学者持相同论点，虽然他们是基于不同的出发点，比如为了维护商人阶级的利益。持这种观点的学者很多就隶属于东林学派，这个代表商人阶级利益、要求改革商业税的学派在明朝后期变得更加强大。东林学派的成员认为任何形式的商业税收增加都是无法忍受的。例如，高攀龙认为朝廷应该同情商人，反对政府的激进官办采购（即采办）。他建议政府应该以季节性的市场价格补偿商人，就像商人与平民之间的日常交易一样。东林学派成员批评掠夺性的额外征税并主张降低商业税，城市居民往往很支持这一思想，因为他们中很多是商人和从事商业活动的官员。

以顾宪成为首的东林学者积极反对万历帝征收重税的政策。万历二十八年（公元1600年），就在万历皇帝开始增派税吏两年后，李三才上奏皇帝，题为《请停税矿疏》，上请制止这种做法："皇上爱珠玉，人亦爱温饱；皇上忧万世，人亦恋妻孥。奈何皇上欲黄金高于北斗，而不使百姓有糠秕升斗之储？皇上欲为子孙千万年，而不使百姓有一朝一夕？试观往籍，朝廷有如此政令，天下有如此景象而不乱者哉？"[28]

然而，李三才等东林党人的做法仅是呼吁取消商业税，却完全没有想到在战争等特殊时期适当加税或许亦有其合理性。比较当时的欧洲，托马斯·曼曾提及临时加征赋税的问题。他认为这一做法是可行的,但是必须取得议会的一致同意。这一思想其实内含着重商主义向自由主义的转变,包含着财政民主主义的萌芽。然而这些在明朝,包括在明末,都是完全看不到的。而结果就是,万历之后,东林党更是不遗余力地加倍反对商税。泰昌皇帝即位后,就在东林党的操纵下罢免了万历时期的商税。而等到天启即位,有一个官员上疏提议恢复商税,高攀龙马上写了一篇《上罢商税揭》,"税撤而物且踊贵,况税复而宁知底极乎?钞关当铺皆令民怨而天怒,反致悖入而悖出,以夺民之财非生财之道也",声称如果增加商税,天启皇帝就是不仁不孝,会在青史上留下不好的名声[29]。

高攀龙的言下之意是,剥夺商民的财产不是国家赚钱的方式。国家要赚钱只有两种正确的方法:一是促进生产,一是节省开支。而且,他认为,宁可加派农业税也绝对不能加征商税。万历、天启年间曾两度出任内阁首辅的东林学派核心成员之一叶向高,一再建议皇帝撤回额外的税吏。他也趁着给太子讲课的机会多次提及东汉的宦官(东汉时期的额外税吏都是皇帝直接派出的宦官),以古讽今。到了崇祯年间,时任户部尚书的毕自严则认为,"今日而思开节之法,诚难言之。议者或欲开矿,而虑得不偿失,仍滋乱阶;或欲加税,而关税已增,徒挠商旅。至于间架门摊,均属苛细苟且之政。权衡子母,又鲜实心任事之人。为今日之计,求其积少成多、众擎易举,无逾加派一策"。

与传统的儒家和法家思想相比,东林学派对商税的看法体现了一种有利于自己所属阶层但也更具全局性的态度。McDermott认为,东林学派并没有像传统思想家那样过多关注农民的福利问题,也没有纠缠于形而上学的问题,他们"更喜欢一种融合了儒家思想和佛教思想的更加兼收并蓄的思想体系。当他们认识到朱熹的正统思想的有效性时,他们至少对王阳明更为内在的和积极的教义给予了相似的偏好"[30]。他们在商业税的征收中提出的真正改变的请求标志着一种"学究气的终结"[31],这有助于当时学界和整个社会或多或少改变了对商人的普遍态度。

因此,或许与黄仁宇先生的观点略有不同,并不是什么农业经济观念、反商业思想、儒家思想使得明代,尤其是明代后期长期实行低商业税的政策,而恰恰是明代的文官集团太重视商业、太维护商业,甚至本身就是商业集团的利益代言人,所以他们才坚决维持低商业税的政策,竭力阻挠一切试图增加商业税的行为。明代农业税收低、商业税收更低,以及长时间内税收不升反降的真正原因或许就在于此[32]。

（二）吕坤： 皇店与商业税

虽然有些学者同情商人,但对商税的反复批评很少得到皇帝的适当回应。这也并非不可理解,毕竟从皇帝的角度来看,边境战争、军队供给、基建、饥荒、旱灾等,一切都需要国库的巨额开支。在明朝后期的客观背景下,商税确实没有多少进一步减免的余地。

但由于皇帝的消极回应,学者们对商业税的看法也变得消极。具有代表性的例子是万历年间曾主管司法事务的吕坤。吕坤的前任和同事都"擅长"(并乐于)批评税收管理功能失调,而吕坤从中吸取了教训。吕坤认为上奏皇帝或与官员进行理论辩论都是徒劳的,因为反正也几乎无法等到皇帝的答复。解决真正的财政问题才是唯一的关键问题[33]。

吕坤认为,万历时期商税征收的根本问题是皇店(皇帝或皇室开办的店铺)的腐败和权贵家族对商业活动的深入参与。普通商人显然无法与他们竞争。作为一个清醒的学者,吕坤意识到商人阶级根本无法击败皇权或滥用权力的高官们。因此,他认为,对于掌管财政和税收相关职位的官员来说,切实解决商人在对其商品征收高额商业税时遇到的问题,比"就问题本身发表意见"更为重要[34]。因此吕坤的思想可谓探讨了"税收制度本质中固有的基本原因"[35]。

（三）王夫之： 商人"独享"的纳税义务

随着明朝后期商业的进一步发展,对商人的态度确实有了一些变化。不过,不同的声音仍然在当时的思想界分庭抗礼。明末大儒王夫之对商税的看法,在一定程度上代表了当时不少学者的观点,与当时东林学派的观点大相径庭。王夫之认为,对于不适合政府直接经营的产业,政府可以通过商业税的形式增加财政收入。他指出,自古以来,供军用的很多开支历来都取自商人缴纳的税收,因为他们时常通过卖军用的马车和牛车获利。而皮、丝、麻、竹、布等日常货物的贸易,也都是由商人经营。因此,军费应由商人承担,而对其他货物征收高额的商业税也是理所当然的。

王夫之认为,应该由商人承担的税收不能转嫁给农民或地主。他指出,降低商业税是抑制本业、提倡末业的表现,无助于国富民强。简而言之,相当一部分税收必须由所有商人来承担,这样税收负担就不会完全落在农业部门上。王夫之驳斥了征收商业税会抬高物价或农民也会深受其害的想法。他认为,人们首先必须免于冻饿,即要在满足基本的温饱需求之后,然后才有动力在市场上进行交易。因此,即使物价因税收而略有上涨,但对于普通大众来说,他们仍然是有能力购买的。如果民众常年饱受饥寒交迫、过度赋税之苦,那将有无数人在市场上多年买不到东西。既然物价上涨对民众没有太大影响,就不能说商业税有害[36]。

虽然身为大儒,王夫之在经济问题上的视野确实不够广阔,他的思想很显然只适用于自给自足的经济。也可以说,他的观点受限于明代中国的现实: 刨去商业发展的事实,明帝国本质上仍然是以小农经济为主体,与之前的朝代并无二致。王夫之指责朝廷的高级官员在朝廷制定法规和政策,平时享受生活,不用种地,住在市场附近,经常在那里购买食物和生活用品。因此,他们制定的政策有利于商人和他们自己(如徐阶和张居正,他们自己就是大商人)。他们经常听到商人的抱怨,却听不见也看不到农民的苦衷。王夫之显然认为朝廷的决策者不会意识到征收商业税可以减轻农民的负担,从而使农民受益并最终使明帝国在财政上受益。

此外,王夫之还重新解读了孟子反对征收商业税的问题。他解释说,孟子的提议只适用于封建割据统治的时代,当时各诸侯国都试图通过免征商业税来吸引商人。然而,明帝国已经统一,舰船在各省份之间穿梭,没有理由再担心没有商人来。因此,王夫之认为孟子关于这个话题的观点已经过时,征收高额商业税在明帝国的背景下是合理的。

尽管王夫之的思想中体现了对商业的蔑视甚至是敌视,但他的思想似乎也符合当时的国家财政现实。晚明时,"虽然商品繁多,但朝廷的总收入比较少";不到四百万两的白银收缴"以帝国的财政需求来看,似乎低得不切实际……考虑到这一类税收的征收范围极其广泛,其征收额实际上可能相当不足"[37]。

需要指出的是,明廷每年的财政总收入仅相当于"人均十七铜钱左右"。虽有不少学者批评明朝重税,但主要都是从道德的角度来批评。他们关心的是揭露税吏的贪婪和民众的困苦,而不是像吕坤那样探究税制本质的根本原因。当时学者的想法和描述给人的印象是,明朝的一些财政问题需要归咎于过度的商业税收。然而,事实上,财政收入的困境亦有可能是由于商业税征收的不足。万历增派税吏的做法确实简单粗暴,但或许也是形势所迫。

(四) 矿税的失控与帝国财政收益

明末关于商税的一大事件就是万历增派税吏。万历的这一行为严重扰乱了国家正常的税收制度。当时赵世卿上奏万历皇帝,分析了关税需要下调的原因,"国家置立钞关,……天地生财,止有此数,多之于此,必损之于彼。皇上得无以连年税使之供进有余乎? 不知其所朘削者,即此各关不足之数也"。国家设立关税的目的是在国家收入充足的情况下,对商人征收合理的税款。全天下只有有限的财富。如果在一个地方多征税,那么在其他地方收集就不可避免地会减少。若通过连年重税来增加朝廷的资本,则难以预料后果,造成商业税无法再适当征收的后果[38]。

显然,国家的财政利益仍然是赵世卿的主要关注点。他认为,对商业征收重税的最大弊端是国家对商人进行了彻底但不明智的剥削,因此从长期来看,国家根本无法获得足够的财政收入,属于典型的两败俱伤。他对商人的不幸处境感到同情,而他更关心的问题是强调征收合理的商业税在提供足够的财政收入和稳定国家方面的作用。黄克缵在万历中期也表达过类似的思想。他指出,"临清税银,钞关取一分,而有司又取一分,是一物二税也"[39]。也就是说,在临清,商人在海关被征税一次后,又被额外的税吏再征税一次,同一件货物居然被征税两次。他为农民和商人都被征收额外税款而深感苦恼。

虽然那些增派的税吏被迫于民意的万历帝召回,但不久后明廷又派来一波新的税吏继续从一些税关以外的渠道征收额外的税款。他们的行为与以前的税吏没有什么不同。怎样才能保证国家的稳定,避免麻烦和混乱呢? 顾炎武提供了一个解决方案: 在生产现场对商品征收商业税。不应再以任何其他形式征税,让商人在经营上有更多的自由,也为了使商人能获得更多收入[40]。

加税不仅给相对落后地区的商人造成了很大的困难,甚至影响到江南等富裕地区的商人和工商业。崇祯九年(公元 1636 年),张国维谈到江南地区的商税时认为,"缘江南畿辅之区,舟车之会……此中赋重民贫,力已竭于正供……从来加税之害,更甚于加赋,……往往输至公家什一,归之中饱者什九"。江南原是舟车交汇之地。商业活动非常多,客商也络绎不绝,可是由于加税,那里的商人越来越穷,交商业税的能力也没有了。张国维认为提高商业税的危害甚至比提高田赋的危害更大。而且,加征的商业税,只有大约十分之一最终被明廷所使用,而其余的十分之九都被私人挪用了。

在当时的财政主管官员和学者们看来,这种甚至伤害到富庶区域的全国性财政混乱是不能容忍的。从长远来看,这当然会影响帝国的稳定,而不仅仅只是在财政层面上。而且明朝中后期各地区商税的征收很不平衡,经常发生发达繁荣地区的商业税反而征收得更少的情况:"分省区商业税额与各省区商业水平之间存在着严重脱节,具体表现有二: 对多数省区而言,商业水平和商业税额与其在全国的地位不相符合;各省区商业水平与商业税额之间不相称,广东等经济发达地区尤为明显"[41]。这对于国家财政而言,无疑是很糟糕的情况。

而总体上来看,明末税收体系已经落后于现实形势的变化。正如卜正明所指出的,"真实的经济,即商业投资和金融集中为核心的货币经济,已经完全脱离了明初确立的农业经济模式,并产生了不在农业赋税范围内的财富"[42]。而解决之道是顺应变化,将粮食和劳动力这两项农业经济的主要来源转化为可以支配的等价货币。赋役折征银两,再用税银偿付行政开支。到了明末的 16 世纪,赋役折银办法逐渐推广,各种名目的赋税、力役均折征银两。

参考文献

[1] Semedo,A.(1655[1636]). *The History of That Great and Renowned Monarchy of China*. Translated by a person of quality. London:E. Tyler for John Crook.

[2] 李东阳:《明孝宗实录》,台北中研院历史语言研究所,1962 年版,卷一九二。

[3] 申时行:《明会典》,中华书局,1989 年版。

[4] 解缙:《明太祖实录》,台北中研院历史语言研究所,1962 年版,卷二一零。

[5] 张建民、周荣:《中国财政通史(第六卷):明代财政史》,湖南人民出版社,2013 年版,第146—160 页。

[6] [加]卜正明,潘玮琳译:《挣扎的帝国:元与明》,民主与建设出版社,2016 年版,第 114 页。

[7] Von Glahn,R.(2016). *An Economic History of China:From Antiquity to the Nineteenth Century*. Cambridge:Cambridge University Press,p. 287.

[8] 解缙:《明太祖实录》,台北中研院历史语言研究所,1962 年版,卷一零六。

[9] Chou,C. and Edward,H. K.(1974). *An Economic History of China*. Center for East Asian Studies,Western Washington University,p. 132.

[10] 谈敏:《中国财政思想史简编》,上海财经大学出版社,2018 年版,第 160 页。

[11] 胡寄窗:《中国经济思想史》上册,上海人民出版社,1965 年版,第 91 页。

[12] 孙学文:《中国财政思想史》,上海交通大学出版社,2008 年版,第 370 页。

[13] 吴晓波:《浩荡两千年:中国商业公元前 7 世纪—1869 年》,中信出版社,2012 年版,第217—219 页。

[14] 李金华:《中国审计史(第一卷)》,中国时代经济出版社,2004 年版,第 276 页。

［15］申时行：《明会典》，中华书局，1989 年版，卷三十。

［16］"本府属县自国初取勘开铺店及卖酒醋之家，岁课钞十万六千八十贯有奇。经历年久，中有乏绝者。又有新开铺店并卖酒醋之家，未经取勘，分毫无税。以此征敛不均，民甚不便"。见《明英宗正统实录》卷一六九。参见郭厚安：《明实录经济资料选编》，中国社会科学出版社，1989 年版。

［17］"稍仿古保甲之法，里巷之中，每十家编作一甲，其中推一富实之家，定为甲长，房屋之数，即令甲长勘实报官，如有隐漏，十家之中，互相查覆，若更不实，房产入官十家一体治罪"。参见何良俊：《与王槐野先生书》，《明经世文编》卷二四零，中华书局，1962 年版。

［18］张廷玉：《明史》，台北中研院历史语言研究所，1974 年版，卷九十五。

［19］"及照我国家钞关之设，非直征税出入，以足国用，实欲抑彼逐末，而归之农。正古先哲王念民之依，贵五谷而贱金玉之意，诚良法也，故市廛之征，王法不废。亦可以济公用而宽民力。征商之余利，与浚民之脂膏，利害相去远矣"。参见陈子龙等：《明经世文编》，中华书局，1962 年版，卷一六九。

［20］陈子龙等：《明经世文编》，中华书局，1962 年版，卷一七九。

［21］参见王世贞：《弇州续稿》，台湾商务印书馆，1986 年版，卷六十五。

［22］"征税之法，当税富民，不当税贫民。""盖取之富商者，不过割其羡余，征之微末者，则如腹其膏脂。"参见温体仁：《明神宗实录》，台北中研院历史语言研究所，1962 年版，卷四三四。

［23］谢国桢：《明代社会经济史料选编》，福建人民出版社，1980 年版，第 281 页。

［24］黄仁宇著，阿风等译：《十六世纪明代中国之财政税收》，生活·读书·新知三联书店，2001 年版，第 282 页。

［25］Semedo，A.（1655）. *The History of That Great and Renowned Monarchy of China*. Translated by a person of quality. London：E. Tyler for John Crook，p. 12.

［26］黄仁宇著，阿风等译：《十六世纪明代中国之财政税收》，生活·读书·新知三联书店，2001 年版，第 313 页。

［27］黄仁宇著，阿风等译：《十六世纪明代中国之财政税收》，生活·读书·新知三联书店，2001 年版，第 306 页。

［28］陈子龙等：《明经世文编》，中华书局，1962 年版，卷四一六。

［29］杜车别：《大明王朝是被谁干掉的》，世界知识出版社，2017 年版，第 252 页。

［30］McDermott，J.（2006）. *A Social History of the Chinese Book*. Hong Kong University Press，p. 191.

［31］McDermott，J.（2006）. *A Social History of the Chinese Book*. Hong Kong University Press，p. 65.

［32］杜车别：《大明王朝是被谁干掉的》，世界知识出版社，2017 年版，第 254 页。

［33］Handlin，J. F.（1983）. *Action in Late Ming Thought*：*The reorientation of Lü Kun and other scholar-officials*. Berkeley：University of California Press，p. 118—121.

［34］吕坤：《吕坤全集》，中华书局，2008 年版。

［35］Huang，R.（1974）. *Taxation and Governmental Finance in Sixteenth-century Ming China*. Cambridge：Cambridge University Press，p. 264.

［36］ Hua，Tengda（2022）. *Handel im chinesischen Imperium der frühen Neuzeit*. Wiesbaden：Springer Gabler，S. 66—67.

［37］ Huang，R.（1974）. *Taxation and Governmental Finance in Sixteenth-century Ming China*. Cambridge：Cambridge University Press，p. 263.

［38］陈子龙等：《明经世文编》,中华书局,1962 年版,卷四一一。

［39］参见《四库禁毁书丛刊》集部第一八零册。

［40］顾炎武：《天下郡国利病书》,商务印书馆,1985 年版。

［41］林枫：万历矿监税使原因再探.中国社会经济史研究,2002(1):7.

［42］［加］卜正明,潘玮琳译：《挣扎的帝国：元与明》,民主与建设出版社,2016 年版,第 115 页。

第四章

明代农业税和非税收入中的财政与商人

商人的地位虽然仍远不及士阶层，但和固守土地的农民和难以创收的工匠相比，明帝国商人的地位是有所提高的。而且，与农民相比，商人对国家财政的贡献无疑是更大的。功成名就的商人会回到自己的家乡，大量购置土地，并发挥和乡绅类似的职能，甚至成为乡绅，为村民们修建祠堂、改善基建等，从而在自己的家乡和老乡中博得好名声。相比于其他三个职业，农民和工匠似乎都没有什么寻租空间，而士人的寻租空间比商人更大。这一定程度上和他们当时的社会地位也比较匹配。

农业税收虽然是由农民阶层缴纳，但农业税与商业税的对比亦是很重要的。而且，很多商人，尤其是小商人，他的家人甚至他本人同时也隶属于农民阶层。可以说，明代严苛的考试制度、日益缩小的升迁机会、微薄的官僚薪水等，都让年轻人专注于科举这一条路的传统思想受到了空前的挑战。可以说，史无前例地，明帝国时期更多的人选择了弃农经商或者弃儒就贾。不过无论明代的商业如何发展，整个经济结构仍然是以小农经济为主体。相应地，财政体系也是以农业税的财政收入为主体。我们会在本章中看到，明代的多次田赋改革都试图改善农民和小商人的困境，同时必然损害了富商的利益。

明代国家的非税收入也是财政收入的重要组成部分，其中相当一部分来源于商人的贡献。土地买卖是商人对于明帝国财政贡献的一个重要组成部分。有所成就的商人很喜欢购买土地，尤其是在自己的家乡地区。商人的"捐纳"是另一块组成部分。如第三章所述，以盐商为代表的明代商人们为帝国财政作出了很大贡献，因而经由一些高官的游说，明廷也逐步为商人子女参加科举考试提供各种便利措施，比如设立"商籍"、提供"捐纳"等选项为商人子女入学开辟捷径等，而捐纳的收入是计入中央或地方财政的。同时，商人们为了便于开展生意，经常会花重金巴结政府官员，而政府官员绝大多数出自于士人阶层。

明代许多学者认为，成为商人并维持妥善经营需要很强的能力，这远非农民阶层能比。因此，相比较之下，商人的地位虽然仍远不及士人阶层，但和固守土地的农民和难以创收的工匠相比，明帝国商人的地位是有所提高的。而且，与农民相比，商人对国家财政的贡献无疑是更大的。功成名就的商人会回到自己的家乡,大量购置土地,并发挥和乡绅类似的职能,甚至成为乡绅,为村民们修建祠堂、改善基建等,从而在自己的家乡和老乡中博得好名声。我们在本章中将看到,相比于其他三个职业,农民和工匠似乎都没有什么寻租空间,而士人的寻租空间比商人更大。这在一定程度上和他们当时的社会地位也比较匹配。

一、明代农业税收与农商关系

(一) 明代关于农业税收和农商关系的财政观点

1. 田赋和重农主义财政观点

从一方面来说,农业税收看似与商人阶层无关,但大多数商人其实出身农民阶层,甚至相当数量的商人并非"全职商人",在不经商的时候,他们的身份就是农民。而从另一方面来说,在税收方面将商人与农民进行比较,亦是非常有意义的。关于这一话题的讨论早已有之。早在西汉时,《史记》中有如下表述:"用贫求富,农不如工,工不如商,刺绣文不如倚门市"[1]。随着明代商业的快速扩张,特别是明中后期,消费需求增长,国内外市场扩大,商人团体开始出现。与此同时,弃农弃儒的人日渐增多。对于以农业税作为其主要财政收入的明帝国来说,这显然不是一个利于统治的财政趋势。

对于田赋的重视由来已久,毕竟"民以食为天"。粮食在中国古代百姓生活中的重要性不言而喻,由于农业与民众生存的密不可分,明代的大多数学者和他们的前辈一样,仍然强调农民和农业的重要性。丘濬、王夫之、徐光启等人都是明代对农业及农业税极为重视的代表学者。丘濬认为,"善于富国者,必先理民之财,而为国理财者次之"[2]。由此,他说:"治国者,不能不取乎民,亦不可过取于民……是以善于制治保邦者,必立经常之法,以为养民足国之定制。"丘濬认为国家要履行正常财政职能,必须有赋税的保证。但赋税的征课又有一定的限度,必须确立稳定的赋税征收制度。丘濬认为薄赋敛有利于增加国家的财政收入,说唐朝的刘晏"知利国之为利,而不知利民之为大利;知专于取利而可以得利,而不知薄于取利而可以大得利"[3]。

丘濬坚持"任土作贡,分田定税"的古老赋税征课方式。他认为,"田赋之入,止于米粟",并且应该按距离远近来规定轻重精粗的差别。所以,他反对征丁口的税制,认为"土地万世不变,丁口有时而盛衰。定税以丁,稽考为难;定税以亩,检核为易"。丘濬也反对以钱定税,认为"自古识治体者,恒重粟而轻钱,盖以钱可无而粟不可无故"[4]。

王夫之的一些理论甚至与几乎同时期的法国重农学派代表人物魁奈颇为相似。王夫之认为,商业和商品流通与人们的生产、生活密不可分,在社会经济发展过程中发挥着重要作用。他指出,做贸易的商人和小贩是必不可少的,黄金和玉米的流通使人们能够生存和致富。王夫之还反对政府的降低食品价格的政策。他认为商品流通是必然的[5]。作为法国重农主义者的代表,魁奈类似地认为,"商人是生产商品的农民和工匠与想要购买商品的地主和其他消费者之间的必要纽带"。

然而,王夫之的思想中仍充斥着对于商人的蔑视。例如,王夫之重申打压商人的传统观念,他认为商人是使人贫穷而自身富足的剥削者。农民靠自己的勤劳致富,而商人的谋财却会损害他人的利益。他还认为,商人比国家富有,而国家却越来越穷。他充分肯定了西汉桑弘羊的压迫商人政策,提出商人是君王必须压迫的对象[6]。类似地,魁奈也认为,"这些商人财富的增加代表着社会上财富流通的减少,这不利于分配和再生产"[7]。

王夫之甚至认为商人和蛮夷一样是社会动乱的因素。王夫之的论证逻辑是这样的: 天下最大的灾难是夷狄和小人,以夷狄为代表的游牧民族比汉族更多地崇尚商业精神,而商人的本质也是追寻利益。因此,王夫之认为,如果少数民族贵族夺取了中原部分地区的控制权,将进一步促进商业的发展,从而使夷狄和商人联合。依靠夷狄的力量,商人可以更有利可图。反之,如果商业上没有利益的诱惑,商人就不会与"妖孽"为伍,社会就会稳定很多。在古代中国经济思想史上,王夫之无疑是最看轻商人,把他们等同于下等人或野蛮人的思想家之一[8]。王夫之之所以将商人与夷狄画上等号,只是因为他们的逐利本性,体现了王夫之对商人的极度蔑视。这种想法或许可以在中世纪的欧洲找到相似之处,当时"虔诚主义和人文主义使学者和人们的良心都反对商人阶级所展示的财富"[9]。王夫之也批评商人阶层的存在是对农民的一种欺压。王夫之指出,暴君经常勾结商人,剥削农民。作为开明的中央政府,不应鼓励商业的发展或商人。如果政府支持商人,就会导致在一个商人主导的社会,农民的精力会枯竭[10]。

因此,在农商关系问题上,王夫之是重农抑商的坚定拥护者。王夫之认为,如果有水和火一样多的玉米,商人就会变得更加奸诈,囤积玉米。这样,虽然表面上重视农民,但农民生产的玉米却越来越不值钱;玉米虽然表面上很有价值,但实际情况是商人持有的黄金变得更有价值。于是,农民仍然受制于狡猾的商人。不过,与王夫之不同的是,魁奈证实了商人对农民的一些积极作用,"在物资短缺的年份,囤积货物使得商人有办法限制消费者的需求并避免市场形成更高的交易价格,这对农民来说也是有利的"[11]。

因此,王夫之坚决反对大量粮食掌握在商人手中,主张通过国家调控粮价,压低金银价格,抬高玉米价格,从而限制商人的利益。关于玉米价格这一点,有人问王夫之,玉米涨价会损害商人的福利,而玉米价格下跌则会损害农民的福利,那么该如何平衡这两者?王夫之简洁明了地回答说,与其伤害农民,不如伤害商人。

有趣的是,不仅这种重农思想在同时期西方并不罕见,而且欧洲的重农学派和明代经济思想家可能当时已经相互有所交流了。Klump认为,根据Poivre的说法,明代的经济思想影响了法国重农学派,"魁奈本人可能更受中国思想的影响,从他的很多引文中就能看出这一点"[12]。

徐光启与王夫之有类似的重农倾向。然而,他们的重农思想本质并非全然一致。在这一问题上,徐光启再次遵循了实用主义,就像他解决倭寇问题的想法一样。尤其是,徐光启对数量方法之于财政、会计的作用非常看重,这在中国古代财政管理者中甚为少见。他曾明确指出,数学对"官司计会"颇有用处,"理财之臣,尤所急需"。他提出的"格物穷理之学"的核心其实就是以数学的演绎推理和数量计算来探求客观事物(主要是自然事物)规律的学问,它具有近代科学的特征。

徐光启的基本财富观是,只有玉米和布料(农作物生产)是最基本的财富,因为它们可以直接生产和消费,而货币不在他定义的财富的范围内。这一思想在其最著名的代表作《农政全书》中均有体现。基于财富来自农业的思想,徐光启提倡"务农贵粟",即强调生产粮食和玉米。他指出,历代在国家财力枯竭时期,大多伴随着农民占总人口比例不足三成、勤劳耕作的农民更是占比不足一成的时期。他认为这正是造成国家财富枯竭的根本原因。徐光启指出,一旦粮食生产被估价,粮食价格肯定会下降。当价格降到一半时,边镇驻军用银子买粮食的士兵现在可以得到两倍于以前的粮食。而当价格降低三分之二时,士兵们可以获得相当于三倍于以前的食物。

从发展农业的视角出发,徐光启认为必须压制商人。他认为,最好政府能制定一些规定,带动从事商业的大多数人转而从事农业,这就要求农民应该得到进一步的尊重。根据司马迁对"本富"(耕地致富)、"末富"(经商致富)、"奸富"(偷盗致富)的划分,徐光启指出,目前在南方人潮涌动。要种地,田地不够分;要参加科举考试,名额又不够。因而很多人只剩下从商这唯一的选项。而一部分"末富"以及所有的"奸富"必将成为社会的一大烦恼。徐光启又指出,虽然大部分"末富"还没有成为社会的祸害,但减少"末富"的数量还是有必要的。他还建议要逐步将人口从南向北迁移,使"末富"和"奸富"都成为"本富"。徐光启认为,这样可以使民风越来越纯朴,国家财富越来越丰富[13]。

尽管这些看似陈词滥调,但在许多方面,徐光启的作品被认为"在与传统学说的争锋中表现出色"。例如,传统儒家学说主张所有农作物都有自己的有利种植区域,不应随意转移到其他地区种植。但徐光启拒绝了这种观点,并指出他认为没有理由固定给定农作物的土地适宜区域,因为适宜种植区不会一成不变[14]。因此,虽然徐光启也是通过科举高中进士成为一个士大夫并且一路成为高官,但他看起来更接近一个近现代科学家。因此,他的思想当然也不能简单地归入传统领域。

2. "慧商愚农": 对国家财政的贡献比较

然而,上述对于农业和农业税的极端重视,只代表了一部分明朝学者的思想。明中后期商业的井喷发展,没有颠覆小农经济的底色,却足以改变商人阶层在社会中的地位。商人和其他三种职业都是谋生手段,是人们的不同谋生选择。前文曾指出商人被建议,而成为官员正是学者们谋生的主要方式。毫无疑问,这种谋生的方式向来得到士人阶层的充分的肯定,并被推荐给商人阶层。那么,明代的学者们对商人经商和农民耕种这两种谋生方式有何看法?

《史记》中司马迁曾总结出了关于商人谋生的思想,这在中国经济思想史上应该是第一次。司马迁认为,商人要想谋生,需要具备以下四种能力: 靠"末业"发财,靠"本业"保财;掌握商业活动中决策的时机(这与桑巴特的说法非常相似,"企业家必须能够在正确的时间做正确的事情");获得合理利润率的能力;具有商人的个人素质[15]。所谓商人的个人素质也可以用桑巴特的话来理解,"智力弹性、精神能量、意志的强度和恒常性"[16]。

不过,类似太史公这样的想法,在其之后却久久没有再被提及,或者至少说,没有被主流的思想家所再次提及。直到明朝中期,商人谋生再次成了人们关注的焦点之一。不少学者观察并记录到,与从事农业相比,只有具有特殊才能、聪明才智和洞察力的人才能成为成功的商人。比如谢肇淛[17]强调,如果一个平民能通过经商致富,过上好日子,那么这个人必定有非凡的能力。正是从这个角度,他才充分理解司马迁执意要在《史记》中特地撰写"货殖列传"来为商人撰写传记。谢肇淛将比较成功的商人分为三类: 第一类商人,有出色的时间观念,有敏锐的商业头脑和洞察力;第二类商人,靠在市场上交易致富;第三类与贪官走的比较近,或者自己本身就是贪官,他们利用手中的权力从事商业活动。谢肇淛认为,明朝的商人大多属于第一、二类。他们追求"末富"的能力比农民追求"本富"的能力要高,对国家财政的贡献也更大,非常值得尊重[18]。又如顾大韶,他认为农民若要致富主要靠节俭,而商人的成功则并不是靠节俭。相反,洞察力是商人成功的关键。他举例说,如果一个商人对一件物品有很大的兴趣,为了得到它,他会先进行详尽的调查和清晰的观察,及时掌握最新的市场变化[19]。光是这一点就几乎没有农民能做到。因此,他认为,与农民相比,成功商人的才能足以让他们获得可观的财富,这对于国家财政是大有益处的。[20]

上述这些明代思想家还只是从与农民阶层相比的角度称赞商人具有的非凡才能。而另有一些思想家不仅强调商人的能力,而且也强调农民相比之下是事倍功半或者容易被市场竞争淘汰的。例如,顾炎武认为做生意需要优秀的能力。他指出商人赚取的利润与他们所付出的劳动量和商业能力均成正比[21]。李贽表达了类似的看法。李贽说,既然势利是人的天性,人们为了追逐财富而彼此进行竞争是很自然的。他认为,虽然每个人都有一颗势利的心,但个人获得财富的能力却是生而不同的。他认为农民不具备这样的才能。因此,竞争必然会导致胜利和差异化: 强者会吞并弱者,少数人将依赖多数人[22]。因此,李贽充分肯定了市场竞争,承认了优势占上风的市场竞争规律,而他明确指出,农民缺乏这些能力[23]。甚至,没有考取功名的儒生亦在被学者们嘲讽的范围内。比如,李贽认为以前的流浪者多是奸诈顽固之人,而今天的流浪者多是儒生。这种赞美当然不能作为商人阶级的社会阶层提升的证据,但士人阶级的一些思想和言语至少从侧面衬托了商人的能力有时甚至被认为比传统上大家所艳羡的士人阶层还要好,那就更不用说和农民相比了。

即使是最强硬的重农主义者,亦认为商人对国家财政的贡献不在农民之下,比如海瑞。海瑞是传统重农理论的坚定拥护者,他对农业的重视是毋庸置疑的。他认为平民谋生的根本途径是发展农业,认为农业是四业之首。他猛烈地批评一些官员嘴上声称重农,实际上却是鄙视农业。他指出,普通的农民往往没有财富,也没有能力给官员任何好处。他们不会说好话,他们的品味也比较粗俗[24]。因此,统治者往往不重视他们。这让很多农民变得莽撞而狡猾。他要求改变这种低估农业和农民的局面。他尖锐地指出,如果对农业和田赋征收缺乏管理,那政府管理本身就没有什么其他内容了。

然而即使如此,从对国家财政的角度看,海瑞的理论与传统的重农理论体现出较大不同: 海瑞重视农民,却也重视商人的作用。海瑞认为,每一个从事对国家财政收入有益的职业,无论是农业还是其他领域,都应该受到社会的尊重。他认为,真正应感到羞耻的是那些寄生于社会,对国家的财政毫无帮助,甚至危害社会的懒人。海瑞的思想或许与他长期在商业贸易飞速发展的江浙为官有关,但在一定程度上确实也反映了以海瑞为代表的相当一部分明代儒家思想家的希冀。他们虽然自认为是"儒家的正统继承人",但他们在这一方面的思想显然与历代儒家大有不同。其中一个很大的不同点,就在于他们发自内心地相信商业不仅促进了农业,而且对国家财政作用重大。他认为商人阶层和农民一样,都是有利于社会的劳动者。农民生产粮食并缴纳田赋,而商人更是在全国范围内为市场交易等重要事项提供必要资金。他还提倡重新建立更多的墟市,为商人提供更多交易场所,从而使市场繁荣[25]。

(二) 田赋改革与农商关系

1. 明代的田赋征收

关于明代一些地区的农业税税率,不少学者都曾做过很有价值的归纳。作为其中的代表性总结,这里将黄仁宇(2001)和边俊杰(2011)中的相关数据以表格形式呈现,见表 4.1。

表 4.1　明代一些地区的农业税率

	所在行省或直隶府亩均税额(升)	税率		所在行省或直隶府亩均税额(升)	税率
广东南海	4.42	0.88%—1.7%	扬州府通州	6.96	2.3%
浙江义乌	5.32	1.3%	山西宣府	6.69	3.7%
松江府	23.77	8.0%—24.0%	江浦	4.56	4.6%
苏州府苏松地区	28.53	9.0%—29.0%			

注: 边俊杰,《明代的财政制度变迁》,经济管理出版社,2011 年版。

表 4.2 是 1570—1600 年间各府(县)最高、最低的农业税率,根据黄仁宇《十六世纪明代中国之财政与税收》中的数据整理而成。我们可以看到,在农业税方面,明末的农业税率虽然没有低到洪武帝定下的"三十什一"的程度,但也是颇低的,"整个帝国税赋的平均水平似乎也不超过农业产量的 10%"[26]。

表 4.2 1570—1600 年间一些府(县)最高最低的农业税率

	1570—1600 年间最高税率	1570—1600 年间最低税率
浙江杭州府	10.8%(仁和县)	3.3%(富阳县)
山西汾州府	12.0%(灵石县)	5.5%(孝义县)
湖广安化县	5.9%	3.9%
南直隶溧阳县	5.4%	1.0%
山东汶上县	8.6%—12.2%	5.8%—8.1%
福建漳州府	12.0%	/
山东曹州	11.7%—12.6%	8.5%—9.1%
浙江开化县	6.0%	/

注: 根据黄仁宇《十六世纪明代中国之财政与税收》中的数据整理而成。其中,税率为"役摊入后的每亩税率＝役摊入后的田赋总值/田土总数"。

明代征收农业税所采取的做法是将徭役和税赋的征收权交给地方耆老,这与明初里甲制度的逻辑如出一辙。毕竟,本乡本土的当地人自然最清楚谁家可以出徭役,以及赋税的多寡。所谓以杜绝地主和富商剥削的乡村自治为核心的里甲制度忽略了有国家资本投入的经济天然地倾向于去创造和集中财富。在 15 世纪,这一紧张关系造成了财政分裂。对于已经加入商业网络从而为市场需求进行生产的乡村社会而言,税务自治且自给自足的社群模式与其实际的脱节就更为严重了[27]。

而明朝亦在田赋征收方式上进行了多轮的尝试,而最初的尝试方式就是以富商豪强为重赋对象。朱元璋时期,明廷对江南地区实行重赋,这其实是非常不常规的做法,因为历朝历代对某一地区单独征收重税都是实属罕见的。其主要原因可在《明史》中窥见一斑:"初,太祖平吴,尽籍其功臣子弟庄田入官,后恶富民豪并,坐罪没入田产,皆谓之官田,按其家租籍征之,故苏赋比他府独重"。当时以苏州为中心的江南富商基本上不受明廷控制,这对于豪强兼并有着切肤之痛的洪武帝而言是不能容忍的。国赋收入的需要与富商豪强欺凌平民、逃避赋税的现实,使得洪武帝一次次把矛头对准江南地主,大规模地籍没以富商为代表的富豪田产为官田,基本上以私租簿起税,官田大幅度上升。此举一石二鸟,既打击了豪富兼并田土,削弱其经济实力,同时又增加了国库的收入。

到了宣德、正统年间,当时的明廷亟须解决江南地区赋役征收问题,以确保国家财政收入的来源稳定性问题。当时在税粮起耗之际,豪商大户往往恃强,不出加耗,而将一切的转输诸费,专责之于小商小民。明廷推行的"平米法"借助耗米的征派,不仅弥补了官田的重额亏欠,同时还起到了均平田亩科则和缩小贫富之间的偏累差距的作用。均征加耗的实施,有力抑制了富商地主拒不纳耗的法外特权,从而增加了田赋的征收效率。而到了天顺年间,刘孜在增辟财源的基础上采取了田赋征收与招民垦荒并举的做法。比如在松江府,他推行用垦荒田的财政收入,补抵熟田的耗米,所以用"论粮加耗"法,以避免民田拥有者,即富商地主的反对[28]。

还有一个与农业税征收相关的重要现象。每年到了征收赋税的时候,"市场上卖出的粮食骤然增多,导致粮价不断下跌,农民只有卖出比正常价格更多的粮食才能获得交纳赋税所需要的银子"。那么,明廷是否由于农民因粮价降低而不得不卖出更多的粮食而获得收益呢?也并没有。政府实际收到的赋税和农民实际交纳的赋税之间的大量差额,绝大多数被商人赚取了[29]。

2. 一条鞭法以前的田赋改革和打击富商

黄仁宇在其《万历十五年》中的自序论述了对税赋,尤其是田赋改革的必要性,但是要强调的是,这种田赋改革并不是以降低农业税税率作为目标。他指出,过去关于明史的叙述,几乎无不有"税重民穷"的说法。如果意在说明当时的官僚贪污横行,无力的百姓被摊派的赋役过重,富者愈富,贫者愈贫,尚可谓言之有理。然而,如果认为是全国税收总额过高而导致了百姓的贫困,则与事实有所出入。16世纪末,全国田赋额最重的为南直隶苏州府,约占农村收入的20%。此外各府县一般都在10%以下,其中又有轻重的不同,山东曹县全县的赋役约占农村收入的9%,去苏州不远的溧阳县,情形就更为奇怪,在1%到5%之间。而以比例而言,与此同时的日本大名政权,税额占收入的50%。以总额而言,17世纪末期的英国,人口为500万,税收每年竟然高达700万英镑,折合银2 000余万两,和人口为30倍的中国大体相当。据此而作进一步探索,可知"民穷"的根本原因不在国家的赋税过重[30]。黄仁宇的这个结论可以得到下面这组数据的印证:

表 4.3　明帝国各时期人均田赋情况

时期	人口	人均田赋	田赋总额
洪武	58 323 933	0.26	15 302 623.98
永乐	53 165 705	0.31	16 430 000.94
洪熙	52 083 651	0.31	16 122 219.20
宣德	51 468 284	0.30	15 295 017.24
正统	52 730 601	0.26	13 675 750.81
景泰	53 578 081	0.24	13 096 255.20
天顺	54 325 757	0.25	13 388 992.54
成化	62 361 424	0.22	13 835 229.13
弘治	51 152 428	0.29	14 761 064.18
正德	60 078 336	0.24	14 300 367.82
嘉靖	62 594 775	0.19	11 695 792.68
隆庆	62 537 419	0.20	12 572 633.71
万历,泰昌*	56 305 050	0.32	18 063 215.29
天启	51 655 459	0.32	16 535 651.21

注: 边俊杰,《明代的财政制度变迁》,经济管理出版社,2011 年版。* 泰昌帝因为执政时间过短,其数据归入万历年间。崇祯年间的数据没有计入明朝官方统计。

我们从表 4.3 中可以看到,从人均田赋的数据上来看,无论在明朝哪个时期,即使是在明末的万历到天启年间,田赋的征收确实称不上"税重民穷"。如果我们将黄仁宇(2001)的意思做进一步引申,田赋在不同地区间的差异才是主要原因之一,因而降低高赋税地区的税率理应成为田赋改革的重要目标之一。而且,即使在田赋税率低的地区,农民也往往无法受惠,富商和地主的隐形剥削以及官僚乡里额外加征时有发生。

从横向比较来看,不同地区的税负是从上表中无法完全体现的。有些地区,比如如前所述,江南地区的田赋是比较重的。明朝田赋制度改革的一大重点,正是针对江南官田重赋的问题[31]。明朝的国家财政收入,仍然主要是来自农业。一方面来自国有官田的官租收入,另一方面来自私有民田直接税的征收。官租是第一重剥削,每亩征收额要多于对民田的第二重剥削。因此,国家要增加财政收入,就要扩大官田的盘剥量。

　　遵循这种思路,明朝伊始,朱元璋一方面继承了宋元以来"古额官田";另一方面,他运用政治手段,对江南地主和富商进行严厉的打击,以扩大官田之数,称为"抄没田",即近额官田。明初,江南抄没田之多,令人吃惊。如苏州府,洪武初土田总数 67 000 余顷,其中抄没田 16 000 余顷,占总数四分之一[32]。

　　在这种明显的歧视性政策下,逃税现象的发生几乎是一种必然。第四章中曾提到明代商业税的逃税现象,在农业税收上,这一点同样显著,其偷税漏税的程度也绝不亚于上文提到的商业税的偷漏税,被称为"逋赋"。顾炎武的《天下郡国利病书》中曾具体提及明时期常见的农业税偷漏税方法:"飞洒者,损人以裕己者;诡寄者,避重以就轻者;至虚悬者,一切欺陷,以负国课耳"[33]。其中,"飞洒"指的是当时的地主勾结官府,将田地赋税化整为零,然后分洒到其他农户的田地上,以此逃避赋税的一种诡计。"诡寄"是指将自己的田地伪报在他人名下,借以逃避赋役。而"虚悬"则是类似洗钱的"洗地"手法: 赵家把田卖给钱家,钱家又卖给李家,李家再卖给赵家,但在这最后一个环节,"李家有开,赵家不收",也就是说,这块田最后虽然仍回到了赵家的手中,但在土地登记中却没有进入赵家的户头。借助类似上述这样的方法,"括其一年正额,不下十余万石,所入公家者,止三二分尔"[34],也就是说,在某些地区,可能至少百分之七八十的农业税都逃掉了。

　　可以想见,江南地区的江南逋赋问题尤其严重。早在洪武和建文统治时期,江南逋赋已然有增无减,苏州府已达到百万石以上。而永乐时江南逋赋问题更甚,比如苏州府从永乐二十年(公元 1422 年)到洪熙元年(公元 1425 年),欠粮392 万石[35]。而松江府从永乐十三年(公元 1415 年)到十九年(公元 1421 年)不得不免征税粮数百万石[36]。

　　面对着巨额逋赋的问题,到了宣德年间,明廷决心要加以解决。他即位不久,就派广西布政使周干巡视苏松地区。周干巡视后向宣德帝报告指出了江南逋赋问题的要害,是没官田和还官田起科太重。宣德帝将周干的报告交付户部讨论。宣德四年(公元 1429 年),他下诏对官田改科减征,每亩纳粮一斗至四斗者,减十之二,四斗一升至一石以上者,减十之三。然而,诏令下达之后,户部以"官田租减,度支不给"为由提出含有讽刺意味的建议:"请减外官俸禄及生员军士月给"。宣德帝的改科减征的诏令遇到阻力,难以贯彻下去。为了推行官田减征政策,宣德帝任命颇有才干的周忱以工部右侍郎衔巡抚江南,总督诸府税粮。虽然各地贯彻情况不一,有的多减,有的少减,有的不减,但总的来说,还是贯彻执行了。在贯彻宣德帝改科令的同时,周忱还实施"平米"法,从调整田赋运输支费入手,调整官民田负担。为了减轻农民运输田赋负担,宣德六年(公元 1431 年),明廷颁行漕粮兑运法。周忱和总督漕运总兵共同确定了江南地区漕粮兑给官军运输的加耗标准。更为合理的标准,使漕军增加了收入,刺激了漕运积极性,兑运因而得到推行,民运由之减少,百姓既免风涛之苦,安于农亩,也节省了运费。宣德八年(公元 1433 年),周忱还确定了耗米的征收原则: 第一,征收数额是浮动的。第二,征收办法,基本是论粮加耗。周忱的论粮加耗和论田加耗法,有力地抑制了富商地主拒不纳耗的法外特权[37]。

而通过后来万历年间的清丈土地等措施,田赋征收得到整顿。虽然各地奉行的优劣成败不一,不过就总的情况来看,田赋征收与土地占有相脱节的状况确实在监察后得到了不同程度的改善,当然,在田赋改革中,以富商为代表的地主利益极大受损。

3. 张居正推行一条鞭法: 农商并重与国家财政管理

如上所述,重农抑商的思想在中国人的潜意识中根深蒂固,在明代也仍然是很有市场的。不过,"农商并重"的思想也确实逐渐被更多的思想家所认同。这一点也是明朝所特有的,毕竟在明朝以前,农商并重的思想非常零星和罕见。

遵循中国经济思想史上一贯的节俭思想,张居正也认为,国家的财政管理应该把节约财政开支放在首位。他称赞西汉盐铁会议上的儒生,认为虽然他们的言论看似迂腐,但他们的思想得到了西汉昭帝的贯彻,最终取得了不错的成果[38]。据此,他总结说,古代那些把国家财政管理得井井有条的人,都节省了不必要的开支,并没有随意增加利润渠道。甚至在国家财政面临困难的情况下,也仍然需要长期规划,向惠及人民的方向发展经济。

为此,张居正提出了一种关于农商关系的新理论。他说,战国以来,主张重农抑商的思想家一直强调商业与农业的矛盾,认为商业的过度发展阻碍了农业生产。虽然之前很多思想家也都肯定了商人的积极作用,但还没有人从农商互促的角度来理解两者的关系。张居正指出,过去中央遇到财政困难时,往往向商人多征税以获取收入,明朝也不例外。他批评这种做法,认为农业和商业是相互依存、互惠互利的,任何一方受损都会影响另一方。他说,治理国家的人应该专注于保持商人的货物流动,"商不得通有无以利农,则农病;农不得力本穑以资商,则商病"。如果农民没有足够的财力购买商品，商人的处境也会变得更糟。

更具体地，张居正认为，农业和商业税都需要减少，以同时减轻农民和商人的负担，"欲物力不屈，则莫若省征发，以厚农而资商；欲民用不困，则莫若轻关市，以厚商而利农"。为了让人们有足够的食物和足够的精力去工作，那不如减少农业税，善待农民，让他们有足够的钱去购买商人交易的商品；而为了让人们有足够的生活必需品，那么善待商人也莫若降低商业税，这最终对农民也是有好处的[39]。这种从农商相互依存的关系出发，来理解税收问题尤其是向商人征税问题的观点，是具有一定开创性的[40]。根据张居正的思路，农业和商业就能如是在相互促进中发展。

在以上思想的基础上，张居正推行的"一条鞭法"将赋税徭役的各个项目合并为一条编派，即"以从前均平、均徭、民壮、驿传诸色目太繁，不便缴纳，因令天下州县于丁粮中会计各办额料，通融征解，其诸色目一概归并"，"不别立四差名目"[41]。不过，要将不同的赋役项目合并起来，必须以各项赋役的征纳手段、征派原则和方法都统一起来为前提，这其中需要很大的财政监管力量。具体的财政措施包括但不限于：赋役征纳全面折征白银（即"一切编银"）；取消了原来均平、均徭轮年应役的办法；摊户役于田赋；一条鞭法之后，确立了官收官解的制度等等[42]。

一条鞭法的实施是明帝国中后期财政活动中的重要元素，其遵循的却并非广为人知的明初建立的里甲制度。里甲制度的初衷其实是想把这个制度作为政府招集流亡无籍之民的一个重要手段。许多流移人口，尤其是大量的原属于非汉人土著人口，通过里甲户籍的整顿，成为编户齐民。对于基层社会而言，国家的权力的存在，是"以里甲任万民"，通过里甲户籍制度的控制实现的。里甲户籍既是政府统治的手段，又是国家控制权力的象征，国家与社会的对话透过里甲制的种种矛盾展现出来[43]。而等到了 16 世纪，以里甲制为基础的适应农业社会的税收模式已然向适应货币化交换为核心的经济方式的转变。正是在张居正上述思想的基础上，其主导的为明帝国量身定做的"一条鞭法"应运而生：将各种田赋、徭役、杂征税目总为一条，合并征收银两。"一条鞭法"本身其实并非张居正首创，却是在张居正执政时期推广到整个明帝国。张居正在增加中央权力尤其是中央财政收入方面厥功甚伟。张居正被视为一个在财政上颇有远见的官员，他促成了税收体系由适应原有的农业经济向适应商业经济的转变[44]，甚至有观点认为他的财政改革为明朝多延续了几十年。

二、明代土地交易与商人

（一）明代关于土地的财政观点

自西汉以后，各朝代政府推出的"抑兼并"通常以道义作为理由，实际动机则多出自财政理由，也就是通过财政垄断来充实国库。这一点同样适用于明朝，比如明末始于万历帝、盛于崇祯帝的"三饷"（辽饷、剿饷、练饷）加派。"抑兼并"的直接结果就是国家财政，尤其是中央财政的汲取能力极度膨胀而形成国进民退的状况。

秦以后的儒、法两家理论，在抑兼并以维护宗法共同体这一基本点上并无分歧。其区别仅在于：相对而言，儒家倾向于以礼义、宗法伦理的堤防来阻遏兼并，而法家则多主张用刑罚、以行政手段来打击兼并。事实上，这两种手法在历代专制王朝的"抑兼并"实践中常常是同时并用的。即使是明末"三饷"加派，也类似前朝的桑弘羊和王安石，打着平均主义的口号："弗以累贫不能自存者，素封是诛"。中国历史上所谓的"兼并"在本质上并不是经济行为，而是权力行为，这才有了"惟余青草王孙路，不入朱门帝子家"。有权者兼并无权者（包括无权的富商）、权贵兼并商民[45]。

"抑兼并"涉及的其实是财政中的土地问题。比如，丘濬就很重视土地与人口问题。他指出，"民之所以为生产者，田宅而已。有田有宅，斯有生生之具。所谓生生之具：稼穑、树艺、牧畜三者而已"。在土地利用的问题上，他沿袭了以往一些学者特别重视谷物生产的观点，不过对土地的生产力不是特别乐观，认为"土地所生，止于此数"。基于此，他十分注重土地与人口的对比关系，提出，"承平日久，生齿日繁，地力不足以给人食"。对此，丘濬提出的解决方案是"夫自秦用商鞅废井田，开阡陌之后，民田不复授之于官，随其所在皆为庶人所擅。有资者可以买，有势者可以占，有力者可以垦。有田者未必耕，而耕者未必有田，官取其什一，私取其大半"。因此，他认为国家的相应职责是"制其田里，教之树畜，各有其有而不相侵夺，各用其用而无有亏欠"。

为解决土地矛盾，丘濬提出了"配丁田法"。其原则是："因其已然之俗而立未然之限,不追咎其既往而惟限制其将来"。具体来说,"以田一顷,配人一丁,当一夫差役。其田多丁少之家,以田配丁,足数之外,以田二顷,视人一丁,当一夫差役,量出雇役之钱。田少丁多之家,以丁配田,足数之外,以人二丁,视田一顷,当一夫差役,量应力役之征"。根据这一设计,它既不采取由官府强制处置限外之田的办法,也不因袭以官爵为钓饵的方式[46],强调了丘濬所一贯主张的"听民自为"的核心思想。这一定程度上是利用财政负担作为缓和土地兼并的手段。

到了万历年间,张居正则是通过本章前述的一条鞭法来解决田赋和土地的问题。通过万历年间的清丈土地,田赋征收得到整顿,尽管各地奉行的优劣成败利病不一,就总的情况来看,田赋征收与土地占有相脱节的状况得到了不同程度的改善[47]。

明末的黄宗羲在其《田制三》中强调要制定合理的土地和新赋税制度。他认为必须要去除赋税制度中现存的三种弊害,即"有积累莫返之害,有所税非所出之害,有田土无等第之害"。对于这三大弊害,黄宗羲进行了详细的论述,并提出了解决的措施。首先,"有积累莫返之害"指的是赋税累积而不减返之害。黄宗羲指出,在历史上各种名目的赋税经过并税式改革后,都会得以整编简化,但随后这些名目繁多的税种又重新出现,以致税赋持续攀升。这一税赋规律被学者秦晖称为"黄宗羲定律"。刘守刚等(2019)认为,基于黄宗羲财政思想的"黄宗羲定律"在考察赋税制度在古代国家治理中的演变,至少可以有三个值得重视的地方。第一是"黄宗羲定律"所描述的赋税越并越多,愈演愈烈现象,是导致历代王朝兴衰的重要原因。第二是轻税思想、君主集权、征税权力三者间的博弈出现困境,轻税思想被皇帝、官吏、士人共同认可,但由于专制体制下皇帝具有绝对的征税权力,名义上的轻税制度逐渐演化为实际上的重税制度。第三是财政制度安排中"明税"和"暗税"共存,民众不仅要按官方公布的税率缴纳赋税,还要承担官吏在征税时加征的税收[48]。

而在土地方面,也就是黄宗羲提到的第三种弊害"有田土无等第之害",即田土不分等级好坏的危害。惯常的做法是,官府无视土地的肥沃贫瘠程度不一的客观情况,仍然完全按照土地面积的大小课税,不因为土地的肥瘠差别而对税额有所减免。这样显然对农民而言是不公平的。为此,黄宗羲建议,对于土地亩数的认定,不必拘泥于固定的标准。他提出了两项具体措施。第一,尽量使土地得到合理的休养生息,不要年年在同一块土地上进行耕种。第二,重新丈量天下土地,分为上等、中等和下等土地等，按土地的等级好坏分为五等，这样在一定程度上使财政征收适应贫富的差别，也大大减轻了贫苦民众的负担[49]。

（二）国家财政与商人的土地交易

1. 商人购置土地

在明朝，田产分成了以下几个部分：地主的房屋、其直接监管的劳动力以及由佃农耕种的边远分散之地。14世纪晚期，朱元璋曾将长江沿岸的土地悉数充公，还给自耕农。然而，在南方士绅看来，明朝的税收系统依然存在诸多漏洞。在这种制度下，农民们再次被迫将自己的土地委托给大地主，"士绅的政治影响力往往也意味着他们的土地可以免缴地产税。因此，随着免税的领地越来越多，自耕农身上的负担也越来越重。于是，缴纳不起赋税的他们别无选择，只能将土地转让给更有影响力的地主和士绅，并成为后者的农奴或佃农"[50]。

到了16世纪，尽管经济商业化已经开始削弱这种佃农和农奴身份世代相传的体系，但佃租还是和以前一样高。富有的宗族在由族长掌管的信托和地产业上投资巨大，"为了赚取收入支持家族仪式、福利和教育，他们也会购置土地和当铺。士绅开办的慈善机构、乡村联盟、水利局，甚至秘密的会社等，让华南的乡村社会显得比北方的复杂得多。这种复杂性也反映出长江流域及以南地区的商业化程度更高"[51]。

古代中国的土地买卖有久远的历史。土地作为财产一直处于动态之中，不管是农民还是地主阶级的土地所有权都不断地重新分配。明代中叶以后，一些官田也被卷入土地买卖的潮流中。如江南官田的民田化，便是随着江南土地买卖的发展和赋役制度的改革而完成的。屯田随着屯田制度的破坏而成为可以买卖的地产。缙绅家族因为处于政治风云之中浮沉不定，其土地也处于不断的变动之中，而地主和自耕农、半自耕农的土地，更是聚散不定。此外，由于中国封建社会的诸子均分制，随着世系的递嬗，人口的繁衍，地主阶级的大地产，除了一部分族产之外，其余的土地便随着不断的分家而分为份数不等的中等规模和小规模地产。这些中小地产的所有者，要么因赋役繁重、天灾人祸等原因而变卖地产，要么经商致富而购买土地，成为聚集大量田产的新的地主。由此可见，商人和官员共同构成明帝国购置土地的主力军[52]。

在一些经商成风的地区，更是如此。以徽商为例，自明初以降，随着徽人从商人数的扩大及其商业利润的增多,商人们的资本流向土地的记载量庞大。比如,张海鹏和王廷元在《徽商研究》中提到,明初的休宁人程维宗,"从事商贾,货利之获,多出望外,由是家业大兴。且增置休,田产四千余亩。有庄五所,故税粮冠于一县"。到了明中叶,歙县人江祥,"不惮劳苦,早夜经营,年五十,家业始起。累资二十余万金,田连阡陌,富甲一方"[53]。而到了明末,徽商在家乡置田者更是大有人在,比如歙县人方时翔,"往来大江南北间,转移贸易,以时伸缩之。归则益增置新产,非复旧田庐足供衣食而已"[54]。

徽州是地少人多之地,早在弘治年间就有"民鲜田畴"的问题。根据章有义的研究,明朝时"徽州农户一般耕地面积不到十亩,有地三十亩以上者,就可以肯定是以地租收入为主的地主了"[55]。而徽商在家乡往往"田连阡陌",有几百甚至上千亩的土地,可见在当地商人购置田地的能力,而这种能力直接对当时的地方财政有着巨大的益处。

再以江西商人为例,其在湖广地区凭借其雄厚的财力,围波筑堤,捍水为田,占有肥沃的土地。嘉靖年间号称天下巨富的无锡邹望、安国二家,既是大商人,又是大地主。徽商吴荣谅买田于桐庐,20年间而致巨万。大商人是如此,中小商人亦如此。因中小商人绝大多数来自农村,稍有积蓄,便相率归里养老,将商业累积起来的资金投放到土地上去,以地租和利息等形式的结合压榨农民。这种商业资本与高利贷资本和土地所有权相结合的情形,显然加重了商业资本再投资的缺位[56]。

2. 黄册制度和商籍

明帝国的黄册制度始于洪武年间。黄册制度既是明代的赋役之法,也是明代的户籍制度。但就其首要的最基本的功能来说,还是在赋役征调这一方面。所以明代黄册又称赋役黄册。黄册以户为单位攒造,大的类别分为"正管"户(家里有应役者)和"带管"户(单人户不应役者)。每正管一百一十户编为一图,附带管户不等。其中正管里长户十户,甲首户一百户,分编十甲,每一里长辖十甲首编为一甲,分十年轮流应役。先后以丁粮多寡为序,带管畸零附于图后。册首总为一图,登载该图田土和税粮总数。每户首载户长姓名、所属都图乡贯、户籍(军、民、匠、灶等)、户等(上、中、下)及应役年份。

黄册所载"户籍"与现代所谓"户籍",二者涵义大不相同。现代户籍,主要表示其户口所在地,而黄册中的户籍,既不是表示人户的贯址,也不是表示人户所从事的职业,而是指人户著于官府册籍上的应役种类。其大的类别有军户、民户、匠户、灶户(盐户)等。就其划分原则来说,与人户所从事的各种职业不无关系,但最终是以明王朝的需要为准,是由官府佥定的,实质上是一种配户当差制。"籍"与差役紧密相联,籍乃是指官府所佥定的赋役册籍。黄册上所著各种户籍,并非职业之不同,实为役种的划分。黄册户籍乃是人户当差服役的首要根据。

黄册是官府征收赋役的依据,它的真实与否无疑是非常重要的。这直接关系到赋役的征收数量,以及商民的负担轻重。明朝时期,官府的吏胥和里长互相勾结,营私舞弊变乱册籍的现象时有发生。这不但影响国家的赋役征收,也加重民众的负担。明廷为了缓和社会矛盾,保障国家赋役的正常征收,对黄册的编制和上报都予以很严格的审查,以尽量杜绝弊端的发生。明廷甚至动用国子监生参与审计,一是因为清查黄册的任务重,需要更多的人手;二是国子监生具有一定的文化知识和审算能力,且年轻、一般沾染恶习较少,故更能胜任此项任务。根据史料记载,每次清查黄册,都有近千名的国子监生参与其中。这对于按时完成审查黄册的事务作用不小。黄册审计的时间安排非常紧凑。一般是黄册上交汇总后的第二年农历二月开始,到五月。跳过炎热的夏天后,于八月开始,至十一月,完成整个审计工作。

为了保证国家赋税收入,明代除了每十年清查一次黄册之外,还不时地稽核土地和人丁变动情况。明朝建立伊始,洪武皇帝派遣众多国子监生到浙西等地区开展查田核税、履亩清丈等工作。之后呈报、清丈田地的工作在全国范围内陆续进行。丈量的结果,形成绘有田主姓名、田土面积、丈尺等的田地图形,也即鱼鳞册。这次大规模的田地稽查,清查出不少大地主的隐占的土地,为国家征收田赋奠定了基础。

另一次大规模地清查全国田土,是在万历初期,由张居正主导。当时的贵族、官僚和地主采用隐瞒所兼并的土地等方法,不交纳田赋,造成平民没有田地却需要交税、大户有田地却没有粮食的尴尬局面,赋税的征收非常混乱。于是在万历六年(公元 1528 年),明廷下令对天下田亩进行丈量,为期三年,清查结果显示全国土地总计七百多万顷。这次审计全国土地,不仅清查出大量豪强地主的隐占土地,减轻了农民的田赋负担,而且也为后来推行新的赋役制度,即"一条鞭法"创造了有利条件[57]。

就与商人密切相关的"商籍"问题而言,比较有意思的是,在明初制定的黄册这一官府册籍之中,从大的类别来说,虽有军户、民户、匠户、灶户这四大户籍,其细分起来,又有米户、园户、囤户、菜户、渔户、马户、窑户、酒户、裁缝户、船户、蛋户、站户、僧户、道户、陵户、坛户等,计八十种以上,但是,不仅军、民、匠、灶这四大要籍中没有商籍的位置,就是其他各种户籍之中也不见商籍名称。这是因为,赋役黄册的户籍编制,并非以职业来划分,而是与差役紧密相联[58]。也就是说,"商籍"是后来在特殊情形下"新开发出来"的。

那么"商籍"是如何出现的呢?第一章中曾提到,商人需要经常长途跋涉,这就导致商人或其子女参加科举考试碰到很大的困难,有时甚至导致难以成行。于是自万历十三年(公元 1585 年)伊始,朝廷正式特地增加了"商籍",并增加这一群体的参加科举的名额。其实早在此之前,一些贡献特别大的商人,尤其是两淮盐商,已经充分享受了这个"政策",只不过这个"政策"的官宣和系统化落实是发生在万历十三年。很显然,"商籍"的出现,很大程度上得益于商人在国家财政中日益重要的地位,无论是国商合作,商业税缴纳,还是土地交易这样的非税收类财政活动。

三、明代其他非税收入与士商关系

(一) 明代关于士商关系的财政观点

1. 工商皆本的财政思想

"工商皆本"最早是由明末的黄宗羲提出的,而不少学者认为,其思想雏形即新的四业论最早是由阳明学派创始人王阳明提出的。身为明代的大儒,王阳明给当时昆山一位名叫方麟的商人写了篇题为《节方庵公墓表》的墓志铭。这被不少当时的士人和后来的明史学者认为具有划时代的意义,比如余英时(2004)明确指出传统的四民分业定居论在明末清初发生了重大变化,并认为王阳明的这篇墓志铭为划时代的文献[59]。而且这还并不仅仅是对明帝国而言,因为一位极有名气的儒家为商人写墓志铭,这在秦以后的专制王朝都是绝对不可想象的。此碑刻于王阳明去世前三年。方麟原本是个书生。他娶了一个商人的女儿,因此放弃科举而从事商业。他积极参加公共事务,为地方的财政作出了贡献,而且还培养他的两个儿子成为儒学生,后来都高中科举并成为官员。

王阳明在表中如是说道,"古者四民异业而同道,其尽心焉,一也。士以修治,农以具养,工以利器,商以通货。各就其资之所近,力之所及者而业焉,以求尽其心。其归要在于有益于生人之道,则一而已。士农以其尽心于修治具养者,而利器通货,犹其士与农也。工商以其尽心于利器通货者,而修治具养,犹其工与商也。故曰: 四民异业而同道"。比起王阳明为商人写墓志铭这件事本身,以上表述无疑更加引人注目。王阳明的话看似是清楚地将商人置于与士人或农民相近的社会地位水平。王阳明指出,商人在流通货物方面具有很高的专业性和能力,因而他们也应该像学者和农民的辛勤劳动一样得到同等尊重。这种观点被明末黄宗羲继续深化,形成了工商皆本的思想[60]。

那么,王阳明的观点是否真的表明商人阶层与士人阶层"平起平坐"了呢?我们不急着下结论,先来看两个问题。第一,即使在明中后期出现商人地位与其他职业同等的观点,我们也不能轻易断定传统的四民分业定居论已经被推翻。比如,对于商人的儿子更有可能成为士人阶层的观点,我们或许可以大胆推断,传统学者们因为生活压力而无法为下一代提供必要的物质基础,因此从事商业成了不得已的手段。但这种选择并非学者们自己的主动,而是迫于经济压力。商人一旦富起来了,他们仍然希望自己或他们的孩子通过成为儒生和参加科举获得一个体面的社会地位,正如上文提到的方麟。其实这种现象不仅存在于明帝国,而且在当今的时代也存在。明帝国的商人往往"积极开展慈善活动并立功谋官"[61],而主要目的之一是为了提升他们的社会地位。

在科举制度中,考不中进士的文人,实际上占据了文人的绝大多数。同时,明代商人的成功给了士人阶层足够大的诱惑力。那些在科举考试中一无所获的年轻人一般只有两种选择: 种地或经商。在商贸飞速发展的时代,虽然从事商业和贸易也需要比较出众的能力,但相比于十年寒窗,经商赚钱往往还算是相对容易的。明代中后期,民间流传着"十商九成"的说法[62]。直到蒙古人统治的元朝年间,当时一些著名汉人学者如许衡仍然奉行"治生说",即主张士人靠农业来谋生[63]。而且这种思想在当时的士人阶层颇有市场,尽管元朝商业其实也较为发达。然而,明代士人在接受其他方式"治生"的同时,更倾向于做商人而不是做农民。而且,除了基本的生存问题,社会现实中的逐利风气也改变了学者对商人的看法。

就连被文人视为成功人士的官员也从事商业活动,而且在大多数情况下,并非出于贪污的目的,而主要是为了谋生。早在北宋时期,王安石就指出当时大多数官员的工资很低[64]。众所周知,北宋文官的待遇是历朝历代中名列前茅的,那相比之下,明朝官员的薪水就可想而知了。因此,明朝的士大夫们由于工资微薄,更愿意经商。当然,这远远称不上是商人逐渐获得士人阶层尊重的重要原因。

第二,至少早在唐宋时期,士人对商贸的需求和对商人观念的改变,就导致了士人对商人的同情或"四业平等"的观点。例如,柳宗元曾举例一位长安药商用自己的钱救济贫苦平民,比官场上的谋利士人要高尚得多;范仲淹在其著作中强调商人经商既对国家有利,也对民生有利,因而他们没有理由被视为从事"末业"[65];司马光也将农民、工匠和商人视为平等的地位,并明确肯定了他们各自的价值和贡献[66]。他们对商人的态度即使在当时不具有代表性,也至少说明唐宋一些儒家对商人的看法已经与传统的四民分业定居论大相径庭。

那么,我们可以说,王阳明在其写的墓志铭中体现出的对不同职业平等对待的看法并没有超越他的前辈。作为儒家大师,王阳明肯定四业平等地位的思想自然是不容忽视的,但其"历史意义"或许也不能被过分强调。这类思想似乎在唐宋时期就已经传播或至少有所发展。如果我们深入挖掘更多的原始材料,或许会找到更多的佐证。从上述思想中,我们亦可以看出,当士人重新评估商人的地位时,他们往往处于商业更加发达、商人和学者密切接触的时代,即使不是绝对的。关于士农工商皆平等的思想,儒家思想可能存在内部思想变化,但社会经济环境的外部因素也可能对其产生了更深层次的影响。

值得一提的是,我们也不难发现不少证据表明不少学者仍然支持传统的四民分业定居论。比如唐顺之,另一位晚于王阳明的明代大儒,在一封信中嘲讽道,王阳明给商人写墓志铭这事本身是荒唐的,但细想之下,毕竟即使是那些屠猪卖酒之人也须有文人帮他们写墓志铭,那这事也就显得不是那么可笑了[67]。很明显,唐顺之难掩对"屠猪卖酒"群体的嗤之以鼻,他认为这些人不配让一个士人,尤其是像王阳明这样有名的大儒来写墓志铭。而为一个商人写墓志铭,在唐顺之看来,这对于文人墨客来说是不可想象的。而且,不幸的是,即使到了明末,唐顺之的态度可能仍然是主流。正如卜正明指出的那样,"石碑上士人的作品的存在并非对士绅文化中商人地位上升的重大让步,因为这两位都是国家的特许商人,并享有远高于普通商人的权力"[68]。考虑到后来清廷也时有颁布重农抑商政策的时候,我们或许可以说,在小农经济背景下,王阳明所谓的四民分业"新论"即使在当时具备新鲜度和创新性,却也难以持久。

继王阳明之后,阳明学派中一些最著名的思想家继续发展王阳明关于四民分业的思想,继续对士商关系进行思考。阳明学派重于"修心"而非"读经",所以该学派的思想家们关于商人的思想,要么来自现实,要么源于他们学派(或自身)的修为[69]。

阳明学派下有两大重要分支,分别是泰州学派和江右学派。泰州学派的门徒几乎都是来自底层的,其中不少本就是小商贩[70]。其代表李贽曾指出,所有有用的职业,当然也包括传统的四大职业,都可以视为平等,不过他并没有突出商人或是士人的相对地位[71]。同为泰州学派的何心隐重新整理了传统的四大职业秩序,明确主张商人地位高于农民和工匠[72]。Lufrano指出,何心隐"将商人移至传统排名系统中的第二位,将商人和士人放在一起,与其他相对低的阶层形成对比"[73]。

在士商关系方面,江右学派的思想总体上来看与泰州学派是有一定差别的。以其代表人物之一黄宗羲为例,他从人性论出发,猛烈抨击以前朝代对商人的蔑视,认为把商业视为"末业"只不过是儒家的妄想。他指出,统治阶级约束商人的本质是旨在垄断全天下的利益,而非因为鄙视商人阶层。他否认商人是最下等职业的想法,并指出,被有德的君主所需要的有能力的工匠和被认为是贸易中的必要角色的商人都是必不可少的。但同时,他指出,生产性服务和非生产性服务的商业性质是不同的。在他看来,为生产部门服务的商品流通和生产部门一样,都可以增加国民财富,不过为非生产部门服务的奢侈品流通不利于国民财富的增长,因此继续被视为阻碍国民财富增长的"末业"。他明确提议应禁止布、棉、丝以外的商业活动[74]。

黄宗羲的思想表明,只有非奢侈品商业才能被排除在"末业"之外。并且,只是基于商人被认为是贸易活动所必需的这一事实,他才对商人给予了一定的重视。因此,他或许并未从内心真正尊重商业活动和商人,我们可以认为他对传统四民分业定居理论中商人的地位并无太大异议,这与李贽、何心隐等人的想法是颇为不同的。

在所有明代的学派中,东林学派被认为可能是对商人阶级支持力度最大的。比如曾任内阁次辅的朱国祯指出,农业和商业都是立国之本,民之命脉[75]。另一东林学派重要人物赵南星也明确表示士农工商均是正当的谋生职业[76]。他们虽然没有明确抨击四大职业的传统秩序,但他们都表达了对商业活动的明确支持,并且认为商人应该享受和其他职业一样的地位。

2. 商人被认可的前提: 对国家财政的贡献

士人阶层对商人的肯定和赞誉,在明代士人中出现的确实较多。然而,仔细观察后可以发现,这种赞誉往往是有一些先决条件的。首先,虽然从事商业与农业和手工业一样被认为是一种正常的职业,但士人们认为,成为商人的唯一合法性是追求利润。而获利之后自然对国家财政有利。换句话说,如果商人不能盈利,不能为国家的税收作出贡献,就没有理由认为商人是一份体面的职业。比如刘大夏作为曾官至兵部尚书的显赫高官,却教导他的子女们只有当一个人靠商业变得更富有时,商业才是光荣的[77]。

而反过来,从士人阶层的角度来看,商人被认为具有成为国家官员,尤其是财政系统官员的必要性,即学习模仿士人的职业道路。因为商人们往往对商业、财政收支等方面有更深刻的理解,尤其是在实践层面。有学者提出,不仅要从传统的科举考试中选拔官员,还应该从商人阶层中直接选拔官员。比如,隆庆年间曾担任礼部尚书的陈以勤明确指出,国家不应仅从官方性质的儒学院或科举考试中选拔官员。他认为,在屠夫和酒商中都可能可以找到人才[78]。然而,这类观点恰恰反映了士人们仍然认为,商人要想真正体现自己的价值(并受到尊重),光靠成为一个商人是远远不够的。只有当了官,才能得到真正的尊重。用李约瑟的话来说,"在每个时代,即便是富商的儿子们的唯一野心也是进入官僚机构;这就是士大夫的世界观的威望价值,每一条晋升通道都得通过它,不同出身的年轻人都想进入它"[79]。

其次,商人被公开羡慕和赞赏往往是基于他们的财力、他们对地方上的财政和慈善事业的贡献以及他们对祖先的尊重(通过修庙等活动),而并非他们的商业活动的成就或从事商业活动的合理性。比如吴宽明确指出,如果朝廷嘉奖类似像唐晋这样以慈善活动而闻名的苏州商人,国家可以从中受益[80]。如果没有慈善上的贡献,财富本身就无法赢得学者的赞誉。甚至有人会怀疑,一些儒家的墓志铭,就像王阳明为方麟写的那样,并非出于士人的本意,反而有可能是一些富商专门聘请名士来赞扬他们的慈善活动,因为对一些商人的赞美实在是显得有点过分夸大[81]。比如,陈继儒猛烈抨击一些士大夫花大钱装修自己的家,与此同时一些商人却在为地方财政缺口筹款,或是帮助修葺祠堂[82]。如卜正明指出的那样,"晚明绅士集体将自己视为当地社会的最高精英阶层。这种身份符合古代关于士人高于商人的社会地位的观念,因此不能仅以财富作为依据"[83]。不过,只要这些财富能被国家所用,能提高明廷的收入,那士人阶层自然也能屈尊去认可商人。

(二) 非税财政活动和士商关系

1. 为财政分忧: 商人参与赈灾和地方建设

与常规性制度相比,灾荒赈济等临灾救助措施是需要国家财政及时、直接支持的[84]。然而在某些时候,尤其是灾荒多地频发之时,国家无法照顾到方方面面,这时往往亦需要私人力量的介入。与前朝相比,明朝的商人更经常地参与赈灾、修建祠堂等事务。而这类事务之前很多隶属于政府的职责范围,需要动用财政拨款。比如明代著名富商李五是泉州府晋江县二十九都和风里凤池乡人。他重修村中始建于宋代的福海堂;铺筑途径家乡的泉安古大道,修建吟啸桥、桥亭桥,保证道路畅行;建凤池李氏家庙。李五还在家乡赈灾救难,公正地为民众解除纷争,"故州人莫不慑服,举以义长者目之,是名曰以彰大"。

在赈灾方面,商人的积极参与始于宣德年间。当时的工部右侍郎周忱巡抚江南,总督税粮事宜,他采取措施,改革了税粮征收、储存和耗米开支等制度。其中一项重要措施,那就是"济农仓"的建立。济农仓的储备粮食来源,以宣德七年(公元 1432 年)建立的苏州府张洪济农仓为模板: 第一,由官府"出库储籴米万石";第二,由官府出面,"劝借富人九万石";第三,从漕运的耗米中,"撙节漕运浮费五万石";第四,"搜剔豪右侵占绝户田租一十二万石"。以上共计收仓储二十七万石。

济农仓储备粮食由如下几个主要方面的支出。第一,用以补荒年税粮不足。第二,用以弥补漕粮运输中的损失。第三,用以赈济饥民。第四,用以资助水利的兴修。第五,用以补充里甲支出费用的不足: 但凡里甲需要"买办纳官丝绢"、修理官舍、庙观、学校等开支,多从济农仓余粮及"所易钱随时支用"。这里所说"买办纳官丝绢",就是指"上供物料"。换言之,济农仓储存粮食,还用来支付以"上供物料"为主的杂派。周忱的上述改革,没有涉及田赋制度的本身,即所谓"田则"问题。它只是把田赋运输的附加税的负担调整得合理一些,严格了田赋征收、保管和运输过程管理制度,并以节省下来的税粮费用,建立济农仓,形成了地方财政经费,用来弥补里甲支出费用的不足。不过,这些改革终究还是对明帝国,尤其是明中期以降的田赋制度演变产生了较为重要的影响[85]。

到了明中后期,商人经济实力增强,而且他们对社会的责任感也与日俱增。每逢某地发生灾荒,经商于该地的商人大都能迅速响应当地官府的倡议,积极主动地投入到捐助与赈济活动之中。比如,嘉靖九年(公元 1530 年),秦地发生旱蝗之灾,"边陲饥馑,流离载道",正在榆林经商的盐商黄长寿立即"输粟五百石助赈",使灾荒得以缓解。

乡绅和富商在明代救荒中的作用非常重要,在参与救荒中,他们经历了从支持政府救荒到明朝后期独自开展救荒的过程。自宣德以后,商人和富民的态度有了变化,向政府提供捐助的人数减少,数额也降低了。其主要原因是政府的一些救荒政策产生了副作用。比如,从弘治皇帝开始,政府整顿荒政的力度加大,最突出的一点是把州县备荒积谷数额与地方官的升迁挂钩。这对调动地方官员的救荒积极性确实有一定作用,但是由于所定数额过高,完成起来难度很大,促使一些官员为了完成定额及救灾手段而不择手段,比如强行向富商摊派,抑或直接侵占富民捐献出来的义粮义米等。这么做极大地挫伤了富民参与救荒的积极性。

因此,到了明代后期,作为富民阶层的乡绅和富商逐渐淡出了政府的荒政。与此同时,他们开展了独立的救荒活动。比如,他们立会建仓,实施社区救济,赈济佃户,形式多种多样的小范围救济在救荒中发挥了主导作用。可以说,从明代中叶开始,里甲首领的经济状况和社会地位日趋衰落,以绅士为主体的地方精英成为民间的主要支配阶层,此外,以商人为主体的富民群体的活动能量也逐渐增强。这些新型地方精英在各类地方公共事务中发挥着越来越大的作用。比如,学校、社仓、桥梁、津渡之类的公益设施的建设和维持,大多由他们倡导、组织和管理;在发生天灾人祸时,一般也是由他们出面组织赈济工作。在这种情况下,政府很难像里甲体制下那样对地方权力网络进行有效控制,而地方精英对政府的影响力却日益增强[86]。

2. 其他非正式收入: 开纳事例与子女教育

在明帝国时期,出售官位这项非正规收入比较稳定。它还有一个比较优雅的称呼,叫"开纳事例",直译的话就是"开捐纳的先例"。开纳事例的一般做法是授予捐纳者一个名誉官职。这样购买了官位的人可以免除赋役中的役,而且这种优惠经常可以惠及家庭中的其他成员。这种名誉性质的官职一般没有俸禄,也基本上是没有实权的职位。

开纳事例一般由户部或者工部监管,在有的情况下吏部也参与这一事项的管理。这笔收入往往供中央相关部门的官员、地方官员或者是边镇的将领使用,主要用途包括灾荒救济、军事补给或是较大型工程的营造,有时也用于皇室宫殿的修缮工程等。

这部分财政收入虽然非正规,对于帝国而言却非常重要。如果没有这项财政收入,明帝国政府恐怕难以为继。这一点可以从当时有限的记录中窥得。1508 年开纳事例的全年收入是 43 万两,1565 年这一数字为 51 万两,而在张居正执政时期,即 16 世纪 70 年代初到 80 年代初,这一项的财政收入平均是 40 万两。甚至张居正也曾颇为无奈地强调,这项收入对于中央财政而言是不可或缺的,尽管他本人并不喜欢这一收入事项。

不过,出售冠带也远非一本万利。其中一个很重要的缺点是,出售冠带虽然为国家增加了这一项的财政收入,但却因为有富人利用这种名誉官员身份逃避税收,反而减少了税收收入[87]。明帝国有钱的商人们特别热衷于购买这些名誉官位。他们中的不少人个人和家庭财富惊人,因此他们这么做的主要出发点并不是为了逃避赋役,而是为了跻身士人阶层和官员阶层,即使他们根本就并非士人出身。因而,明代的很多商人,尤其是富商,都很重视子女教育。比如富商李五除了上文提到的修建祠堂、为家乡筑路修桥等,也非常重视教育。他创办了桂岩书院,让村中学子就学。

四、附论: 明代的士农工商关系

陈支平曾经对明代的农业税征收作过一段精辟的论述: 中国封建社会的赋税,主要是田地之税,虽然大家都说封建国家对于农民实行"残酷"剥削,但实事求是地分析,中国封建社会里的田地赋税,其实是很轻微的,由于长期受到儒家思想的影响,直到明清时期,政府对于田赋的征收,基本上控制在"十一而税"的范围内。从秦汉到明清,田赋的加税是相当困难的,即使是因为战争、灾害等原因而进行临时性的加税,也要受到社会的强烈谴责。明代后期有所谓的"三饷"加派,可以算是封建社会晚期最臭名昭著的田赋加收了,但心平气和地分析,三饷所加,不过每亩"九厘"银,按明末的粮价折算,尚且不足十斤稻谷,这在明末的亩产量中所占的比例,微乎其微,但无论是明人、清人,或是今人,好像都认为明代的灭亡,三饷加派是一个重要的原因。而当国家发生战争时,适量地增加赋税并非全无道理[88]。

田赋加增本身或许并没有引起人们的反感,更不能说"三饷"加派是明亡的诱因之一。真正令农民阶层、商人阶层等社会各阶层反感的,极有可能是这种明显的公权力滥用以及不考虑地区间差异的"一刀切"做法,即使这可能并非是万历时期的皇帝和明廷的本意。万历以前,明代总体上是反对不加区别的徭役和土地税承包的做法,认为这样做既不道德又无效率。前者罔顾农业耕种的节律,毫无节制地将农业劳动力与土地分离;后者纵容士人、富商等既得利益者一味搜刮民脂民膏,损害农民阶层和中小商人群体的利益。这种做法的出发点,即使有维持国家的基本财政支出的考虑,却主要也是为了侵人肥己。与万历"三饷"加派全然不同,明代采取的惯常做法是"将徭役和税赋的征收权交给地方耆老,这与明初里甲制度的逻辑如出一辙"。毕竟,本乡本土的当地人自然最清楚谁家可以出徭役,以及赋税的多寡。而这一问题背后,其实亦是士人、农民和商人之间的关系问题。

明代中后期,士商身份变化或重叠的现象确实比以往更加频繁,士商之间的界限更加模糊。然而,士人们"不喜欢在商人面前显得完全自在,宁愿在商界和学界之间划一道倨傲的界限"[89],而打压商人阶层的思想,依旧是明代士人阶层认可的主流。正如本章分析中提到的,类似四民分业定居的意识形态认知和社会现象并不是明代独有的新事物,而是一些贯穿中国古代历史的"历时共有"的事实,尤其是在唐代之后。充其量可以说,明中叶以后,对商人持肯定态度的儒家学者比明以前更多。商人阶层的社会价值得到了社会其他成员的更多肯定。即使如此,所谓的四民分业新论,如果存在,也并未代表某种不可逆转的趋势。即使有学者基本认同明代商人的地位有开始超越士人阶层的趋势,如余英时,在列举和解释了大量证据后,也对四民分业新论是否真的在明朝出现持保留态度:"在这里,我们遇到了一个方法论上的困难: 当然我们可以从明清商人那里找到很多实践他们的道德信条的证据,但这种实践在现实世界中的代表性如何? 以我对这方面明代史料的了解,这个问题还是无解的。"[90]

如本章所示,在确定各职业的相对地位的众多佐证中,财政思想和商人对国家财政的实际贡献是两类比较有说服力的证据。它们往往来自士人阶层的亲身观察和基本还算客观(有时可能掺杂主观)的表述。正如我们所见,当时的许多观点对商人阶层还是有些敌视的。士人"混商"的现象可以解释为士人与商人的交往变得更频繁,共同的兴趣爱好也越来越多。或者,也可以理解为士人阶层没有回避那些传统上属于商人专长的营利活动。但若将其解释为商人的地位超过了士人的地位,则未免过于牵强。

在农商关系上,农商并重等思想被士人阶层所愈发认可。重视农业一直是历代王朝的核心价值观,即使是已处于近代的清末,在被称为"第一次工业化"洋务运动如火如荼的背后,对于农业的重视作为立国之本仍未改变。清末的漕运改革就是很好的例证,"这种改革主观上主要是为了解决国家财政困难,客观上则有利于农民粮户"[91]。在对农业的重视上,明代当然也绝非例外。但是,如本章所述,借助商业的飞速发展,一些社会习俗和对于商人阶层的看法确实都发生了不小的变化,甚至,我们不可否认的是,商人阶层和农民阶层的相对地位在明代确实也发生了变化。已经建立了两千多年的正统经济和财政思想虽未发生根本性动摇,但是对于商人能力和财政贡献的认可,对于农民的漠视甚至轻视,弃农从商甚至"弃儒就贾"等,已然成了明朝中期后的一个主基调。

从财政政治学的角度来看,在国家与商人的关系,显然明帝国的商人仍然受到不同程度的打压,而这个"程度"取决于商人群体在特定历史时期为国家财政和诸如为边镇运粮、为战争筹钱这样的事项上所能起到的作用。他们通过提供有利于国家财政利益的服务,证明自己在与皇室、官员或一些强大的团体的某些形式的合作中"很有价值",但其力量终究无法与国家及掌控国家机器的士人阶层相抗衡。

基于上述分析,"士农工商"这几个重要阶层的排序,在明帝国时期或许可以调整为"士商工农": 士人阶层仍然位居顶端,商人和工匠阶层居于中间,商人或许略高于工匠,而农民位居底端。这与传统的"士农工商"顺位是不同的。

不过,明代这一应该来说比较合理的新排名,与士农工商各阶层对明帝国税收的实际贡献却是完全相反的。农民缴纳的田赋显然是对明帝国财政贡献最大的一块,而官员和文人是完全不纳税的。不过,农民上交的税赋虽然很多,但农民只是国家财政的"贡献者"。士人阶层则是国家财政的"掌管者"和掌握最终话语权的人。相比较而言,商人在各类商业税以及开纳事例等非税收入上的贡献,对于国家财政而言,使其充分具备"贡献者"的身份,而其通过与国家合作、与权臣合作、与大的团体合作,使商人兼具"参与分配者"的身份,因而可以认为商人阶层处于士人和农民阶层之间,那么明代的商人地位居于农民之上可能是非常合理的。

参考文献

[1] Hu，J.（1984）．*Chinese Economic Thought Before the Seventeenth Century*．Peking：Foreign Language Press，p. 41—42.

[2] 丘濬：《大学衍义补·总论理财之道》。

[3] 丘濬：《大学衍义补·山泽之利》。

[4] 丘濬：《大学衍义补·贡赋之常》。

[5] 蒋建平：《中国商业经济思想史》,中国财政经济出版社,1990 年版,第 288—289 页。

[6] 王夫之：《读通鉴论》,中华书局,1975 年版,第 432 页。

[7] Vaggi，G.（1987）．*The Economics of François Quesnay*．London：Palgrave Macmillan，p. 67.

[8] Hu，J.（1988）．*A Concise History of Chinese Economic Thought*．Peking：Foreign Languages Press，p. 488.

[9] Poettinger，M.（2019）．The Medici Pope，Jacob Fugger and the new catholic view on the economy：Johann Eck and the problem of usury. *International Conference at Forschungskolleg Bad Homburg 2019*，p. 12.

[10] 王夫之：《读通鉴论》,中华书局,1975 年版,第 56 页。

[11] Vaggi，G.（1987）．*The Economics of François Quesnay*．London：Palgrave Macmillan，p. 68.

[12] Klump，R.（2004）．*The Kingdom of Ponthiamas — A physiocratic model state in Indochina：A note on the international exchange of economic thought and of concepts for economic reforms in the 18th century*，in：1. Barens，V. Caspari and B. Schefold（Eds.）：Political Events and Economic Ideas，Cheltenham：Elgar，2004，p. 180.

[13] 徐光启：《徐光启集》,上海古籍出版社,1984 年版,第 228 页。

[14] Klump，R.（2004）．*The Kingdom of Ponthiamas — A physiocratic model state in Indochina：A note on the international exchange of economic thought and of concepts for economic reforms in the 18th century*，in：1. Barens，V. Caspari and B. Schefold（Eds.）：Political Events and Economic Ideas，Cheltenham：Elgar，2004：p. 182.

[15] Watson，B.（1958）．*Ssu-ma Chien：Grand Historian of China*．New York：Columbia University Press，p. 151.

[16] Sombart，W.（1967）．*The Quintessence of Capitalism：A study of the history and psychology of the modern business man*，translated and edited by Epstein M. New York：Howard Fertig，p. 53.

[17] 谢肇淛（1567—1624）,字在杭,号武林、小草斋主人,晚号山水劳人。明朝政治人物、作家,同进士出身。

[18] 谢肇淛:《五杂组》,上海书店出版社,2001年版,第90—91页。

[19] 顾大韶:《炳烛斋稿》,北京出版社,1997年版,第65页。

[20] 陈宝良:《明代社会转型与文化变迁》,重庆大学出版社,2014年版,第256页。

[21] 顾炎武:《天下郡国利病书》,商务印书馆,1985年版,第14—15页。

[22] 李贽:《李贽文集》,中国社会科学文献出版社,2000年版,第35页。

[23] 朱谦之:《李贽:十六世纪中国反封建思想的先驱者》,湖北人民出版社,1957年版,第21页。

[24] 叶世昌:《古代中国经济思想史》,复旦大学出版社,2003年版,第363页。

[25] 海瑞:《海瑞集》上册,中华书局,1962年版,第249—252页。

[26] 黄仁宇著,阿风等译:《十六世纪明代中国之财政税收》,生活·读书·新知三联书店,2001年版,第117页。

[27] [加]卜正明,潘玮琳译:《挣扎的帝国:元与明》,民主与建设出版社,2016年版,第114页。

[28] 张建民、周荣:《中国财政通史(第六卷):明代财政史》,湖南人民出版社,2013年版,第422页。

[29] 杜车别:《大明王朝是被谁干掉的》,世界知识出版社,2017年版,第164页。

[30] 黄仁宇:《万历十五年》,生活·读书·新知三联书店,2015年版。

[31] 王毓铨:《中国经济通史明代经济卷》,经济日报出版社,2000年版,第256页。

[32] 顾炎武:《天下郡国利病书》,商务印书馆,1985年版,第四卷。

[33] 顾炎武:《天下郡国利病书》,商务印书馆,1985年版。

[34] 王廷相:《王廷相集》,中华书局,1989年版。

[35]《宣德实录》卷七十四。

[36] 顾炎武:《日知录》卷十"苏松二府田赋之重"。

[37] 王毓铨:《中国经济通史明代经济卷》,经济日报出版社,2000年版,第257—262页。

[38] 张居正:《张文忠公全集》,商务印书馆,1937年版。

[39] 张居正:《张文忠公全集》,商务印书馆,1937年版。

[40] 谈敏:《中国财政思想史简编》,上海财经大学出版社,2018年版,第167页。

[41] 康熙《高要县志》卷七,《赋役》。

[42] 刘志伟:《在国家与社会之间:明清广东地区里甲赋役制度与乡村社会》,北京师范大学出版社,2021年版,第179—181页。

[43] 刘志伟:《在国家与社会之间:明清广东地区里甲赋役制度与乡村社会》,北京师范大学出版社,2021年版,第65页。

[44] [加]卜正明,潘玮琳译:《挣扎的帝国:元与明》,民主与建设出版社,2016年版,第116页。

[45] 秦晖:《传统十论》,东方出版社,2014年版,第47—52页。

[46] 胡寄窗:《中国经济思想史》下册,上海财经大学出版社,1998年版,第344页。

[47] 刘志伟:《在国家与社会之间:明清广东地区里甲赋役制度与乡村社会》,北京师范大学出版社,2021年版,第193页。

[48] 刘守刚,林矗,宋浩天:《中国古代治国理财经典阐释》,复旦大学出版社,2019年版,第272页。

［49］刘守刚，林矗，宋浩天：《中国古代治国理财经典阐释》，复旦大学出版社，2019 年版，第 269 页。

［50］［美］魏斐德，梅静译：《中华帝国的衰落》，民主与建设出版社，2017 年版，第 10 页。

［51］［美］魏斐德，梅静译：《中华帝国的衰落》，民主与建设出版社，2017 年版，第 11 页。

［52］王毓铨：《中国经济通史·明代经济卷》，经济日报出版社，2000 年版，第 168—169 页。

［53］歙县《济阳江氏族谱》卷九。

［54］《歙淳方氏会宗统谱》卷十九。

［55］章有义：《明清徽州土地关系研究》，中国社会科学出版社，1984 年版。

［56］傅衣凌：《明清时代商人及商业资本/明代江南市民经济初探》，中华书局，2007 年版。

［57］李金华：《中国审计史（第一卷）》，中国时代经济出版社，2004 年版，第 275 页。

［58］栾成显．赋役黄册与明代等级身份．文史知识，2007(7)：1.

［59］余英时：《儒家伦理与商人精神》，广西师范大学出版社，2004 年版，第 118—119 页。

［60］黄宗羲：《宋元学案》，河洛图书出版社，1975 年版。

［61］Handlin，J. F.（1998）. Social Hierarchy and Merchant Philanthropy as Perceived in Several Late-Ming and Early-Qing Texts. *Journal of the Economic and Social History of the Orient*. 41 (3)：417—451.

［62］余英时：《儒家伦理与商人精神》，广西师范大学出版社，2004 年版，第 92—93 页。

［63］许衡：《鲁斋遗书》，台湾商务印书馆，1983 年版，第 288—292 页。

［64］王安石：《王临川集》卷三十九，世界书局，1961 年版。

［65］范仲淹：《范文正公集》卷一，商务印书馆，1919 年版。

［66］司马光：《温国文正公文集》卷二十三，商务印书馆，1919 年版。

［67］唐顺之：《荆川先生文集》，商务印书馆，1922 年版。

［68］Brook，T.（1993）. *Praying for Power：Buddhism and the formation of gentry society in late-Ming China*. Cambridge：Harvard University Asia Center，p. 220.

［69］嵇文甫：《晚明思想史》，中华书局，2013 年版，第 141 页。

［70］嵇文甫：《晚明思想史》，中华书局，2013 年版，第 175 页。

［71］李贽：《焚书》，远方出版社，2001 年版。

［72］何心隐：《何心隐集》，中华书局，1960 年版，卷三。

［73］Lufrano，R. J.（1997）. *Honorable Merchants：Commerce and self-cultivation in late imperial China*. Hawaii：University of Hawaii Press，p. 44—45.

［74］黄宗羲：《明夷待访录》，岳麓书社，2011 年版。

［75］朱国祯：《涌幢小品》，上海古籍出版社，2012 年版，卷九。

［76］赵南星：《赵忠毅公文集》，北京出版社，2000 年版，卷四。

［77］尹守衡：《明史窃》，北京出版社，2000 年版。

［78］张卤：《嘉隆疏钞》，上海古籍出版社，2000 年版。

［79］Needham，J.（2005）. *The Grand Titration：Science and society in East and West*，Vol. 1，London：Routledge，p. 39.

［80］吴宽：《匏翁家藏集》，商务印书馆，1929 年版。

［81］陆粲：《陆子余集》，上海古籍出版社，1993 年版。

［82］陈继儒：《白石樵真稿》，首都师范大学出版社，2010 年版。

［83］Brook，T.（1993）. *Praying for Power*：*Buddhism and the formation of gentry society in late-Ming China*. Cambridge：Harvard University Asia Center，p. 222.

［84］张建民、周荣：《中国财政通史（第六卷）：明代财政史》，湖南人民出版社，2013 年版，第 308 页。

［85］王毓铨：《中国经济通史·明代经济卷》，经济日报出版社，2000 年版，第 263—265 页。

［86］陈国庆：市民视野下的明代商人群体研究［D］.华中师范大学，2006.

［87］黄仁宇：《十六世纪明代中国之财政与税收（大字版）》，九州出版社，2020 年版，第 446 页。

［88］陈支平：中国社会经济史学理论的重新思考.中国社会经济史研究，1998（1）：7.

［89］Brook，T.（1999）. *The Confusions of Pleasure*：*Commerce and culture in Ming China*. Berkeley：University of California Press，p. 211.

［90］余英时：《儒家伦理与商人精神》，广西师范大学出版社，2004 年版。

［91］吴慧：《中国商业通史》第五卷，中国财政经济出版社，2004 年版，第 727 页。

第五章

明代对外商贸活动中的财政与商人

在明代尤其是后期，支持对外贸易思想的兴起，不仅是对传统对外贸易政策的挑战，也是对中国古代传统观念的根本性挑战。尤其是从获利是人性使然的角度，拥护废除海禁的思想家们肯定了海外贸易对国家和人民经济发展的重要性，体现了商人寻求海外市场的冲动。但是，在讨论贸易开放与国有经济的关系时，学者们仍然主要关注国家财政收入的增加。利用外贸发展沿海经济，开拓海外市场，在贸易上补短板，被认为是增加国家财政收入的重要手段之一。然而，遗憾的是，他们思考的出发点并不是站在维护商人权益的角度。

　　明帝国的对外商业活动主要包含朝贡贸易和私人贸易。这两类活动均有商人的广泛参与。在形式上，对外贸易主要分为海路和陆路。海路方面。很多学者普遍认为，明朝长期实行禁海政策，在对外贸易方面一定缺乏思考。这一固定观念或许只说对了一半。在官方层面禁止对外贸易并不意味着完全没有私人贸易。相反，正如弹簧压得越紧、反弹越强的客观规律，我们将在本章中看到，整个明代的地下私人贸易甚至走私堪称活跃。而且事实上，明代关于对外贸易和商人在其中的作用的观点变得更加积极，在学者中得到了更多的支持。比如，丘濬就"特别重视以海外贸易作为财政收入的重要来源"[1]。尽管他们的主要目的是为了增加国家财政收入或改善民众福利，但这些思想和商人在现实中的积极作用确实相互促进，使明朝商人或多或少地显示了他们在国内和区域贸易中的实力和重要性。陆路方面。明王朝为了防范东、西蒙古进犯，"先后设立了辽东、宣府、大同、榆林、宁夏、甘肃、蓟州、太原、固原九个军事重镇，通称'九边'，同时又修筑了明长城"[2]。这些举措在加强了帝国边疆防御的同时，却也产生了一个衍生副作用：一定程度上阻碍或至少弱化了明帝国与外界的联系，尤其是陆路丝绸之路上河西的肃州、甘州、凉州的对外联系。当然，当时的环境因素，例如"沿途干旱缺水"[3]，也加剧了这一趋势。而这种地理上的对外联系的弱化，也助长了明帝国以大国自居的心态（比如本章中将提到的大陆中心主义）。地理和心理层面因素的互相影响，塑造了明帝国对外贸易的态势，亦影响商人在其中可以发挥的作用。

　　明代的对外贸易与国家财政关系紧密。明初的禁海令规定，只有国家能主导与被视为附庸国的朝贡贸易,私商出海被视为非法。这无疑对于国家的财政收入是很不利的。支持海禁的学说认为进口货物是不必要的奢侈品,海上接触会招致海盗入侵,而且沿海居民开展贸易的同时会与外国人勾结。海禁的反对者则指出,以上的这些担忧根本是杞人忧天,明帝国可以像以前一样从对外贸易和关税中获得可观的财政收入,而且"寇与商同是人,市通则寇转为商,市禁则商转为寇"。

总体上,明朝的海上商人形成了更为正式的组织,要么是压制竞争对手和散商的大海商集团,要么是当时定居在东南亚的贸易侨民,在那里明代商人享有较高的地位。此外,明代商人与地方政府建立了互惠互利的关系(虽然稳定性不高),而中央政府大部分时间却在不遗余力地阻止商人进行海外贸易。

从对外贸易的角度,整个明帝国大致可以分为三个阶段。明朝前期,即明朝开国到 15 世纪末,私商的活动非常受限。但商人们仍然寻求在夹缝中谋生存,在唯一合法的朝贡贸易中拓展生存空间。他们在赚取贸易收益的同时,逐步利用朝贡贸易进而建立贸易网络,尤其是在东南亚等区域构建华人贸易网络和华人社区[4],而国家则从朝贡贸易及其默许或不知情的附带私商贸易中获取财政收入。到了明朝中期,15 世纪末到开海前,由于海禁尚未被废止,这一阶段的私商们大都在走私贸易中铤而走险获利,尤其是与以葡萄牙为首的西方日益增长的贸易交织在一起。在这一阶段,明廷主要从来自西欧和东南亚的外商,以及国内的海商集团处获取收入。随着 1567 年隆庆开海,明朝后期的大海商集团与地方政府的合作更为紧密。不仅海商集团从中大量获利,依附于海商集团的私商也都收获颇丰。在这一阶段,督饷馆负责向海商征收饷税。

一、明代关于对外商贸的财政观点

关于是否要实行海禁还是开放海禁问题,对明帝国而言,其实主要是涉及两方面的问题: 一是帝国安全问题,二是沿海民众是否能参与到对外贸易中以及其生计问题。这两者其实都牵涉到财政问题。

(一) 明以前外贸思想的起源

在明帝国的大部分时间里,在官方层面禁止对外贸易,但这并不意味着明代的学者们就不讨论这个话题。除了古代中国贸易思想的溯源,明帝国的贸易思想与当时的商业发展和中国周边地区的国际贸易形势都是紧密相关的(现实和外力带来的冲击,比如欧洲商人的到来和区域市场的形成),因此至少在一定程度上,明代的外贸思想不同于元朝以前的古代中国传统外贸思想(如管子、桑弘羊、韩愈等)。

在古代中国,"海外贸易是次要的。此外,几个世纪以来,中国一直放弃作为出口贸易不可或缺的基础的海权。最后,为了维护传统,众所周知,古代中国在很长的时期内都将对外联系限制在一个港口,也就是广州"[5]。亚当·斯密还注意到"古埃及人和中国人都不鼓励对外贸易"[6]。由于如此"不重视"对外贸易,明朝以前对外贸易的思想十分稀少。然而,在这些有限的思想中,我们仍然可以窥见明代外贸思想的渊源。

先秦时期,管子和荀子都对海外贸易有所论述。他们的主基调都鼓励对外贸易。首先,管子和孔子、孟子一样,主张边关只负责查问、验货而不征税,"关市讥而不征"。此外,管子将边关视为"外财之门户",认为这对国家财政有利。因此,他慷慨地给予外国商人特殊待遇。例如,他提出,一旦建立了外商招待所,如果只有一个拉一车货的客人来,我们给他提供餐食;如果有三位拉三车货的乘客来,我们也会提供马食;如果五个拉五车货的乘客来,我们甚至会提供仆人的配备服务[7]。但国内商人却没有这样的待遇,因为国内商人无法带来外来财富,于国家财政没有显著帮助。

荀子主张积极发展对外贸易,比管子更明确地表达了从国家利益出发的观点:"商旅安,货财通,而国求给矣";"故近者不隐其能,远者不疾其劳"。那么,积极扩大对外贸易对国家有什么具体好处呢?他认为,积极发展对外贸易最重要的好处,是可以获得许多国内无法生产的稀有商品,可以增加国内各阶层的物质享受:"上以饰贤良,下以养百姓而安乐之"。

商鞅等法家学者一向对商业持消极态度,对国际贸易的看法自然也是消极的。商鞅用黄金(代指货币)和玉米(代指商品)的关系来说明他的相关思想。他认为黄金和玉米是相互排斥的,"若某个国家得到了一两黄金,则十二石[8]玉米将流出该国;如果该国出口一两黄金,则该国将增加十二石玉米"[9]。他认为一个国家的主要财富来源是玉米,所以如果国家允许黄金流入和玉米流出,那么该国很快就会缺乏玉米,就算有黄金,也没地方用。

秦始皇统一全国后,对外贸易的思想更加以国家利益为出发点。西汉时期,重视和提倡发展对外贸易的观点在桑弘羊的思想中非常突出。桑弘羊认为发展外贸主要可以达到两个目的。一是可以运用《管子》的轻重理论，通过对外贸易来控制外国并"损敌国之用"。二是通过对外贸易，用国产商品的盈余换来稀缺的外来商品，达到利润不外漏和国家财政富足的目的[10]。当然，桑弘羊的外贸思想没有考虑平等互利等商业原则，纯粹是为了增加国内的财政收入。因此，他认为对外贸易完全是一种国家行为，完全没有提到私商在其中可以发挥的作用。这一思想，和英国重商主义经济学家托马斯·孟的国际贸易差额论有类似之处。托马斯·孟认为，对外贸易是增加财富和现金的通常手段，因此，在价值上，每年卖给外国人的货物，必须比我们消费他们的更多[11]。

从东汉到元代以前，对外贸易的思想非常少见。韩愈作为这一时期极少数提到外贸的思想家，也只提到获得大量"珠香象犀"等异国商品可能是一件非常好的事情[12]。这一思想与荀子的思想并无二致。到了元朝，元廷曾在1284—1322年间断断续续实施过短暂的海禁政策，其主要目的之一就是为了增加国家的税赋而"实行垄断造船出海的做法"，但又因"意识到官商没有能力完全取代私商进行海外贸易"而宣告海禁废弛[13]。当时的著名学者卢世荣就对外贸易提出了一些思想。关于西北的陆路贸易，他没有展开讨论。而对于东南沿海的海上贸易，他主张实行国家对外贸易的垄断。他建议的具体做法是在当时中国最大的港口泉州和杭州设立官方部门，这些部门同时负责所有与海上贸易有关的船舶和工具的建造。只有获得官方船只和资金的商人才能从事海上贸易[14]。这样，政府就可以严格禁止私人贸易。卢世荣认为，一旦发现私人海商，国家首先将商人所收集的财物全部扣押，政府进行收购；如果商人有任何隐匿的物品，国家可以全数没收，并将其中一半奖励给告密者。在他看来，不仅没有提到商人在对外贸易中的作用，私商也被划定为严格限制和检查的对象。这些思想无疑为后来明朝支持禁海的思想家所继承。

（二）财政视角下的支持海禁观点

1. "比较劣势"：之于财政收入杯水车薪

明代一些学者认为，开放海外贸易不会为国家的税收带来利润，也不会惠及人民的生活。它只占国家财政收入的很小一部分。比如，冯璋认为，中国在海外贸易中获得的货物虽然看似供国家和人民使用，但由于走私贸易的持续存在，并不能为国家财政增加多少收入。他认为,外国的商人来了,只带了辣椒和苏木之类的产品,我们的民众没有广泛使用这些产品的习惯。这些产品大量销售,必然导致价格走低。那么,过了两三年,商家就不会再盈利了(也就交不了多少税了)。所以,虽然海外贸易看似以税收的名义获得了合理性,但实际上,国家根本不可能像预期的那样征到多少税。

冯璋还认为,当时一些狡猾的商人把国内的生丝、棉丝、缎布、磁铁等贵重物品卖到国外,但除了金银外,没有从国外换来什么别的货物。回到国内后,他们烧毁了自己的船只,然后逃到了其他地方。这样的话,国家去从哪里征税呢? 此外,他还引用了历史经验,论证自己的观点。比如南宋后期,当时对外贸易也征税。不过,当时来的货是象牙和香料,对当时的民众也完全没用。元朝的很多百姓过着奢侈的生活,最终沦为倭寇的祸害。但冯璋认为,明帝国与元朝不同。国家已经和平了百年,应该做一个稳定的计划,这将使后世子孙受益。不要贪图对外贸易的小利[15]。对此,魁奈也曾有类似的说法:"即使是外贸商人的利润,也会损害民众的利益,因为他们提高了进口商品的价格"[16],他的观点肯定能得到一些诸如冯璋这样的明代学者的支持。

2. 遵祖法与维护国家和财政安全

支持禁海的明朝学者们的另一个重要观点是,对外贸易违反了祖宗之法,会动摇帝国统治的基础。明代的禁海思想起源于洪武帝。明帝国成立的第四年(1371年)他就正式宣布沿海居民不得私下出海,禁止人们与海外进行各种形式的接触(贸易肯定包括在内),甚至限制一些附属国的官方进贡[17]。明朝禁海的基调,自此便已定。虽然洪武帝之子永乐帝多次派郑和出使西洋[18],但他亦禁止私商在海外做生意,"以私商从贸易中获利为耻"[19]。他重申了洪武帝在位之初颁布的禁海令。随后的几位皇帝也都坚持祖制并执行禁海令。

皇帝的这种态度也得到了许多学者和经济思想家的支持。在他们对外贸的态度上,可以清晰地看出他们切断与外国接触的热切盼望。冯璋等学者无时无刻不在用祖宗之法严厉谴责私商出海经商、"通外商"[20]。他们还提醒那些有意开放海外贸易的皇帝或朝廷高官:"古代圣明的君王要修身养性,不讲究用洋货。"这是完全可以理解的,因为总的来说,"任何提出国家鼓励贸易作为收入来源的政治家都冒着受到攻击的风险,理由是他正在颠覆关于社会秩序的非常古老和根深蒂固的观念"[21]。

这种谨慎并非只存在在观念中。在实际中,明朝初年的禁海也确实有免受海盗骚扰、防止敌对势力卷土重来的考虑。不过葛剑雄(2013)认为,"其实出现海盗的只是个别地区,敌对势力的威胁更只是一种猜测,但高度统一的权力却使中国全部海疆遭殃。这道命令所造成的的损失已经大大超过了海盗的掠夺"[22]。一些明帝国的学者认为,海外贸易的开放导致海防空虚。首先,对外贸易容易导致内外勾结,造成混乱。比如归有光认为:"凡不属任何登记者,即违朝令,不顾私人出海禁令,勾引洋人,必致百年祸。"[23]很多学者认为边境被骚扰的罪魁祸首是来自日本的倭寇[24]。其次,海外贸易导致海防的懈怠和不忠。有学者认为,不少负责海防的士兵并不真正恪尽职守。如果国家为了海外税收的小利而贪婪,一旦政策真正实施,就意味着对海外贸易不再有任何限制。如果真有海盗扰乱了边境,那将完全违背祖法实施海禁以保护边境安全的初衷。

类似的,林富分析了外敌入侵中国边境并成为祸害的可能性,并得出结论认为,曾与明朝有多年朝贡贸易的暹罗、爪哇等诸侯国,应该不敢成为海盗。但他同时认为一般应驱逐来自葡萄牙等西方国家的从事私营贸易的外商,沿海地区官兵应加强对其检查。同时,禁止中外商人秘密交往,严禁平民出海。最后,他认为这将有利于国家和私商,并通过恢复朝贡贸易来控制诸侯国[25]。

正如儒家所教导的那样,个人的权利和欲望不能被强调,这在明帝国也并不例外。从更广泛的意义上讲,一旦他们有幸被安置在正式官位甚至显赫的位置上,他们就不能强调他们所在地区和部门的特权[26]。例如,东南沿海省份本可以从海外贸易中受益,但是,由于需要顾及整个国家的大局,维持国家的政治平衡,并没有坚持去获取这种特殊的财政利益。只有这样,中央政府才可能统一管理国家,而不必考虑每个地区、部门或个人的特殊需要。尽管这是一种简单粗暴的"一刀切"做法,但这种对于祖宗之法的坚持,对于明帝国的稳定运行却是有帮助的。如果国家安全都无法保障,财政安全更是无从谈起。

3. 大陆中心主义: 对财政缺乏认识

正如赫拉利所指出的那样,在中国统治阶级的眼中(包括明朝的统治者),"各个邻国以及四方诸侯都是生活在水深火热中的蛮夷之邦,天朝中国应该泽被四方、广传华夏文化"[27]。赫拉利显然不是研究中国的学者,但他的这一论述却颇为一针见血。嘉靖皇帝的海禁正是归因于近代以前中国鲜明的大陆主义倾向,"其基础是根深蒂固的对外交往的厌恶和未能意识到在南海海上交往的好处。正如解释所说,中国人在文化上一直以大陆为导向"[28]。明帝国很可能亦是如此,尽管郑和下西洋这样的事件似乎也表明了明帝国对海洋的某种看法[29]。我们可以从政治和财政两个角度来分析这种心态。

从政治上讲,洪武帝颁布的海禁政策,其针对的打击目标其实比较明确,主要包括: 从南方侵入的倭寇,元末的残余反明势力,以及海盗团伙与外来侵略者之间的勾结等等。倭寇的入侵确有其事,但海盗走私团伙与外来侵略者之间的勾结很可能只是明政府自己的臆想。但不管事实如何,明帝国始终认为自己是整个世界的核心,这种狂妄的想法与前朝相比,有过之而无不及。因此,与那些藩属国勾结,或者受到日本这种荒蛮国的骚扰,都是完全不能接受的。其他威胁,如资源枯竭和对北方"蛮夷"的陆上威胁的担忧,也损害了帝国的形象。因此,制定政策来维护统治安全,一直是明帝国的首要目标。但是,明朝中期以后,明廷内部的党争升级,直接或间接地使朝廷无法有效解决一些重大问题,比如边界问题,这也使朝廷难以实施积极的对外扩张政策[30]。这无疑又反过来加剧了大陆主义倾向。

而在财政层面,明帝国的国内商业虽然比宋元时期又有了进一步的发展,但就当时国家的整体经济发展水平而言,仍然是自给自足的小农经济在明帝国占主导地位。贸易仍主要发挥调节小生产者和地区间剩余的作用。商业和手工业仍然只是在一些地区发展,特别是在东南沿海地区。还有所谓的"资本主义萌芽",这一概念是否真正能成立,在学术界其实也仍然并无定论,遑论其他。基于此,按照大陆中心主义的观点,对外贸易能给国家财政带来的收益看上去确实是有限的。

而且,作为一个经济发达、国内市场巨大的大国,明帝国需要的产品国内基本可以满足,对外大宗商品进口的依赖度有限。而且,即使是出口到国外的商品,如生丝、茶叶、瓷器等,在国内也有着广阔的市场。这意味着中国可以在没有海外市场的情况下生存。因此,无论当时海外贸易对某些地区、一些生产部门和与之相关的人口的影响有多大,海外贸易对整个国民经济和绝大多数人口的影响仍然极其微弱。在明代中国,当时的海外贸易需求主要来自具有海外贸易传统的沿海省份。然而,整个国家尚未对海外贸易产生强烈的需求,这无疑也促成了大陆主义倾向的深化[31]。即使是明知对外贸易所带来的好处,"但这一切并没有削弱原来那种以中原为中心,华夏(汉族)为主干的统一观,反而还有所加强。因为通过这些活动,人们已经确信,在中国之外再也不存在比中国更强大、富饶、文明的国家了。其他国家的君主和人民如果不对中国称臣纳贡、接受赏赐，就只能自外于华夏声教，甘心为夷狄了"[32]。一个生动的例子是 1536 年林希元到任钦州知县时，"明确指出当时的大越应被征服并吞并为明朝的一个行政单位"，他得到了同事的负面反馈，"他们声称遥远的大越没有任何意义，征服它只会加重明朝的负担"[33]。

正因为如此，每当明廷发生是否继续实行海禁政策的争论时，反对海禁的想法大多来自沿海省份的官员。而且，当时反对海禁的观点主要集中在沿海居民的民生、社会稳定和朝廷税收方面，很少像西方重商主义那样理解海外贸易为国家发展和国家总体的财政收入所起的作用。因此，明朝统治者在决策中面临不同的选择权衡利弊时，往往优先考虑政治安全和国家稳定，这种考虑体现在反对海外贸易的思想中，就形成了诸如对外贸易对国家收入的补充很小这样的观点，即使这种认识有可能是错误的。

（三）财政视角下的反对海禁观点

支持对外开放贸易的人士首先表明，对外贸易政策不能拘泥于先辈制定的规则，需要与时俱进，这将有助于改善沿海海上商人的状况。

1. 帝国财政和民众利益：共享好处

国家财政在推动海运和商业繁荣上功不可没，"在世界领导权的争夺中，那些最早的获胜者往往把胜利归功于他们能获得低廉的借贷和有能力承受巨额的债务"[34]。虽然明朝并没有充当全球霸主的动力，但在关于外贸对于财政的好处方面，明朝一些思想家已经达到了类似的思想高度，与前述的对立阵营完全不同。他们认为，开放海外贸易是沿海商民的重要经济来源。国家和平民都可以从海外贸易中获得不菲的经济利益。

从帝国财政角度反对海禁的声音在明代有众多支持者。比如，周起元[35]更明确地阐述了海外贸易税收在国家财政中的重要作用。他认为，隆庆皇帝废除对外贸易禁令后，各国商人从海外带来了多种难以描述的货物，每年交易的资金都远超几百万两，国家和民众都可以从这笔收入中获益。而且，对外贸易征收的关税增加了财政收入，能为皇室开支和士兵的军饷和食物所用。因此，对海外贸易征收的关税是使国家有足够的国家支出的重要组成部分[36]。

徐学聚[37]也持有类似的想法，他对更具体的案例海澄县进行了关注。海澄县在正式成为明帝国在东南沿海唯一合法的对外贸易口岸后，迅速繁荣起来。

徐学聚在《初报红毛番疏》中阐述了海外贸易加征关税对海澄县地方政府财政的重要性。他认为,海澄县虽然只是一个很小的地方,但由于其独特的地理位置,确有必要设立对商船征税的检查站。无论是来自西洋的商船还是中国沿海的小商船,都需要通过海澄这样一个检查站来征税。他认为这是关乎国家命运的大事。[38]

林富[39]是嘉靖年间兵部侍郎,他提出了另一种增加国民收入的对外贸易方式: 恢复停歇已久的朝贡贸易。嘉靖八年(1529 年),林富上疏请求恢复与两个附庸国的朝贡贸易[40],认为这对朝廷和地方政府均有利。一些沿海的地方政府,比如广东政府,就可以征到足够多的税,平民可以出售货物以获利,从而使国家和私商都可以从朝贡贸易中受益。

具体来说,林富列举了朝贡贸易带来的四大财政方面的优势。首先,海外诸侯到广东进行朝贡贸易,肯定会带来一些"私货"。除了贡品,明朝还可以从"私货"中征税,以增加国家的财政收入。其次,上述税款除了上缴北京的部分外,其余的钱可以留给东南两地边防的驻军作为财政开支。再次,诸侯国的财物可以作为征服蛮夷的财政供给,从而减轻人民的负担。最后,民众可以在市场上转售诸侯国的货物来获利[41]。

2. 废除海禁与增加收入

为解决海禁带来的一系列问题,明代学者首先提出恢复宋元时期市舶司管理海外贸易的策略[42]。这是较早前在意识形态层面打破海禁的尝试,要求取消海禁政策,允许平民在海外进行贸易。一般认为丘濬是明帝国时期第一个持这种思想的人,标志着明代开海思潮的出现。这比隆庆帝 1567 年正式开海早了一个多世纪。丘濬不仅主张在国内不干涉民众之间的自由贸易,还特别关注海外贸易的发展,并主张国家应鼓励沿海居民向地方管理部门提出申请参与海外贸易事务,如果他们愿意的话[43]。这种思想在明朝中期,海禁还很严格的时候,是相当可贵的。丘濬在其著作《大学衍义补》中的外贸易思想可概括如下。

首先,他认为国家应该充分利用国家丰富的产品,出口更多的商品,以造福国家。他认为,明帝国地大物博的产品是外国需要的,出口肯定有利可图,而朝廷根本没有从朝贡贸易中赚到什么钱[44]。海外贸易的利润如此之高,而海上运输的损失却远小于运河运输的损失。因而他认为不应实施"海禁令"。既然重罚屡屡无效,何不干脆让商人从事对外贸易,这对国家和百姓都有好处。

其次,商人可以从海外贸易中受益,国家可以从中征税,这可以增加国家的财政收入,而不会打扰本国民众。他认为,这部分相当于是每年正常税收之外的部分,却足以胜过历代政府收缴的其他各种杂税加总。如果国家能够鼓励海外贸易,这会比过度剥削民众要聪明得多。周起元在他的作品中也表达了非常相似的思想[45]。

最后,丘濬以史为鉴,认为对外贸易开放并没有造成边境灾难。他指出,对外贸易自汉代以来就已存在,几乎在历代朝代都得到实施。有些人担心在沿海制造麻烦,这在历代史书中确能见到。但对于来自海上的大多数外国来说,自古以来就没有入侵边境的记录,而暹罗、爪哇等国家甚至被汹涌的大海阻隔,与明帝国并无瓜葛[46]。

因此,丘濬认为有必要区别对待不同国家,不要因为日本而与其他国家断绝海外贸易。不过,丘濬也指出,国家虽然要鼓励商人从事对外贸易,但也要严格管理民间对外贸易。丘濬认为,从事海外贸易活动的,虽然允许自己建造船舶,但如上所述,仍需向市舶司报告海上贸易船舶的数量和吨位、贸易商品的类型和数量,以及他们计划访问的国家。此外,行政部门必须确保他们没有携带违禁品出口。进口货物也须接受检验和征税。这样,私人海外贸易就不会失控,而明廷也可以从中坐享其成获得财政收入。这点和同时期的西欧一些城市形成很大的反差。以意大利为例,威尼斯和热那亚都发展强大的造船工业和与其有联系的行业。在热那亚,造船工业与航海和海上贸易一样,属于私人企业;而在威尼斯,国家对它实行严格控制。于是,热那亚的"东方"化虽然不如威尼斯,但在地中海西部地区比它的对手具有更多优势[47]。

早在宋元时期,中国的对外贸易有了明显的发展。朝廷不仅可以从对外贸易中获得一定的经济利益,增加财政收入;私人海外贸易也为东南沿海人民的致富开辟了道路。而在明帝国,尽管朝廷实行海禁政策,但东南沿海人民仍不顾禁令到东南亚谋生,为东南亚的发展作出了不可磨灭的贡献。这种情况到明代中期达到了海外贸易发展的关键阶段。提倡或禁止海外贸易的决定将决定明朝中国在海上是进还是退。丘濬的海外贸易思想意义重大。虽然在当时没有被明廷采纳,但无疑对明朝中后期的贸易思想乃至贸易政策产生了较深远的影响。

万历中后期以来的明朝财政危机是明帝国朝廷面临的一个非常重要和棘手的问题。何乔远对明末财政危机有着深刻的理解。他与他的同僚一样,一致拒绝通过"加税"和"卖爵"获取财政收入,支持打击私盐销售。但除此之外,作为泉州本地人,为了沿海民生和增加明廷财政收入,他曾上书皇帝,要求废除海禁。他关于海外贸易的大部分财政思想都反映在他的奏折上。

奏折的第一部分重点讲述了为什么开海可以安定民生。其论点与唐顺之、许孚远的想法类似,在此不再赘述。奏折的中间部分主要阐述了"开海之利",打消了朝廷对"红毛番"(即荷兰商人)的担忧。在他看来,开海不仅有利于民生和商人的利益,也有利于朝廷从海外贸易中获得商业税收,增加国家的核心用度。

他首先肯定了开展海外贸易的可行性。他说,虽然商船要承担被海盗抢劫的风险,但商船其实可以同行随身携带枪支等武器[48],防止海盗抢劫他们,这样他们也并非没有一定的自保能力。此外,如果取消海禁政策,沿海军队可以保护商人的安全。

对于开海的利益,何乔远认为,首先,开海可以使帝国获取来自海上贸易的利润。荷兰人占领台湾地区后,沿海人民和商人来台与荷兰人进行贸易,葡萄牙人也经常在该地区进行贸易。明帝国虽然禁止对外贸易,但实际上却很难禁止沿海商人私自交易,导致政府一分钱也拿不到,利润都落到这些奸诈小人手上的局面[49]。因此,何乔远认为,与其造福这些奸诈之人,不如取消海禁,使"上下"即国家和民众均得益。可见,何乔远认为,取消海禁主要是为了"利国之财"[50]。

其次,他说对外贸易可以达到使"民得利"从而稳定民生的目的。如果朝廷允许海商从东到西合法通商,无疑将为明代国内丝绸、瓷器等工艺品的生产提供一个巨大的海外市场。这样,海禁的解除,不仅有利于福建、浙江、南直隶等沿海地区的人民,甚至内陆人民也可以通过海外贸易谋生。那个时候,开始出现"工商皆本"的思想。何乔远自己也说过,今天想赚钱的人,就应该从事商业活动。如果国家可以通过海外贸易获得更多税收,那么国家也就可以养活更多的人。何乔远甚至认为沿海的商人和其他平民可以带着他们的技能去吕宋以谋生。

何乔远坚称,继续海禁将堵住利润从外面流入的渠道。当时国家不得不在军事开支等方面额外花费大量资金,而废止海禁是国家增加财政资源的最佳机会。而且,何乔远说,像郑芝龙[51]这样的著名"盗商",接受了大赦并承诺效忠明朝统治者[52]。为了维护国境海岸线的安全,朝廷因此应向他拨付资金。那么,朝廷应该如何筹集资金?何乔远主张恢复隆庆年间的税制,管理海外贸易,将征收到的一部分税款提供给郑芝龙,作海防之用。

3. 通则寇为商： 进一步盘活帝国财政

一些思想家认为，只有开放对外贸易，才能维护稳定的社会秩序。有学者认为，嘉靖年间海盗频繁出没的直接原因其实恰恰是因为政府实施了严格的海禁政策。只要进贡制度没有完全地终结，那么必然会有洋货的到来和随之而来的市场机会，所以也就不可能完全禁止私商的海外贸易活动[53]。沿海商人将外贸视为一种相对方便的谋生方式，这是司空见惯的。但从嘉靖六年（公元 1527 年）开始，地方官员就听从中央的命令，禁止私商出海。商路关闭，商人们失去生计，被迫沦为海盗[54]。

更生动的表述来自许孚远的上奏："市通则寇转而为商，市禁则商转而为寇。"这种观点在西方亦能找到类似思想，比如 Sombart 所说，"在法国，armateur 这个词既指托运人，也指海盗"[55]。这可能表明在当时的欧洲，托运人和海盗的角色或许可以在一定情况下互换。这样，只有不浪费粮食和军需物资，海上的隐患才能自行平息。这是与海禁支持者针锋相对的观点，他们认为许多沿海商人和其他平民与海外势力秘密交流，这对明帝国的对外贸易思想和政策产生了很大的影响。

许孚远以当时的龙溪县和海澄县这两个沿海县为例。这两县的大部分土地是不能耕种的贫瘠土地。大多数当地人依赖海外贸易市场，出海谋生。海禁实施的年份里，百姓无计可施，时常爆发骚乱，给地区稳定和经济造成灾难。而隆庆开海后，地方政府依据朝廷的政策废除了海禁，允许商人进行海上贸易。东西方的各种商品都被允许交易，自开海二十多年来，民生得到安抚，朝廷光是从这两县的对外贸易中就年入达两万多两。

根据他在任期间亲眼目睹的情况，许孚远认为当地存在两大隐患，均与财政密切相关。其一，这些"奸商"必定会无视朝廷的禁海令，难免与外商交往。那么中央政府必然会出兵追击他们，这相当于增加了国家的开支。当这些有权有势的人被迫逃离时，他们会集结他们的帮派成员逃往大海，最终成为威胁边境安宁的危险力量。其二，海禁令一出，将导致海边边防部队军需物资匮乏，于是必然进一步对普通民众征收重税，这将导致民穷国退，国家财政状况将殊难逆料[56]。因而，无论是从上述哪个角度来看，许孚远认为都有必要取消海禁，允许私商参与海外贸易。

徐光启的相关思想亦值得一提。他生于当时上海的法华汇，即现在的徐家汇，是明代最早一批接触西方先进技术的官员，与利玛窦是朋友[57]。徐光启曾任内阁次辅,同时亦是著名的科学家。他与利玛窦的友谊不仅仅是巧合;他与科举制度的格格不入(虽然他最后也考取了进士),可能与"他惊人的怀疑和批判的态度"有很大的关联[58]。

同样明显的是他"经世致用"的态度,这可以从他对抵抗海盗特别是"倭寇"即日本海盗的观点来说明。元朝以前,日中经济文化交流不断,两地往来平和。但蒙古人征服日本后,中日交往受到很大影响。明朝建立后,倭寇多次骚扰明朝沿海地区。为此,明朝在沿海建立了军事防御体系,以防止海盗,特别是"倭寇"。由于明朝沿海地区的抢劫,明帝国与日本的关系一直很差,将其视为一个重要的外部问题。如何抵御"倭寇"是明朝对外战略的重要组成部分。

徐光启作为内阁次辅,曾提出过一个很有创意的抗海构想: 通过让日本重新参与到明帝国的朝贡贸易来制衡乃至消灭"倭寇"祸患。在徐光启看来,当时的日本对明帝国商品的依赖度非常高,只有通过发展与明朝的贸易才能获得。洪武和永乐年间,日本虽然加入了明朝贡体系,但明朝对日本进贡的时间、船只数量、人数等都有限制。因此,日本无法通过朝贡贸易获得足够的货物。于是日本和明朝的私商发展了私人市场。然而在更为严厉的海禁令后,这种私市遭到打击,商贾沦为海盗。不过徐光启认为,国家要消灭的是海盗而不是商人,要禁止的是官市而非私市,让日本加入朝贡贸易未尝不可[59]。

马尔萨斯曾评论说,"如果借用其他法律和制度,如果以对外贸易为荣,她(中国)可能还会富裕得多"。他进一步指出,"很明显,如果贸易和对外贸易在中国享有盛誉;从大量和廉价的劳动力中,她可能会为国外销售大量的制成品"[60]。事实上,明帝国从对外贸易中的所获已然不少。根据梁方仲的研究,"由万历元年至崇祯十七年的七十二年间合计各国输入中国的银元由于贸易关系的至少远超过一万万元以上"[61]。因此可以看出,明帝国在其晚期成为白银输入国,这之于国家财政必然是有利的,至少在一定程度上也说明反对海禁在当时对于明帝国财政而言有很重要的现实意义。

(四) 附论: 仅将对外贸易作为特殊或附加问题看待

由此可见,无论是上述哪个阵营,明代的经济思想家主要将对外贸易作为一些沿海地区的特殊问题来看待,并没有从国民经济整体的角度来考虑;它仍然以农业为"本",在沿海地理条件不适合农业的地区,对外贸易只是对人们生活的补充。正如马尔萨斯指出的,对外贸易不可能超过农业成为明帝国的支柱产业,因为"如果不从农业中撤走这么多劳动力,就无法在中国使用巨大的资本来为外贸做准备……这在某种程度上减少了国家的生产"[62]。因此,对外贸易思想仍属于中国传统经济思想的范畴。

在明代中国,尤其是后期,支持对外贸易思想的兴起,不仅是对传统对外贸易政策的挑战,也是对中国古代传统观念的根本性挑战。尤其是从获利是人性使然的角度,拥护废除海禁的思想家们肯定了海外贸易对国家和人民经济发展的重要性,体现了商人寻求海外市场的冲动。但是,在讨论贸易开放与国有经济的关系时,思想家们仍然主要关注国家财政收入的增加。利用外贸发展沿海经济,开拓海外市场,在贸易上补短板,被认为是增加国家财政收入的重要手段之一。然而,遗憾的是,他们思考的出发点并不是站在维护商人权益的角度。

虽然明中后期的统治者仍然顽固地坚持以农业为基础的经济政策,只将海外贸易作为一些沿海地区的特殊问题来处理,但明代中后期的海外贸易思想却得到了突破。虽然并未放弃以农业税收为主要国家财政来源的国策,但在看到了对外贸易在沿海省份地方政府的财政中的重要作用后,帝国最终还是在隆庆初年弃绝了海禁政策。可以说,明中后期开放对外贸易的思想与当时的商业发展和中国周边地区的国际贸易形势密切相关,与元朝统治前的贸易思想(如管子、桑弘羊、韩愈等学者)的传统对外贸易思想有着明显的区别。

二、明代对外贸易的财政收入与商人

黄仁宇指出,"整个明代,国际贸易从未被认为是国家收入的主要来源,整个传统确立于明初"[63]。这个论断应该说是比较客观的,不过它的比较对象是田赋。也就是说,我们不能就此认为明代对外贸易的收入对于明帝国总体财政收入而言助益很小。不仅绝对数量并不是个小数目,而且它对于国家财政的好处并不仅仅体现在收入之上。正如德国著名汉学家卫礼贤(Richard Wilhelm)在其著作《Chinesische Wirtschaftspsychologie》中所言,"在中国权力的所有鼎盛时期,不仅仅是国内贸易,而且对外贸易都发挥了很大作用"[64]。这一说法在明朝尤其是明朝中后期也得到了证实。虽然明朝前中期相对不利的对外贸易政策对中国的私商们产生了一定的负面影响,并为其发展设置了许多障碍,但中国的私商尤其是海商,仍在夹缝中寻求发展,并在全球贸易特别是当时的东南亚贸易中发挥了非常积极的作用,而这对于明帝国的财政收入是很有贡献的。本节将整个明朝时期分为三部分进行论述,分别为 1368 到 1505 年、1505 到 1567 年,以及 1567 到 1644 年。其中,1505 年是弘治时代与正德时代的过渡年,亦是 15 世纪和 16 世纪的分界,而 1567 年则是隆庆皇帝正式废除禁海政策的年份。

(一) 1368—1505: 明初期帝国财政收入和海商角色

1. 明初的朝贡贸易和国家财政

朱元璋建立明朝之时,张士诚、方国珍的残余分子多数逃亡沿海岛屿和近邻海国,并与日本国海上的亡命之徒勾结,在沿海劫掠不息。明政府无奈,海禁成为一个很有必要的选择。另一个主要原因是"缘海之人往往私下诸番,贸易番货,因诱蛮夷为盗",背后的诱因主要就是中国传统的重农政策。主要基于这两个原因,1374 年洪武皇帝提出海禁政策,禁止私人商人从事海外贸易,尽管在与外国统治者高度规范的朝贡关系制度下允许一些受监管的私人贸易。对私人海上贸易的禁令将持续到 16 世纪后期[65]。因此,在严格的海禁政策下,明帝国"退出了该地区的直接贸易"[66]。于是,在 16 世纪以前,朝贡贸易成为明帝国唯一合法的贸易渠道。

葛剑雄(2013)指出,汉人的足迹,根据明确的记载,已经达到了中亚、西亚,直到地中海之滨以及日本、东南亚、南亚,贸易交往的范围就更大了。但这一切并没有削弱原来那种以中原为中心,华夏(汉族)为主干的统一观,反而还有所加强。因为通过这些活动,人们已经确信,在中国之外再也不存在比中国更强大、富饶、文明的国家了。其他国家的君主和人民如果不对中国称臣纳贡、接受赏赐,就只能自外于华夏声教,甘心为夷狄了。发达的文字和造纸、印刷技术使中原统治者对边疆地区和外国的一厢情愿的记载长期流传,而被记载的对象不是没有文字就是史料早已散落无存,所以"二十四史"中某国于某年某月称臣受封,某国于某年某月进贡来朝,某国于某年某月接受赏赐这类记载,在不少人的眼中自然成了中华帝国声威所及的象征[67]。

朝贡其实"是一种虚构的图景,双方却乐于保持这样的名分。它给予了中国渴望获得的国际地位,而其他国家则得到了贸易机会"[68]。即使是根据宋代较为宽松的标准,元政权在朝贡和贸易方面也不算严苛。"早在至元十四年(公元 1277 年),元政权就在上海、杭州、庆元(宁波)和泉州四地建立了市舶提举司。上海兴盛一时,在至元二十七年(公元 1290 年)正式设县"。元政权曾在 1284—1285、1303—1307、1311—1314、1320—1322 年等这些时间段实施过短暂的海禁政策,其主要目的之一就是为了增加国家的税赋而"实行垄断造船出海的做法",但又因"意识到官商没有能力完全取代私商进行海外贸易"而宣告海禁废弛[69]。

虽然附属国来明朝进行官方贸易都名曰"朝贡",但其实不同藩属国的朝贡贸易差异是比较大的,对于明帝国财政的意义也有深浅之分。第一类朝贡,朝贡之于国家财政的象征意义要大于实际意义。主要原因是在这类朝贡中,附属国虽然带来了品种和数量均可观的"贡品",但明帝国作为"天下之主",其回赠品的数量和金额只会比"贡品"更高。以瓦剌为例,永乐二十二年(公元 1424 年),"瓦剌贤义王太平、安乐王把秃孛罗、顺宁王脱欢,遣使哈三等贡马。赐绢丝、裘衣、金织文绮、采绢各有差"。明王朝对瓦剌的册封赏赐与瓦剌对明王朝的定期朝贡,"其实只不过是瓦剌与明王朝经贸联系的一个方面,而且这个方面始终都是在某种松散的政治隶属关系的外衣下进行的"[70]。

另一类朝贡则更有其财政上的实质性意义。比如帖木儿帝国(撒马尔罕[71]和赫拉特[72])的朝贡。从洪武二十年(公元 1387 年)开始,帖木儿帝国每一或两年就遣使者来明帝国朝贡。早在第二次朝贡,即洪武二十一年(公元 1388 年),"撒马尔罕驸马帖木儿遣回回答尤丁等五十九人来朝贡马三百匹,驼二只"[73]。而到了洪武二十九年(公元 1396 年),撒马尔罕的使团规模达到了一百九十一人,"来朝贡马一千九十五匹,诏赐钞二万五千一百九十锭"[74]。折合下来,一匹马才钞二十三锭。这对于明帝国而言是一笔非常划算的财政收入。

不过朝贡也经常取决于商贸通道的畅通程度和朝贡国本身的情况。再以帖木儿帝国为例,它的强盛时期比较短暂,并且到了 16 世纪末就灭亡了。因此,明帝国与帖木儿的通商贸易的规模在洪武年以后都没有能超过洪武年间。并且中西陆路交通也时常因战乱等原因而梗阻。因此,"永乐以后直至明末,丝绸之路贸易的衰落趋势再加上明王朝西域政策的消极保守与无所作为,双方的商贸关系越来越缩小到礼仪方面"[75]。

从永乐年间对外国贡使的态度可以看出,明廷极力招徕外国来贡,对贡使的赏赐也极力从厚,但自仁宗即位以后,这种做法有了明显的改变,主要表现在以下几个方面。

首先,明廷对海外诸国来贡,从时间、路线、规模等多方面进行限制。比如,在弘治年间,"如番舶抵岸,布政司比对勘合,字号相同,贡期不违,然后盘验起送"[76]。也就是说,洪武时制定的勘合制度这时又被严格执行起来。如果勘合不合,或贡期有违,皆拒绝来贡。

其次,明廷降低了招待规格,并对外国贡使加强管理。比如,原来对贡使附带物品的给价都是很高的,比当时的实际价值要高出数倍,在仁宗以后逐渐过渡到按照"时值"给价。而且,早在永乐年间,贡使在中国受到诸多优待,甚至有时触犯了中国的律令也不予惩罚。自洪熙后,这点有了改变。在正式朝贡以后,在会同馆开市 5 天,贡使所附带的私物就在馆内交易。但贡使为了获取高价,也为了能买到急需之物,贡使往往私下与商人交通,不等正式开馆,就将私物私卖。弘治皇帝对此严加申斥并颁布处罚措施。外国贡使还经常与通事勾结,通过翻译从中作弊,额外求索。弘治十四年(公元 1501 年)起,会同馆在开馆时,先张贴告示允许铺行商人入馆与外人交易的旧例也被修改,只允许宛平、大兴两县的铺户入馆,这些铺户又都是由官府挑选的。可见对外国贡使的控制变得严厉了[77]。

另外,海禁仍然严格执行。在郑和最后一次下西洋之后,宣德八年(公元1433 年),宣宗下令申严海禁。他认为,随着永乐年间海外交往的扩大,私人海外贸易也在暗中得到一定发展。这些海商居然"往往私造海舟,假朝廷干办为名",从事海外贸易,与外国海商私自交易,可见已经有一定规模。为了鼓励人们告发私自出海贸易的人,宣宗明令给予告发者犯人一半的家资。对于私人出海贸易来说,这种上下结合的措施是很严厉的。到了弘治年间,"今后商货下海者,请即以私通外国之罪罪之"[78]。

2. 明初的朝贡贸易和商人角色

在海洋贸易方面,严厉的海禁显然并不符合商人阶层的利益,尤其是沿海省份,"海外贸易是一块巨大的肥肉,明代商业阶级对这块肥肉垂涎欲滴。但从永乐开始下西洋,海外贸易产生的超额利润完全垄断在国家手中,商人资本家们心里如火烧爪挠一般,看得眼热却可望而不可及"[79]。

为了打破这种局面,商人们从两方面着手。一方面,他们对郑和下西洋进行诋毁。众所周知,郑和下西洋最终被叫停的解释是"耗费国力,得不偿失"[80]。然而,众多史实记载,郑和七下西洋并未使国库空虚,相反,"百姓充实,府藏衍溢"[81]。而宣德五年(公元1430年),工部尚书黄福提出,"无大营造、征伐之费,当有数年之积,而仓粮每岁仅足,设有水旱之灾,征调之用,将何以给之"。于是明宣宗从帝国财政的角度考虑,随即令郑和重启下西洋,也从侧面印证出郑和下西洋对于国家财政的重要贡献。因此,渲染郑和下西洋耗费国用的真实推手,是文官集团作为商人阶层的利益代言人,意图终止这种国家垄断的海外贸易。

另一方面,商人们也意识到在明朝的海禁政策下,他们必须小心寻找突破僵局的方法,才能不断增强自己的实力。16世纪之前,他们选择依靠朝贡贸易体系的框架来寻找生存和发展的机会,也就是变相渗透进朝贡体系。商人们虽然无力改造或抵制该系统,但他们可以选择尽可能地利用这个系统中的有利条件来为自己谋划。

具体来说,商人们采取了以下这些策略。

一是,利用明朝中央与地方的矛盾,与地方政府进行"合作"。虽然海禁政策看似严格,但地方政府与明朝中央政府的利益往往并不一致,"经济利益为明帝国的海上活动提供了持久的动力,而显然以市场为导向的私营部门,无论其支持或反对海上商人的立场如何,都发挥着不可替代的作用"[82]。只要地方的财政收入能增加,地方政府还是愿意游说中央政府取消海禁政策。这种情况无疑为明代商人的渗透提供了有利条件。通过商人的贿赂,地方政府官员经常对商人出海从事海外贸易视而不见。在1470年代和1480年代有无数这样的记录[83]。甚至沿海的一些地方官员和士兵自己也会利用他们的权力亲自参与到海外贸易中。

二是,私商有时会利用在官方的朝贡贸易中担任使者或者协调员的角色的机会来谋求贸易机会。虽然与之前的唐宋帝国不同,"明朝统治者一再禁止海外贸易,对东南亚贸易的影响并不是自动的",然而,由于从事明帝国与东南亚贸易的巨额利润以及"效果不一致"[84]的海禁政策的性质,一些商人极力促进朝贡贸易,愿意担任朝贡使团成员,目的是通过朝贡贸易渠道进入东南亚,获取异国货物[85]。这是他们得以在合法的外衣下继续进行商业活动的一种迂回方式。因此,商人的渗透使朝贡贸易体系在一定程度上为商人的利益服务。

按照明朝的制度,使臣可以在出海前招募熟悉海洋的商人和私人船只随同出访。因而还有一些商人会借此机会跟随使节出访,同时从事私人贸易活动。商人与使者合计共同开展商业活动的案例并不鲜见[86]。此外,一些明代商人还会积极继续担任使节,带着外国使团来明帝国寻找贸易机会。明帝国朝廷虽不完全同意中国人出使别国,但通常也不作询问,或许是因为朝廷意识到他们的做法也能为明帝国带来额外的财政收入。一般来说,东南亚有两种华商参与到朝贡贸易体系中。一种是因海难漂洋过海,后来成为外国使节的商人。另一种主要包括"长期居住在东南亚"的明代商人[87]。例如,他们中的一些商人"自郑和下西洋时就住在那里"[88]。他们试图说服和鼓励朝贡国与明帝国进行朝贡活动。他们中的大多数人熟悉中国的语言和法规,尤其是市场法规[89]。他们因此在明朝与东南亚国家之间起到了贸易桥梁作用。

3. 新的海外市场与额外财政收入

但是,商人在从事此类活动时须承担一定的风险,如果不够小心,可能会被逮捕。而且,随着朝贡制度的日益严格,海外朝贡的数量也受到了极大的限制。单靠这种手段,对于广大私商的生存和发展,显然仍然是远远不够的。于是,他们中的一些人在没有朝贡制度支持的情况下竭尽全力开拓海外市场,琉球群岛成为他们的首要选项之一,"东海岸的海盗袭击导致朱元璋禁止除了琉球和一些南亚商人以外的所有外国商人前来进行贸易"[90]。明朝于1372年开始与琉球群岛接触。两地建立朝贡关系后,琉球与中国开始了利润丰厚的朝贡贸易。然而,由于"官方航行的费用以及对外国使节进贡的奢侈待遇给明朝经济造成了严重的压力"[91],到了1433年,明帝国朝廷终止了官方的朝贡贸易。琉球鼓励当时居住在琉球的原闽商与在明帝国的闽商贸易[92]。

在随后的15世纪30年代至16世纪初,琉球的明代商人在该地区的贸易网络中发挥了关键作用。例如,在1358—1487年间,中国瓷器被认为是"互补品"[93],因其海外出口锐减,取而代之的是越南、泰国等东南亚地区的陶瓷产品[94]。就这样,在严酷的海禁期间,运往东南亚的瓷器,更远的还会"经过红海"[95],于是这就经常要求有明代商人住在琉球做这项工作。马六甲崛起后,成为"与中国和印度尼西亚东部相连的亚洲海上贸易的关键节点之一"[96]。自1410年代以后,在琉球的明代商人也与他们保持着重要的贸易关系,"马六甲王朝[97]崛起成为马六甲海峡最重要的王国,与明朝皇帝的支持也有关系"[98]。就这样,形成了以琉球为中心,连接中国、日本和东南亚的贸易圈。明帝国商人以及活跃在海外的一些华商不仅在其中发挥了重要作用,而且还通过琉球找到了贸易可持续发展的外部渠道。

明朝建国至16世纪末,私人海商面临的最大危机是明朝对私商势力的刻意压制,使这一因素逐渐成为区域贸易体系内的最大的不稳定因素。尽管民间商人对朝贡贸易体系采取了灵活、渗透的方式,琉球贸易网络的形式不断推动中国与东南亚贸易网络的发展,但这缺乏来自明帝国中央政府的支持。相反,明帝国朝廷对这种贸易行为采取了越来越严厉的措施。走私贸易由此开始采取一些新的形式。从成化年间开始,走私贸易逐渐增多。16世纪50年代,相当数量的私人海商已在广东沿海进行海外贸易活动。由于明朝政府的强力压制,这支不顺应朝贡贸易的新兴商业势力虽然体量不大,但也发展到了一定规模。这一时期的民间对外贸易规模较小,大多也比较分散。这种情况将在下个世纪出现变化。

(二) 1505—1567: 明中期帝国财政收入和海商角色

1. 西欧海商的加入以及对明中央政府财政的微弱影响

从15世纪末到16世纪初,中国和东南亚地区活跃着几个重要的商人团体:中国人、阿拉伯人、印度人和本土的马来商人。商人之间相互合作,相互竞争,但基本上采取了较为和平的方式。然而,随着葡萄牙等欧洲商人的加入,和平的贸易规则被打破。正如桑巴特指出的那样,"在十七世纪之前,旧式的海上抢劫一直是这些大商行业务中最重要的一个分支"[99]。葡萄牙控制马六甲后[100],凭借对东方航线的垄断,建立了西至马六甲、东达澳门的各种商业场所和贸易站(不过当时澳门的主权仍然牢牢掌握在明帝国手中)[101],成为该地区最强大的西方商业力量。在很短的时间内,欧洲人几乎消灭了所有当地的大型商船(还有他们的船只)。明帝国商人等传统商人受到了不同程度的影响。

但是,欧洲商人的到来对明帝国私商的发展也并不全都是消极的影响。正如唐力行(2018)所指出的那样,"当然,如果没有世界市场的外部刺激,资本主义仍然可以从中国这个传统社会中萌芽。然而,这个过程无疑会被大大推迟"[102]。首先,它们促进了明帝国商人与中国和东南亚贸易圈的联系。葡萄牙对马六甲的封锁,致使中国官方的海上力量迅速撤出印度洋地区,中国的商业力量缩减到中国及周边地区。但这反过来又帮助中国私商专注于整个南海地区的活动。其次,随着传统朝贡贸易体系的衰落,欧洲商人的到来使中国本土商人有机会参与甚至尝试建立新的贸易规则,而且在当时的明帝国,"高银价为所有参与东西方贸易的企业家创造了巨大的获利机会"[103]。

葡萄牙占领马六甲后,葡萄牙在"开辟通往明帝国的新海路"后试图开始与中国进行直接贸易[104]。但由于葡萄牙不是明朝朝贡体系的一员,并且由于其对朝贡体系和规则的抵制,葡萄牙起初并不受到明帝国朝廷的欢迎。葡萄牙商人由此开始以走私贸易的形式与明帝国私商,特别是广东沿海的明代商人保持联系。

与此同时,葡萄牙商人也积极贿赂明朝皇帝派来协助掌管广东事务的实权宦官宁诚。通过宁诚,虽然屡遭挫折,葡萄牙商人的首领托梅·皮雷斯(Tome Pires)和他的翻译火者亚三终于有机会在南京见到当时在位的正德皇帝(当时皇帝正在处理南京的宁王叛乱)。正德皇帝非常年轻,而且如前所述,他或许是明朝所有皇帝中思想最开放的一位。根据葡萄牙方面的文件和当时部分使团成员的回忆,葡使团于当年5月拜见了正德皇帝。皇帝对他们非常尊重,甚至多次与皮雷斯下西洋棋。此外,正德皇帝还设豪宴款待他们。年轻的正德皇帝对葡萄牙语也表现出了浓厚的兴趣。这位素来不太守规矩的皇帝甚至跟翻译学了一些葡萄牙语。

然而,皇帝的个人喜好显然无法改变以朝廷为首的整个明帝国的偏好。1521年正德皇帝驾崩后,继任的嘉靖皇帝恢复了敌视葡萄牙商人的政策,将他们及其商船驱逐到广东沿海。加上明帝国商人与东南亚地方商人的贸易逐渐减少,明帝国商人与葡萄牙商人之间的走私贸易成为这一时期区域贸易内的主要贸易形式。在葡萄牙等中外客商的合作下,走私贸易体系发展成为中国客商在国外采用的主要贸易形式。

2. 地方政府的财政收入需求与海商集团

与刻板严厉的海禁形成鲜明对比,明代商人参与的走私贸易简直堪称"狂野的西部"。从15世纪末开始,走私贸易变得更加频繁,尽管明帝国朝廷多次责令地方政府加强对走私的控制,并阻止商人出国。但由于财政需要,地方政府并没有完全遵循中央政府的要求及其逻辑。例如,广东当地政府正试图使日益增长的走私贸易合法化。于是在1511年,广东开始允许外国船只来贸易并缴纳一定的税金[105]。

走私贸易的蓬勃发展促进了海商集团的强势发展,海商集团"即使在当时所谓的海禁下也主导了当时明帝国的出口贸易"[106]。以往的一些研究倾向于认为这些海外贸易集团的形成是受明廷压力所迫。这显然并非全貌。比来自明廷的压力更重要的一个因素是,这些商人集团的出现也离不开不同商人之间的竞争:不仅是明帝国商人之间的竞争,还包括外国商人与明帝国商人之间的竞争。欧洲商人带来的"掠夺型贸易"模式,对本土商人来说无疑是有影响的[107]。但是,除了有不少记录显示外国商人给明帝国商人带来了损失之外,明代商人欺负甚至欺骗外国商人的记录也并不罕见。最后,明帝国的商人或主动或被迫地进一步凝聚组织的形式扩大他们的势力范围。

海商集团的出现显露了两个变化: 一是,原来的多方横向分工的走私网络开始走向纵向分工,海商集团的地位也随之上升。二是,海商集团从和平贸易方式转变为武装贸易方式,这意味着他们有能力挑战朝贡贸易体制下区域贸易体制的现有秩序,构建更加符合规范的贸易体制。而大海商集团往往还会与当地政府互相利用。比如,当时的海商巨头集团掌门人汪直,与浙江当地政府建立了合作关系,并被获准进行贸易。地方官员们利用汪直的力量维护海上安全,而对于汪直来说,他也可以借助地方政府的力量来对抗其海上的竞争对手[108]。

这看起来是一个双赢的局面。然而,这个贸易体系有一个最大的问题: 它并没有得到中央政府的准许。因此,海商集团与地方政府的合作关系相当脆弱,受制于中央政府的态度和回应。例如,嘉靖三十一年(公元 1552 年),嘉靖皇帝罢免了汪直在地方政府中的靠山,重新指派对海商采取强硬态度的官员俞大猷来执掌浙江,以期消灭海商集团[109]。事实上也确实如此发展,汪直集团最终在 1557—1561 年间在朝廷的大力打压下逐步退出了历史舞台[110]。

只要没有了地方政府的默许和支持,这个新建立的走私贸易体系很快就会变得不稳定。这种关系的破裂促使中外海上集团联合起来,迫使他们转型为"盗商"[111]。14 至 15 世纪的海盗多为日本人,16 世纪的海盗则多为中国人,"至少在明朝后期,他们实际上主要是中国人,他们的主要利益来源是明朝政府将其定为非法的海外贸易"[112],而"洋海盗最多只占全部的十分之一或十分之二"[113]。

然而,海商集团和"盗商"的消隐,并不意味着走私贸易体系的彻底消失。大商人的辛迪加或许是被镇压了,但接连不断的走私活动并没有被切断。相反,在明廷的大力打压后,走私活动的规模反而有了一个增长的趋势。从地方利益的角度来看,地方政府主张开海禁,他们认为这样可以增加地方的财政收入,而且还可以顺便消除可能存在的商人叛乱或者潜在的隐患。于是,"大而不倒"的走私商人势力先是迫使地方政府让步,最后压力又层层传导回了中央。此后,不断有朝廷的官员上奏提议解除海禁。等到 1567 年隆庆皇帝即位后,海禁政策在官方层面也被彻底废止了。

（三）1567—1644：明末期帝国财政收入和海商角色

1. 隆庆开海与帝国财政收入的增加

1567 年明帝国最重要的事件可能就是"隆庆开海"了,朝廷对海禁的解除终于使私商获得了在海外自由贸易的权利。不过,这进步的功劳也不能全都归功于隆庆皇帝。它可以追溯到他的前任之一正德皇帝。明正德年间,朝廷通过改革市舶司,默许了沿海的一些私人海外贸易,迈出了日后在国家政策层面全面解除海禁的第一步。它扩大了政府的税源,从而增加了国家的财政收入,尽管这遭到了当时一些明廷高官的强烈反对[114]。

在陆路贸易方面,如前所述,明朝尤其是中后期的对外陆路贸易已经由原先的国际性贸易向区域性民族贸易转化。而即使在明朝中后期,这种贸易也往往带有官方的色彩。比如,隆庆四年(公元 1570 年),明王朝在时任内阁首辅高拱、阁臣张居正等人的极力主张下,以俺答爱孙把汉那吉投降明朝为契机,恢复了与俺答可汗的封贡互市[115]。

而在海洋贸易方面,开海后,随着海商大集团的削弱,出海的主角变成了散商,也包括一些专门从事海上运输的商人。从事海外交易的商户数量大幅增加[116]。其中,有的只是迫于生存压力,有的则是为了谋利,尤其是在沿海地区。当时对商人的评价的重要指标,已经包括了看这个商人是否从事海外贸易,以及是否有掌握外语的能力。相应地,他们被分为三个级别,分别为"上商""中商"和"下商"。那些在海外经营成功、通晓外语的商人,受到国内平民的羡慕和尊重。

隆庆开海以后,明廷在月港设置了督饷馆,专门负责向海商征收饷税。这是一个管理私人海外贸易的机构,以征税为其主要职能,由负责严禁私人出海贸易的官署演化而来。此时,明初确立的市舶司制度已经趋于瓦解。从市舶司到督饷馆,反映了明王朝海外政策的深刻变化,它是朝贡贸易被私人海外贸易所取代的结果。如果说朝贡贸易更多的是政治行为,那私人海外贸易完全就是经济行为,所以督饷馆所体现的主要也是经济特性。

督饷馆最主要的职能是征税。根据《东西洋考》的记载,当时的税总共有以下四种。首先是引税。其实质是许可征税。海商出海贸易,先要到督饷馆领取文引。这种税出自船主。起初不分东洋、西洋,每引税银 3 两。后来又增加税额,比原额提高一倍。其次是水饷。这实际上是一种船税,按船的大小向船商征收。督饷馆官员要对船只进行丈量,将尺寸大小和经商地点详细登记。往返西洋的船只宽一丈六尺以上者,征银五两,每多一尺,加征银五钱。去东洋吕宋等地的船只较小,因而比西洋的船只减十分之三。第三种是陆饷,即商品进口税。商船回港后,按照船上货物多少计值征税。"计值一两者,征饷二分"。陆饷向货主征收。第四种是加征饷。加征饷是专门针对贩运吕宋的船只征收的。当时吕宋是西班牙人的殖民地,当地没有什么可供出口的物产。西班牙人在美洲掠夺了大量白银,除了运往欧洲本土以外,也运了大量白银到吕宋,在那里与中国海商交易,购买中国的丝绸、瓷器等物品。中国海商回航时无货可载,所以督饷馆无法按照货物的价值征收陆饷。因此,凡是属于去吕宋贸易的船只,"每船更追银百五十两,谓之加征"[117]。

为防止海商逃税,每到夏天和秋天商船大批回港时,"各巡司随报饷馆,逐程遣舟护送,以防寇掠,实欲稽查隐匿宝货"。名为保护,实为监视。因为月港的税额颇为可观,对国家财政收入作用显著,明廷担心月港官员所报不实,因此从万历二十二年(公元1594年)起,由当地官府轮流出"佐官一人主之",轮流督饷。万历二十七年(公元1599年),万历皇帝大敛工商,矿监、税使横行在全国各地,月港的关税遂由宦官监领征收。万历三十四年(公元1606年),明廷命"各省直税课,有司照常征解",宦官不再监领月港关税,督饷馆于是恢复正常职能。原来由各府轮流派官员来月港督饷,有诸多不便,于是改为由漳州府每年派出佐官一名,管理月港征税事宜。

漳州月港开放后,税额日增,而邻近的泉州却兵饷匮乏。因此,泉州请求与漳州分贩,由漳州贩西洋,泉州贩东洋,分别征收饷税如旧例。督饷馆的设置一直维持到明末。只是到崇祯年间,天下动乱不已,明廷对海商的行踪已经无法掌握和控制。海商们在别的港口出入,大都不再到月港纳税,月港已经无多少饷税可以征收,因此月港的督饷馆随之趋于关闭。

2. 郑氏海商集团与地方政府财政

然而,当明帝国朝廷再次感受到外国"海盗"的威胁时,海禁又被提上了议事日程。和以前一样,这促使商人再次组建了一些大型的海商团体。在这第二轮中,以郑芝龙为首的海商集团最为出名。和之前的汪氏集团一样,郑氏集团接受了"招降",并宣誓效忠当地政府。然而,明帝国朝廷无法控制他们。郑芝龙保留了他的私人武装,仍然有很大的独立性。他的郑氏集团和当地政府更像是一种合作关系,而非上下级关系。于是,渐渐地,郑氏集团开始拥有更加强大的而且法律承认的武装力量,使该集团进一步升级成为一个"军商"集团,"而不是像以前那样只是一个大海盗集团"[118]。

因此,无论是在贸易还是在军事上,当时的荷兰东印度公司都根本无法与郑芝龙集团竞争。郑氏家族手下的很多成员都富可敌国,比如户官郑泰"守金门,资以百万计,富至千万,少者百万"[119]。郑氏集团之所以富可敌国,一大原因正是因为它把原属于国家财政的海上贸易利润收入囊中,光是靠每船舶两千金的征收费用,就可以"岁入以千万计"。相比之下,明政府开征的市舶税只有四万两左右,而全年的商业税也不过三百多万两。

这对于呈现分散状的海商来说可不是什么好消息。之前与这些大的海商集团(比如郑氏集团)竞争的其他中小规模海商,根本无法匹敌郑氏的势力,散商的生存环境也随之发生了变化。他们被迫依靠大海商的保护来获得安全的交易机会,郑氏集团则据此收取某种保护费。

正如卫礼贤所指出的,"欧美贸易从十六世纪开始渗透到中国。于是从那时起,这种贸易的活跃分子不再是中国人,而是外国商人"[120]。从某种角度来说这种说法大体上是正确的。然而,尽管行为看似不道德,但总体而言,中国海商的实力变得如此强大,以至于有国外学者认为,在现代东亚贸易,特别是丝绸贸易中,明代商人和中国海船起了主导作用,而荷兰东印度公司等机构则只是起到了辅助作用。而从 17 世纪初到 1644 年明朝灭亡,"明朝私人海商与荷兰殖民者的两岸贸易主导地位在不同阶段发生了变化"[121]。松浦章的上述观点也可以在其他学者,比如 Edward Chou 的著作中得到证实:"明代商人与菲律宾的其他地区、婆罗洲(也是中国"海盗"的避难所)和印度尼西亚群岛的其他地区进行了有利可图的贸易。那个时候中国人的实力大大超过了欧洲人"[122]。

禁海令取消后,大量明帝国商人出海贸易,导致东南亚地区的明帝国商人数量迅速增加。帆船的数量从 1567 年的 50 艘增加到 1589 年的 88 艘,以及 1597 年的 137 艘[123]。当时东南亚也允许一夫多妻制,在当地定居的华商地位往往较高,对当地的马来妇女颇有吸引力。明帝国商人与当地民族的更深层次融合促进了华商贸易和社交网络的扩展,因此明帝国商人可能在促进中国与东南亚的区域贸易体系中发挥了更重要的作用,虽然从明廷的角度来看这些不过是 Scott 所说的"自我野蛮化"(self-barbarianization)的商人[124]。

综上所述,对外贸易的商业活动给明帝国带来的财政利益,虽然不如农业税和商业税,却也颇为可观,尤其是在明朝中后期。这种收益不仅仅体现在实际收入方面,也体现在国力的展现和维护安全上,这种隐形的收益会带来更大的财政好处。对于来自外贸的财政收入仍然不如预期的重要原因之一"很可能是当局担心过高的税率会使海员、船主和商人转向走私贸易并加入海盗之列"[125],而海盗问题也确实一直是明廷所关注和忧心的。明帝国的最后一个世纪,海商从松散的非正式组织转变为更为正式的组织(郑氏等军商集团或常在东南亚活动的贸易侨商)。因此,他们获得了更大的发言权。无论是处于海禁阶段还是开海阶段,当时欧洲国家带来的现实冲击不可避免地将明帝国私商带到了对外贸易的最前沿,无论其是否恰逢其时或是明廷是否愿意。正如本章所展现的,对外贸易对于明帝国财政的贡献,在明帝国学者中得到了更多的支持。相应地,明帝国商人也确实在增加国家的财政收入以及在区域贸易中发挥了多层次的作用。

参考文献

［1］谈敏:《中国财政思想史简编》,上海财经大学出版社,2018 年版,第 164 页。

［2］李明伟:《丝绸之路贸易研究》,新疆人民出版社,2010 年版,第 419 页。

［3］丁笃本:《丝绸之路古道研究》,新疆人民出版社,2010 年版,第 15 页。

［4］林仁川:《明末清初私人海上贸易》,华东师范大学出版社,1987 年版,第 190—195 页。

［5］Weber, M. (1951 [1915]). The Religion of China:Confucianism and Taoism. New York:Free Press, p. 16.

［6］Smith, A. (1979 [1776]). The Wealth of Nations:An inquiry into the nature and causes of the wealth of nations. Oxford:Clarendon Press, p. 35.

［7］"请以令为诸侯之商贾立客舍,一乘者有食,三乘者有刍菽,五乘者有伍养。天下之商贾归齐若流水"。《管子·轻重乙篇》。

［8］石(读 dàn)是中国古代的一种度量。在汉代,1 石约等于 30 公斤。

［9］"金一两生于境内,粟十二石死于境外。粟十二石生于境内,金一两死于境外"。《商君书·去彊篇》。

［10］"是则外国之物内流,而利不外泄也。异物内流则国用饶"。《盐铁论·力耕篇》。

［11］许建国等:《西方税收思想》,中国财政经济出版社,2016 年版,第 3 页。

［12］韩愈:《韩昌黎集》卷二十一。

［13］[加]卜正明,潘玮琳译:《挣扎的帝国:元与明》,民主与建设出版社,2016 年版,第 211 页。

［14］吴慧:《中国商业通史》第三卷,中国财政经济出版社,2004 年版,第 550 页。

［15］陈子龙等：《明经世文编》,中华书局,1962 年版,卷二八零。

［16］Vaggi, G. （1987）. *The Economics of François Quesnay*. London：Palgrave Macmillan,
p. 67.

［17］解缙：《明太祖实录》,台北中研院历史语言研究所,1962 年版。

［18］沈德符：《万历野获编》卷二十六,中华书局,2007 年版。

［19］Li, K. （2010）. *The Ming Maritime Trade Policy in Transition*, *1368 to 1567*.
Wiesbaden：Harrassowitz Verlag, p. 7.

［20］陈子龙等：《明经世文编》,中华书局,1962 年版,卷二八零。

［21］Clunas, C. （1991）. *Superfluous Things*：*Material culture and social status in early
modern China*. Cambridge：Polity Press, p. 142.

［22］葛剑雄：《统一与分裂：中国历史的启示》,商务印书馆,2013 年版,第 176 页。

［23］陈子龙等：《明经世文编》,中华书局,1962 年版,卷二八三。

［24］Vogelsang, Kai （2020）. *China und Japan*：*Zwei Reiche unter einem Himmel*. Alfred
Kröner Verlag.

［25］费宏：《明武宗实录》,台北中研院历史语言研究所,1962 年版,卷一四九。

［26］Hua, Tengda （2022）. *Handel im chinesischen Imperium der frühen Neuzeit*.
Wiesbaden：Springer Gabler, S. 99.

［27］Harari, Y. N. （2014）. *Sapiens*：*A Brief History of Humankind*. New York：Penguin
Random House, p. 166.

［28］Brook, T. （1993）. *Praying for Power*：*Buddhism and the formation of gentry society
in late-Ming China*. Cambridge：Harvard University Asia Center, p. 29.

［29］Calder, K. （2012）. *The New Continentalism*：*Energy and Twenty-First-Century
Eurasian Geopolitics*. New Haven：Yale University Press, p. 24—25.

［30］李金明：《中国古代海外贸易史》,广西人民出版社,1995 年版,第 145 页。

［31］李金明：《中国古代海外贸易史》,广西人民出版社,1995 年版,第 148 页。

［32］葛剑雄：《统一与分裂：中国历史的启示》,商务印书馆,2013 年版,第 8 页.

［33］Baldanza, K. （2016）. *Ming China and Vietnam Negotiating Borders in Early Modern
Asia*. Cambridge：Cambridge University Press, p. 115—118.

［34］［美］谢尔登·波拉克著,李婉译,刘守刚校译：《战争、收入与国家构建》,上海财经大学
出版社,2021 年版,第 69 页。

［35］周起元 （1571—1626）,明朝东林党政治人物,东林七贤之一。

［36］周起元：《东西洋考》,上海古籍出版社,1987 年版,第 206 页。

［37］徐学聚(1545—1616),字敬舆,号石楼,浙江兰溪人,明朝政治人物,同进士出身。以右金
都御史上任巡抚,所到之处,皆有政绩。

［38］陈子龙等：《明经世文编》,中华书局,1962 年版,卷四零零。

［39］林富 （1475—1540）,字守仁,明朝政治人物,弘治壬戌进士,嘉靖间官至两广巡抚。嘉靖
九年(公元 1530 年),疏请佛朗机(葡萄牙)在广州贸易。因得罪方献夫被罢官。

［40］参见 Chou, C. and Edward, H. K. （1974）. *An Economic History of China*. Center for

East Asian Studies，Western Washington University，p. 133.

［41］ 严从简：《殊域周咨录》，中华书局，1993 年版，第 712—714 页。

［42］ 丘濬：《大学衍义补》，台湾商务印书馆，1986 年版。

［43］ Hu，J.（1988）. *A Concise History of Chinese Economic Thought*. Peking：Foreign Languages Press，p. 453.

［44］ Li，K.（2010）. *The Ming Maritime Trade Policy in Transition，1368 to 1567*. Wiesbaden：Harrassowitz Verlag，p. 7.

［45］ 周起元：《东西洋考》，上海古籍出版社，1987 年版。

［46］ 丘濬：《大学衍义补》，台湾商务印书馆，1986 年版。

［47］ ［意］卡洛·奇波拉：《欧洲经济史》第一卷，商务印书馆，1988 年版，第 235—236 页。

［48］ 何乔远：《镜山全集》，福建人民出版社，2015 年版。

［49］ Höllmann，T. O.（2021）. *China und die Seidenstraße：Kultur und Geschichte von der frühen Kaiserzeit bis zur Gegenwart*. Verlag C. H. Beck.

［50］ 何乔远：《镜山全集》，福建人民出版社，2015 年版。

［51］ 郑芝龙（1604—1661），字飞黄，在 17 世纪世界海权勃兴的时代与明朝封闭海疆的背景下，以民间之力建立“水师”，周旋于东洋及西洋势力之间，是当时抗击及成功击败西方海上势力的第一人。

［52］ 何乔远：《镜山全集》，福建人民出版社，2015 年版。

［53］ 陈子龙等：《明经世文编》，中华书局，1962 年版，卷二七零。

［54］ Li，K.（2010）. *The Ming Maritime Trade Policy in Transition，1368 to 1567*. Wiesbaden：Harrassowitz Verlag，p. 17.

［55］ Sombart，W.（1967）. *The Quintessence of Capitalism：A study of the history and psychology of the modern businessman*，translated and edited by Epstein M. New York：Howard Fertig，p. 72.

［56］ 陈子龙等：《明经世文编》，中华书局，1962 年版，卷四零零。

［57］ Shen，F.（2009）. *Cultural Flow Between China and Outside World Throughout History*. Peking：Foreign Language Press，p. 235.

［58］ 孙尚扬：《利玛窦与徐光启》，中国国际广播出版社，2009 年版，第 136 页。

［59］ 徐光启：《徐光启集》，上海古籍出版社，1984 年版，第 39—47 页。

［60］ Malthus，T. R.（1966）. *First Essay on Population* 1798. London：Palgrave MacMillan，p. 322.

［61］ 梁方仲：《梁方仲经济史论文集》，中华书局，1989 年版，第 178—179 页。

［62］ Malthus，T. R.（1966）. *First Essay on Population* 1798. London：Palgrave MacMillan，p. 324.

［63］ 黄仁宇：《十六世纪明代中国之财政与税收（大字版）》，九州出版社，2020 年版，第 424 页。

［64］ Wilhelm，R.（1930）. *Chinesische Wirtschaftspsychologie*. Leipzig：Deutsche Wissenschaftliche Buchhandlung，p. 70.

［65］ Von Glahn，R.（2016）. *An Economic History of China：From Antiquity to the*

Nineteenth Century. Cambridge：Cambridge University Press，p. 287.

［66］Kaur，M. and Isa，M.（2020）. *Between the Bay of Bengal and the Java Sea：Trade Routes，Ancient Ports and Cultural Commonalities in Southeast Asia*. Singapore：Marshall Cavendish，p. 28.

［67］葛剑雄：《统一与分裂： 中国历史的启示》，商务印书馆，2013 年版，第 8—9 页。

［68］［加］卜正明，潘玮琳译：《挣扎的帝国：元与明》，民主与建设出版社，2016 年版，第 210 页。

［69］［加］卜正明，潘玮琳译：《挣扎的帝国：元与明》，民主与建设出版社，2016 年版，第 211 页。

［70］李明伟：《丝绸之路贸易研究》，新疆人民出版社，2010 年版，第 421 页。

［71］撒马尔罕（Samarqand）是中亚地区的历史名城，现为乌兹别克斯坦的旧都兼第二大城市、撒马尔罕州的首府。“撒马尔罕”一词在粟特语中意为“石城”或“石要塞”、“石堡垒”；另根据耶律楚材说：“寻思干者西人云肥也，以地土肥饶故名之”。14 世纪时为帖木儿帝国国都。

［72］赫拉特（Hrat），在 11 世纪到 13 世纪初期间，赫拉特发展成为中西亚的金属品制造业的中心，尤以镶金银的铜器闻名；是当时世界上最大的城市之一。现为阿富汗赫拉特省首府。是中亚与西南亚、南亚交流的重要枢纽。

［73］杨士奇：《明太宗实录》，台北中研院历史语言研究所，1962 年版，卷二五四。

［74］杨士奇：《明太宗实录》，台北中研院历史语言研究所，1962 年版，卷二一七。

［75］李明伟：《丝绸之路贸易研究》，新疆人民出版社，2010 年版，第 458 页。

［76］李东阳：《明孝宗实录》卷六十八。

［77］晁中辰：《明代海禁与海外贸易》，人民出版社，2005 年版，第 126—128 页。

［78］李东阳：《明孝宗实录》卷八十二。

［79］杜车别：《大明王朝是被谁干掉的》，世界知识出版社，2017 年版，第 275 页。

［80］Kauz，Ralph（2005）. *Politik und Handel zwischen Ming und Timuriden：China，Iran und Zentralasien im Spätmittelalter*（Vol. 7）. Reichert Verlag，S. 107.

［81］严从简：《殊域周咨录》，中华书局，1993 年版。

［82］Deng，K. G.（1997）. *Chinese Maritime Activities and Socioeconomic Development，c. 2100 BC-1900 AD*. Westport，CT：Greenwood Publishing Group，p. xix.

［83］刘吉：《明宪宗实录》，台北中研院历史语言研究所，1962 年版，卷二五九。

［84］Reid，A.（1993）. *Southeast Asia in the Age of Commerce 1450—1680，Vol. 2*. Princeton：Princeton University Press，p. 12.

［85］刘吉：《明宪宗实录》，台北中研院历史语言研究所，1962 年版，卷九七。

［86］张廷玉：《明史》，台北中研院历史语言研究所，1974 年版，卷三二五。

［87］李东阳：《明孝宗实录》，台北中研院历史语言研究所，1962 年版，卷一二六。

［88］杨士奇：《明宣宗实录》，台北中研院历史语言研究所，1962 年版，卷八七。

［89］张廷玉：《明史》，台北中研院历史语言研究所，1974 年版，卷三二四。

［90］Chou，C. and Edward，H. K.（1974）. *An Economic History of China*. Center for East

Asian Studies，Western Washington University，p. 132.

［91］Kaur，M. and Isa，M.（2020）．*Between the Bay of Bengal and the Java Sea：Trade Routes，Ancient Ports and Cultural Commonalities in Southeast Asia*．Singapore：Marshall Cavendish，p. 30.

［92］陈仁锡：《皇明世法录》，台湾学生书局，1986 年版，卷四。

［93］Hengstmengel，J.（2019）．*Divine Providence in Early Modern Economic Thought*．London：Routledge，p. 77.

［94］刘淼：《明代前期海禁政策下的瓷器出口》，考古，2012 年第 4 期，第 85 页。

［95］Braudel，F.（1972）．*The Mediterranean and the Mediterranean World in the Age of Philip II，Volume I. Translation from the French by Sian Reynolds*．New York：Harper & Row，p. 550.

［96］Subrahmanyam，S.（2012）．*The Portuguese Empire in Asia 1500—1700：A Political and Economic History（2nd edition）*．New York：Wiley-Blackwell，p. 15.

［97］马六甲王朝是于 1402 年由拜里米苏拉所建立的王国，明帝国时期称其为满剌加国。

［98］Kaur，M. and Isa，M.（2020）．*Between the Bay of Bengal and the Java Sea：Trade Routes，Ancient Ports and Cultural Commonalities in Southeast Asia*．Singapore：Marshall Cavendish，p. 30.

［99］Sombart，W.（1967）．*The Quintessence of Capitalism：A study of the history and psychology of the modern business man，translated and edited by Epstein M*．New York：Howard Fertig，p. 73.

［100］Clunas，C.（1991）．*Superfluous Things：Material culture and social status in early modern China*．Cambridge：Polity Press，p. 58.

［101］Chou，C. and Edward，H. K.（1974）．*An Economic History of China*．Center for East Asian Studies，Western Washington University，p. 133.

［102］Tang，L.（2018）．*Merchants and Society in Modern China：Rise of merchant groups*．London：Routledge，p. 139.

［103］Ma，D.（2016）．*Textiles in the Pacific，1500—1900*．London：Routledge，p. 34.

［104］Menudo，J. M.（2020）．*The Economic Thought of Sir James Steuart：First Economist of the Scottish Enlightenment*．London：Routledge，p. 69.

［105］费宏：《明武宗实录》，台北中研院历史语言研究所，1962 年版，卷一一三。

［106］Deng，K. G.（1999）．*The Premodern Chinese Economy：Structural Equilibrium and Capitalist Sterility*．London：Routledge，p. 9.

［107］张溶：《明世宗实录》，台北中研院历史语言研究所，1962 年版，卷三五零。

［108］张廷玉：《明史》，台北中研院历史语言研究所，1974 年版，卷三二五。

［109］张廷玉：《明史》，台北中研院历史语言研究所，1974 年版，卷二零五。

［110］Subrahmanyam，S.（2012）．*The Portuguese Empire in Asia 1500—1700：A Political and Economic History（2nd edition）*．New York：Wiley-Blackwell，p. 20.

［111］张溶：《明世宗实录》，台北中研院历史语言研究所，1962 年版，卷三八四。

［112］ Elvin，M. （1973）. *The Pattern of the Chinese Past*. Stanford：Stanford University Press，p. 91.

［113］ 严从简：《殊域周咨录》，中华书局，1993 年版，卷九。

［114］ 费宏：《明武宗实录》，台北中研院历史语言研究所，1962 年版，卷一一三。

［115］ 李明伟：《丝绸之路贸易研究》，新疆人民出版社，2010 年版，第 426 页。

［116］ 李金明：《中国古代海外贸易史》，广西人民出版社，1995 年版，第 350 页。

［117］ 晁中辰：《明代海禁与海外贸易》，人民出版社，2005 年版，第 222—223 页。

［118］ 刘强：《海商帝国：郑氏集团的官商关系及其起源》，浙江大学出版社，2015 年版，第 8—9 页。

［119］ 林仁川：《明末清初私人海上贸易》，华东师范大学出版社，1987 年版，第 54 页。

［120］ Wilhelm，R. （1930）. *Chinesische Wirtschaftspsychologie*. Leipzig：Deutsche Wissenschaftliche Buchhandlung，p. 71.

［121］ 松浦章著，李小林译：《清代海外贸易史研究》，天津人民出版社，2016 年版，第 410 页。

［122］ Chou，C. and Edward，H. K. （1974）. *An Economic History of China*. Center for East Asian Studies，Western Washington University，p. 133—134.

［123］ 鄂尔泰：《硃批谕旨》，第 46 册，上海点石斋，1887 年版，第 26—27 页。

［124］ Scott，J. C. （2009）. *The Art of not Being Governed*：*An anarchist history of upland Southeast Asia*. New Haven：Yale University Press，preface X.

［125］ 黄仁宇：《十六世纪明代中国之财政与税收（大字版）》，九州出版社，2020 年版，第 428 页。

第六章

明代对内商业活动中的财政与商人

明代商业资本的一个特点，是与高利贷和土地所有权相结合。如徽州商人在其经济活动中，可能除了盐业之外，也就是典当业占有着重要地位。他们经营的质库、当铺，遍布各地，并以此盘剥重息，累积财富。明代商人还将高利贷资本直接地深入到手工业和农业生产中去。如粤商经营糖房业，春以糖本分与蔗农，冬收其利。河南、江苏各地农村，商人春出母钱贷下户，秋倍收子钱。江西、浙江的商人更是将高利贷的触角，伸向云南、四川等边疆乡村。他们普遍通过高利贷手段以及其他各种办法掠夺土地。如山陕商人，多以开中积谷，垦辟边疆起家，有藏粟数百万石者。

本章将探讨明代对内商业活动与国家财政的关系以及商人在其中的角色。对内商业活动主要包括但不限于国家和商人的高利贷、商民的消费活动,以及宫廷内府和皇庄的商业活动,这首先涉及了关于义利奢俭的讨论。明代学者关于义与利、节俭与奢侈的讨论,与当时社会上商人的积累财富和消费行为是互为影响的关系: 商人的一些敛财和投资行为引发了学者们的思考,而这些思考又影响了当时社会的思潮,这反过来又影响了明代商人的行为,也影响了明廷的一些财政安排。比如,丘濬在对商业非常支持的同时,他与儒家思想无疑也是保持一致的:他认为商人应该努力为人正直,让个人利益服从于国家的利益,也就是多为国家财政创收。他的这种思想可以追溯到孔子和荀子,先秦时期,"重仁义"和"罕言利"无疑是儒家的主导思想之一,而荀子更进一步,将欲望视为个人商业行为的合法动机。李贽等学者试图调和义利,认为对财富的追求是自然的。这一思想如果再引申,其实就类似亚当·斯密关于"看不见的手"的论述: 个人私利最终会促成社会的发展。这类为商人的生活方式所作的辩护在明代很有市场。甚至,王阳明会为商人写墓志铭。而关于奢俭生活方式的讨论可追溯至《管子》中有关奢侈品消费和就业的相关内容,其中亦有对外部影响的认识。支持奢侈的生活方式、节俭的生活方式,或者是奢俭并重,这三种观点在明代学者中均能找到,因而关于奢俭孰优孰劣在明代学界其实并没有任何定论。但无论是哪个思想阵营,都能找到奢侈或节俭与社会财富、国家财政互相联系的论述。

商人在明代这些对内商业活动中的角色以及对国家财政的影响大致可以分为以下几个方面。首先是私商的高利贷。明代关于利息的经济思想从未像同期西方的学者们那样从普遍意义上谴责高利贷^[1]。利率有上限、贷款必须偿还的原则没有受到质疑，但对于国家财政是否应该提供贷款或这项活动是否可以留给私商，不同阵营的明代学者们进行了辩论。与桑弘羊相反，丘濬赞成私商放贷，反对政府放贷。其他学者担心放贷可能会导致借款人变得懒惰，而另一种观点则要求富商放贷不求利息；反对意见认为这意味着"劫富济贫"。商人和国家在高利贷方面是竞争对手，而商人在基层放贷中更有优势，因为他们的网络可以延伸到农村的偏远地区。其次，明代商人的绝大多数财富没有用于再生产，却都用于奢侈消费，比如艺术品和书籍。就像在古罗马，明帝国官员们和大商人们会宣扬节俭，但却过着奢华的生活。明帝国商人对艺术品和书籍的消费部分突出，此二者在那个时代都是极其昂贵的奢侈品。在明代，图书贸易有了更大的发展，商人可以作为藏书者获得威望。另外，明代的私商们亦会参与到与皇室用度开销相关的商业活动中，比如采购和提供服饰、采购修缮宫殿所需的木材等。

一、明代国家和商人的高利贷活动

（一）明代关于高利贷和国家财政的观点

1. 丘濬和明代以前的义利观

国家财政政策的背后，往往也会有国家对于个人利益追求的态度的体现。这经常会反映在当时士人阶层的著作中。作为明代最杰出、理论最系统的经济学者之一，丘濬在他的《大学衍义补》中详细阐述了君王、国家、商人视角的义与利。从中我们可以深入地了解丘濬对义利关系的看法，其中包含了他对商人的一些看法。丘濬认为，谋利是人的本能，是社会生存的需要，尤其对商人更是如此。然而，丘濬却批评商人，因为他们往往只见利而不见义。丘濬还强调，国家财政和商人在追求"利"时，要以"义"为标准。在他看来，最理想的状态是，在"义"的原则下，君王、国家、商人各得其利，互不侵犯^[2]。

丘濬身处明朝前期，其义利思想大体上与明代之前的主流思想家颇为吻合。义和利是儒家思想体系中的核心分析对象之一，而且往往还延伸到另一对概念："君子"与"小人"。自孔子以降，儒家文化向来将道德置于财富和商业之上。《论语》中的"君子喻于义，小人喻于利"即是一个具有代表性的主张，表明了学者们反对营利，"利"被认为是"义"的对立面。尽管如此，孔子本人其实并不鄙视商人。他认为，商人为了赚钱而运送难以获得的货物是合理的[3]。子贡是他最喜欢的学生之一，子贡不为官却做生意，每次都能准确预测市场，孔子对此给予了高度评价。

孟子、董仲舒乃至唐宋儒家，普遍继承了孔子的义利思想。孟子比孔子的"罕言利"更进了一步，阐述为什么要"言利"。他指出，"鸡鸣而起，孳孳为善者，舜之徒也；鸡鸣而起，孳孳利者，跖之徒也。欲知舜与跖之分，无他，利与善之间也"。孟子把"利"与"善"完全对立起来，说明他对谋利的行为深恶痛绝。但是，孟子也认为经济条件决定了人们的思想。他说，人们必须先有足够的食物吃，然后才能谈礼义问题。换言之，孟子实际上承认人的道德价值应该以经济利益为基础。从这个意义上说，孟子可能比他之前的思想家（包括孔子）更深刻地理解了商业的功能、商品的交换以及商人存在的必要性，虽然他对此并无太多的直接着墨。

荀子虽师承孔孟，其利义思想却并不与前人完全一致。他认为每个人，不论是"君子"还是"小人"，都有两种倾向，分别为义和利。荀子没有任何接近于义利两重的想法。然而，孔孟承认人们有追求财富的欲望，却认为欲望是消极的，而荀子则对欲望持积极态度。在肯定欲望后，荀子下一步就是考虑如何满足欲望，他认为通过流通商品可以让各行各业的人得到别人生产的和他们需要的。因此，商人是不可或缺的。不过荀子也同意，虽然商人属于社会的必然分工，但商人的数量确实应该受到一定的限制[4]。

西汉时期，大儒董仲舒尤其提倡不谈金钱利益，将"义"彻底转变为伦理教条。董仲舒从其自然观出发，把义和利看作人生的两大要素。在义利选择上，他强调道义与功利不能共存，君子必须求义而舍利。而在著名的盐铁论战中，桑弘羊与儒家学者对义利也有不同的看法。儒者们认为，桑弘羊的国家与民争利的政策，不仅造成了平民的贫困和流离失所，更重要的是在社会上造成了趋附名利的不良社会风气。道德沦丧，民风败坏，进而造成大家不守礼节。文人由此坚信"义"应为立国之本[5]。相反，桑弘羊认为，如果国家不追求物质利益，就不可能实现国家的繁荣。如果只追求"义"，这无助于解决与国家命运相关的真正问题。很明显，桑弘羊的义利思想完全是站在国家收入的立场上的，对于个人的利益追求，他只字未提。因此，我们可以认为，在个人层面，桑弘羊和其他儒家学者一样，仍然是"义先于利"的倡导者。原因很明显：只有在普通百姓都遵循这一点的前提下，商人才不会与国家争利，从而保证国家有利可图，财政收入稳定。

到了宋代，义利之争愈演愈烈。当时主流的新儒家思想家们将义利论推向了一个新的高度。比如，程颢就提出义利如水火互不相容；理学大师朱熹则指出："在天为命，在义为理，在人为性，主于身为心，其实一也。"在朱熹的思想中，天理与人欲是一对对立的概念，任何与"利"有关的因素都应该摒弃[6]。宋朝也已有一些思想家提出了"义利并重"的观点。其中的代表思想家是北宋时期的李觏和南宋的叶适。李觏指出，拒绝谈论利益和欲望，这是剥夺人的生存权，违背人性，而这也是当时的人们越来越不喜欢儒家思想的原因。他批评孟子"何言利"的观点，认为孟子的这一观点未免过于极端。相应地，他提出了另一种主张，认为正义本身也是一种利益。叶适表达了相似的观点，提出"义利并举，以义为先"。作为当时的一个重要学派，它表明了一种趋势，即谋利已不再被视为可耻的行为，尽管对于一个正直的君子来说，义还是要放在第一位的。这些思想可以认为是明中叶以后类似或者更进一步的思想的先兆。

2. 王阳明和阳明学派的义利观

从明中期开始，阳明学派开始成为最主流的思想流派之一，影响了徐阶、张居正等许多朝廷高官，也影响了普通百姓。在义利观方面，王阳明仍然遵循传统的儒家观点，但略有不同。他所说的"夫道有本而学有要，是非之辩精矣，义利之间微矣"，并不同于传统的义利观，而更多地是表达了一种义利相合的观点[7]。也许正是基于这一思想，他进一步发展了对传统四民分业定居论的"修正意见"，正如第五章中所提到的。

继承并发展义利结合思想的是阳明学派重要分支的泰州学派，包括一些王阳明最有名的弟子，比如何心隐、颜钧后因避讳，改名铎、李贽。众所周知，"存天理灭人欲"的思想从朱熹的时代一直延续到王阳明活跃的明中叶。这一时期虽然也有一些学者如丘濬，认为"民自为之"代表了追求个人利益和财富的合理诉求，但直到王阳明和他的弟子才系统地提出"灭人欲"是不合理的。这些泰州学派的代表，在阐述他们的观点时，都作了一个与西方经济学相似的假设，即人是自私的。例如，何心隐引述孔孟之说，"寡欲，以尽性也。尽天之性以天乎人之性，而味乃嗜乎天下之味风味。而色，而声，而安佚，乃又偏于欲之多者之旷于恋色恋声，而苟安苟逸已乎？凡欲所欲，而若有所节，节而和也，自不戾乎欲于欲之多也，非寡欲乎？"[8]，从而驳斥朱熹的"灭人欲"论，赞同功利主义[9]。他的老师颜钧亦相信人的本性是纯洁的,因此认为逐利的自发性不应受到传统道德的束缚[10]。

其中,以李贽的思想最为出名。据说他的一些观点甚至在小城市和村庄的妇孺老弱中均有影响力。他批评了避而不谈利益的传统教条。一些唐宋思想家亦承认圣人可能会提到财富或利益,但那是为了"天下",而不是为了自己的私心。而李贽则认为,即使是圣人本身也可以追求财富。他认为,"尧舜与途人一,圣人与凡人一",将圣人放在与凡人相同的情欲层面上。因此,他把"爱财"、"积金玉石"、"好买田宅"等视为民众尤其是商人的天然偏好。

在明中叶起商贸愈发兴盛的大环境下,李贽的思想中包含了对私欲兼备的个人之间的商品交换关系的肯定。他觉得追求财富、获得更高社会地位、满足消费冲动并不是不道德的,而是很自然的。他对商人表示极大的同情,并指出没有理由认为他们低人一等。他不仅肯定商人之间或与其他平民之间的货物交换,而且还基于上述想法进一步地对商人的逐利性质有着明确的积极态度。他表示,商人不可被认为是粗俗的:"商贾亦何可鄙之有?挟数万之资,经风涛之险,受辱于官吏,忍诟于市易,辛勤万状,所挟者重,所得者末"。他指出商人必须进行漫长而危险的旅程,经常还要忍受一些官员的羞辱和买家的讨价还价。他们的负担很重,他们这种对利的追求是值得被尊重的[11]。

3. 义利相合的观点

16 世纪开始,不仅在阳明学派,而且在广大其他学派的学者中,"义利"的概念也与"理欲"、"公私"一样,发生了微妙的变化。比如,韩邦奇在他的著作中明确指出,义利之说不仅适用于士人阶层,也适用于商人阶层,这在明朝也不例外。他认为,义利之间不以外在诵习为学或货殖为贾作实质分别,二者不拘形迹,取决本心;商人知义,遂可缘利取义,士人好利,即能因利坏义,由兹一念生发,达于世用,则高下自判[12]。在这里,韩邦奇拓展了义利之争的社会意义,承认"以利为本"的商人们也能与"义"的精神保持一致[13]。这可以看作是对传统义利观的一种全新诠释。

不过,这种新的解释也并非始于韩邦奇,早于他的一些学者已经持有类似的观点。在李梦阳为某位商人写的一篇墓志铭中,他做了如下表述: 商人与士人,职业和技能不同,但对道的追求却是相同的。尽管精通商业的人终日处于金钱和商品中,但他们也可以实践高尚的行为。商人虽然追求利润,但他们中的大部分人能保持诚信。因此,商人的营利行为仍受正气约束,他们像士人们一样固守着自己的职业[14]。

这种新的义利观在 16 世纪并非偶然,而且在不断发展。比如,17 世纪初,顾宪成[15]为他所在县的一位商人写了一篇墓志铭《明故处士景南倪公墓志铭》,其中他提到,"以义诎利,以利诎义,离而相倾,抗为两敌。以义主利,以利佐义,合而相成,通为一脉"[16]。顾宪成写的墓志铭所体现的思想意义,在于它直接指出了传统义利观与当时的义利观的区别: 前者强调"义利分离",而后者强调"义利相合"。他的这一思想可能部分基于前人的观点(比如他可能读过韩邦奇、李梦阳的文章),但更重要的或许是他自己的人生经历。他的父亲是一位成功的商人。他的哥哥顾性成和顾自成也帮父亲做生意。所以他可以算作是在商人世家长大。他公然摒弃儒家对"义利分离"的旧解释,而提倡"义利结合"的新学说,这固然有其出身商人世家的因素,但我们也需重视当时以此为代表的这一重要思想意识的转变。

4. 义利观与国家财政

黄宗羲的商业思想建立在利己主义的人性论基础之上,主张人对利益的追求符合人性。他批评君主专制制度只是为了君主本人,而不是为了普通民众追求自己的利益。君主把国家当成自己的财产,普通百姓不得追求自己的财富;他认为这是一种违反人性的制度。基于此,黄宗羲对轻商、重义、轻利的传统观念进行了批评。他认为这种思想的本质是只重视国家的收入和收益,即垄断了全天下的利益,而剥夺大多数商人的利益[17]。黄宗羲的这一思想就像是边沁相关思想的"低阶版本"。在边沁的《道德与立法原则》中,边沁认为,商人"一直坚持认为自己能拿到的最好价格"是理所当然的,或"增加他们资本积累量"[18],而这也正是黄宗羲想表达的意思。

顾炎武认为,夏、商、周以来的古代统治者都是为自己牟取私利,利用这种私利来达到所谓的"义"。因而,这种"义"有时会成为士人阶层为了给统治阶级的真实目的遮羞的幌子,这些"君子"们提倡"义"是为了避免让民众追"利"。顾炎武对此很不赞同,认为这并非儒家学说的本意。他认为,全天下的人都要为自己或者自己的家庭谋生计,追求利益很正常。与其依靠国家财政为人民谋利益,不如让人民自己谋取利益[19]。因此,在他看来,为了方便人们获取其个人利益,同时发展农业和商业是一种必然的选择。因此,商人其实扮演着重要的角色,因为顾炎武认为一切生产和发展都依赖于商品和基础资源的有效流通。因此,他认为,打压商人其实不符合国家的财政利益：商人获取私利及其谋利动机,虽然本身可能并不值得称道,但对国家财政来说却是必不可少的[20]。

儒家思想长期占据中国古代思想界的主流,以儒家的价值判断为基础的义利观,成为古代社会区分"君子"与"小人"的基本价值观。而商人因其逐利的需要,很容易被贴上"小人"的标签。更进一步说,君子与小人的人格对立是中国古代最基本的人格类型,在一定程度上也是社会地位的反映。

"义利之争"具有强烈的反个人功利内涵。它从思想层面为历朝历代奉行的"抑商"思想添砖加瓦,从而使士大夫阶级与商人阶级形成了一定程度的对立。而本节的以上内容其实指出,这种思想的主导地位在明朝可能受到了轻微的挑战。以丘濬、阳明学派、黄宗羲、顾炎武为代表的"义利并重"思想,在当时的社会上也颇有影响力。但是,对于这种思维是否改变了商人的地位,目前我们不能妄下定论。就连极力主张追求个人私利的顾炎武也承认,道德是超越贫富的,道德的高低不能用财富的高低来衡量[21]。对于终身研读儒家经典的学者来说,即使他们肯定自私的欲望,甚至愿意讲义利双赢,但在他们的内心深处,士人求义与商人求利仍然存在一种思想冲突。就算士人不鄙视商人,他们或许也难以从内心真正认同商人阶层。

（二）财政： 明代国家高利贷与商人高利贷

在明代,依托于海外流入的白银,货币财政制度得以真正地确立。从财政的视角看,货币的作用主要体现在以下三个方面： 一是增加财政收入;二是进行经济和社会管理;三是实行国家储备[22]。其中,在经济和社会管理这一块,国家和私人的高利贷活动无疑是其中的一项。在明帝国时期,商人高利贷成为私人高利贷中的主力军。它与国家高利贷一起,都对帝国财政产生了一定的影响。

在西方经济思想史上,"关于高利贷的争论在一系列相关理论的起源中起到了决定性的作用,因为关于高利贷的争论导致了一个重要问题,即如何以非工作的收入形式来证明其收入的合理性"。然而,在中国古代,"学者很少参与关于高利贷的学术讨论"[23]。尽管如此,在一些明朝学者的思想中,仍然可以找到一些评价商人高利贷活动的线索。在西方封建时代,借贷和收取利息长期以来一直受到教会的抨击,被认为是非法和不道德的。教会往往坚持这样一种观念："上帝创造了神职人员、骑士和工人,而魔鬼创造了市民和放高利贷的人。"[24]放债在相当长的时期内被认为是"冷酷的、计算性的"[25]。虽然在中国古代经营高利贷和收息没有遇到什么宗教障碍，但也存在伦理障碍。这个障碍体现在思想上，正如前面所提到的关于义利的争论。

正如万志英（2004）所指出的，"也许在任何时候，货币都没有比明末时期具有更大的象征意义，当时帝国内的经济增长和外国白银的大量涌入导致其使用迅速扩大"[26]。和前朝很不同的一点是，商人是明帝国高利贷活动的主力军，虽然显然不是唯一的力量。《明律·户律》规定："凡私放钱债及典当财物，每月取利不得过三分，年月虽多，不过一本一利"。然而，在民间，这一限制很少得到执行，月利率经常达到3%至9%，甚至更高。如此高的利率，说明白银货币化可能并未能带来资本的深化，未能发展出有效的货币金融机构与资本市场[27]。

明代商业资本的一个特点，是与高利贷和土地所有权相结合。如徽州商人在其经济活动中，可能除了盐业之外，也就是典当业占有着重要地位。他们经营的质库、当铺，遍布各地，并以此盘剥重息，累积财富。明代商人还将高利贷资本直接地深入到手工业和农业生产中去。如粤商经营糖房业，春以糖本分与蔗农，冬收其利。河南、江苏各地农村，商人春出母钱贷下户，秋倍收子钱。江西、浙江的商人更是将高利贷的触角，伸向云南、四川等边疆乡村。他们普遍通过高利贷手段以及其他各种办法掠夺土地。如山陕商人，多以开中积谷，垦辟边疆起家，有藏粟数百万石者。

如前所述，随着"义利相合"这样的思想在明代盛行，社会对商人发放高利贷的态度也开始有所不同。丘濬生活在明朝中前期，还不是明朝商业井喷的时候。不过，身为主管财政的高官，他对高利贷的看法却已然与前朝完全不同。与桑弘羊和王安石这些财政管理者坚决支持国家高利贷行为、反对个人高利贷相反，丘濬坚决反对政府放高利贷，并谴责这是不义的行为[28]。他还谴责了历史上王安石推行的政府借给农民高利贷的青苗法[29]。他认为，借钱收利息是平民做的事，而不是国家应该做的，当时宋神宗支持王安石来变法，而且这直接造成了当时的民生多艰和国家财政的困难。这表明丘濬反对政府参与高利贷活动的出发点之一是基于国家财政的角度。

丘濬再三强调政府放高利贷是"不公"。那么他对私人商人的高利贷活动的看法如何呢？丘濬认为，商人参与高利贷不仅不是"不公"，而且是合理的，应该受到国家的保护[30]。政府应根据商业契约作出裁决，以保护商人的权利。他甚至引用前朝的例子来证明私人放债和收息活动的合理性。他指出,早在夏、商、周时期就有借钱取息,有收据规定利率。债务人死后,只要凭证仍然在,债务人的亲属仍然有偿还债务的义务。而明帝国政府禁止所有私人放债,这或许是旨在阻止商人变得过于富有。然而,穷人因此无处借钱,反而会导致更多的人的进一步穷困[31]。

陆深[32]则讨论了商人开展高利贷业务的必然性。他认为,江南地区民间私人借贷,为地方土地兼并创造了更多可能性,这确实是一个明显的缺点。但他指出取消私人借贷仍然是不可行的,因为穷人和富人就像是左右手,当穷人在紧急情况下需要借钱时,他们必须找到有更多钱的人借钱。国家需要保证举起一只手来帮助另一只手[33]。

然而,明朝反对商人从事高利贷活动的学者也仍然不少。宋应星[34]认为高利贷会助长债务人的懒惰。他说,如果没有办法借钱,人们会下定决心想"正途"来谋生。而借钱只会助长懒惰,左手借钱,右手就买酒肉享乐。久而久之,债务人会最终连粥都喝不上了。而且,即使借款人的亩地有收成,这些收入也需要用来支付沉重的利息,并最终流入商人的房子[35]。

海瑞[36]则总是站在穷人的角度考虑问题。不过,他并没有从穷人需要依赖富人的角度思考,他也反对商人的高利贷。在淳安县任职期间,海瑞还曾特意发出通告,批评高利贷者。他说他从在基层的探访中了解到,积累粮食的家庭往往利用贫瘠的年份出借粮食,强迫穷人进行实物抵押,并加倍利息来剥削他们。尽管这些穷人显然无法偿还,但当地以富商为代表的富人们仍然向他们放高利贷,利率足足翻了一番。他认为那些高利贷者毫无同情心。有趣的是,他仍然认为富商确实应该借钱给穷人,但不应该收取利息[37]。这种想法虽然看起来是为穷人的利益着想,但其实是明显的"劫富济贫",对于国家财政更是毫无助益。

而高拱[38]作为当时的内阁首辅,完全否定了海瑞的想法。他认为,海瑞企图取缔私人高利贷对国家无益。他认为,如果今天的债务不向借款者收取利息,那么下次当普通民众需要再借钱时,没有人愿意再借钱给他们了,因为无利可图[39]。

从国家财政的角度,田赋作为国家税收中占比最大的一块,是不可失守的底线。而在金融工具乏善可陈的古代中国,在丰歉年之间维持农民的劳作和收成的工具中,高利贷是其中重要的一个。作为地方官员,宋应星和海瑞更真切地接触到民生疾苦,自然也难以从国家财政的角度来看待高利贷问题。而治理帝国的丘濬和高拱则相当强调高利贷适应民众生活的实际需要,毕竟稳定国家财政和经济是他们的首要职责。因而,他们十分强调和支持商人高利贷活动的必然性。

(三) 明代高利贷的财政监管

与前朝大多支持国有高利贷、限制私人高利贷的思想和政策不同,明朝实行的是私人高利贷和国家高利贷的"双轨制"。在上述丘濬、高拱等朝廷高官对私人高利贷的支持下,明朝商人在高利贷活动中的作用十分突出。尽管流入高利贷的资金来源多种多样,如商人和商店的利润、地主的租金、官吏和士官的官薪以及各氏族和庙宇的财产等,但其中最重要的资金来源是商人群体。要强调的是,这里的商人,不仅仅有身兼高官或者和官场关系紧密的富商,也包括大量普通的中小商户。尤其是明中后期形成的地域商人集团(如前文提到的徽商、晋商等),进行地方或跨地区的货币借贷或实物借贷,形成了全国性的资金和货币流通[40]。

当然,私商在高利贷活动中也不是没有竞争对手。在竞争者中,国家高利贷仍然是最强大的。其他的竞争对手还包括文武官员、宗室外戚等。宗室、外戚、功勋之臣、内臣等都将其大量收入(很多可能是灰色收入)投入高利贷中。这一现象早在永乐年间已然非常显著。而明代运军及其他军士的借贷问题也非常严重,其中相当一部分的高利贷债主便是"本管官员"。而明代皇亲国戚、内臣和勋贵的放贷也非常普遍。在这样的皇亲国戚以及官员们"全民放贷"的大背景下,对于高利贷的监管显然难以达到理想的状态,不同上述"同行"之间的竞争,或许也间接为规范这个行业起到了一些积极作用,从而也间接对高利贷的监管及其对国家财政的影响有一些正面的作用。

另一个重要的制约私商高利贷的因素是,国家制定和实施控制利率的政策,尽管这一政策并不总是得到严格执行。不过,商人与国家相比也不是没有优势。国家高利贷的一个主要缺点是国家难以渗透到欠发达地区和农村地区(迫于地域过大和交通相对不便的成本考虑),而分散的商人则相对容易做到。在这两个子领域中,以单独的商人或两三个商人为一组的中小商户占主导地位。不难理解,从地域上看,商品经济较发达地区的高利贷利率普遍低于其他相对欠发达地区,城市地区的高利贷利率普遍低于农村地区。中小商人因而能够从中获得可观的收入[41]。

明代制定及推行的利率管制政策对于监管高利贷起到了重要作用。首先,关于利率上限及取息总量的限制。明朝的正式法规对利率的上限及其收取利息的总量都是有明确规定的。早在洪武年间，便有"今后放债，利息不得过二分三分"这样的要求。大明律明确规定："凡私放钱债及典当财物每月取利并不得过三分，年月虽多，不过一本一利"。明代各个时期的诏令及地方各级官府处理债务案例、制定相关政策时，基本上是按照这一上限及取息总量的规定行事的。其次，明代对于复利亦有明确限制。再次，明朝时期，在放债过程中，常有减息免息，乃至免除所有本息之举。不过这些举措并非官方鼓励或认可的，也并非"劫富济贫"。这些情况往往在饥荒时节较为多见。地方官府可能会要求一些积存谷物较多的大户减息，并向自家佃户或者其他缺乏食物的贫户放贷，与此同时，以官府的力量保证借贷者归还。

二、明代商人的消费与国家财政

由本书前述可以确定，致富已然成了由明代商人牵头的一大社会风气。比如，在明代人赵世显《芝莆丛谈》中，甚至有"致富之术无他，在去其五贼而已。五贼者，仁、义、礼、智、信也。五者有其一，则穷鬼随之矣"这样的言论。甚至当时在明帝国的西方人都有如下的观察："明代中国是一个耕地差不多全部开垦出来的国家。因国家人烟稠密，百姓众多，人们是消费者，极好吃喝、穿戴及其他家庭消费，特别是他们是大食客，所以人人都劳动谋生，努力得到好吃的食物，去维持他们的巨大耗费。"[42]这在明帝国以前是几乎不可想象的。那么，随致富而来的，就是商人的消费及其对国家财政的影响。

（一）明代关于消费的财政观点

1. 量入为出和崇俭的财政思想

量入为出是明代财政思想中非常重要的一块。所谓量入为出，是以本年度的财政收入为前提来规划次年的财政开支，务求平衡和略有盈余，以供不时之需。这一财政思想最早可见于《礼记》中的"五谷皆入，然后制国用。用地小大，视年之丰耗。以三十年之通制国用，量入以为出"。

丘濬认为，量入为出可以使国家和民众都不过度索取，亦不过度使用，一切都在定好的框架内有节制地运行。他认为，要先对以往各时期的财政收支加以统计,并根据目前实际,制定今后的收支计划。丘濬把量入为出具体化为预算的方案,这表明他认为只有把这个原则运用到实际当中才能发挥作用,收到"不敢轻费"的效果。

刘守刚等(2019)指出,在丘濬看来,虽然制国用的权力在君主手中,但君主不能将取之于民的国财"私有""私用"。仁德的君主必须清楚自己的责任,即"为天守财也,为民聚财也。凡有所用度,非为天,非为民,决不敢轻有所费。其有所费也,必以为百神之享,必以为万民之安,不敢毫厘以为己私也"。因此,君主一定要慎重安排国用。以此为前提,丘濬认为真正的量入为出应该是"每岁所入,析为四分,用度其三,而储积其一";然后按四分之三的岁入,安排支出;当国家财政充裕时,"除民之租赋";财政困难时,"则省上的常费,除人之冗食,不侈用以伤财"。只有通过这样的量入为出的理财方式,国家才能达到"下之人有家给人足之乐,上之人有安富尊荣之休"的稳定局面[43]。

在中国传统财政思想中,崇尚节俭是占主导地位,这在明朝亦如此。不少明代学者无论是探讨国家理财还是个人理财时,他们都认为官民仍然应以节俭为荣,以奢侈为耻。他们强调需要依靠勤俭节约来进行资本积累,是一些人(包括当时一些主流学者)小农意识根深蒂固的产物。因此,尽管明朝中后期商业发达,但禁奢仍是很多明代学者持有的观点。比如,何瑭指出,当时的明朝社会,拥有高额财富的人喜欢相互比较。而在这个比较中,以前的上层和下层阶级(士、农、工、商)之间的界限已经不复存在了。奢侈风俗确立,人心迷惘,流落街头的穷人却越来越多。不管是婚礼还是葬礼,人们都极尽奢华之能事,甚至借钱来操办,就是因为怕被亲戚朋友嘲笑,可见奢侈之风盛行的程度[44]。明嘉靖年间的陆深也反对奢侈。他为每况日下的社会公德忧心忡忡,觉得自己能做的只有约束自己的家人。因此,他写信给儿子陆楫告诫其要节俭,不要学习商人的奢侈[45]。他希望陆楫保持节俭的作风,不过我们将在下文中看到,陆楫显然并未照做。

嘉靖末年隆庆初年的内阁首辅徐阶虽然个人生活奢侈,但他也主张全社会禁止奢侈。比如,在祭祀等一些重要活动中,他支持限制甚至禁止奢侈品的流通,并详细叙述了实施禁止奢侈品可能遇到的阻碍[46]。当年徐阶还是翰林院的年轻低级官员时[47],他自称是陆深的追随者[48],所以他持这种观点也就不足为奇了。除了受到陆深的影响,徐阶作为高官也难免为朝廷代言: 如果社会充斥着奢侈的生活方式,显然不利于国家的治理,也不利于国家积攒足够的财政收入。

即使到了明朝末年,还有像李先芳那样的思想,认为无论是商人还是农民,只有节俭才能致富,而人在富了之后肯定会变得更加吝啬。他认为吝啬正是商人能够维持自己财富的重要原因之一[49]。明代另一位大儒吕坤也表达了他对奢侈风气的担忧。他指出,奢侈和浮华生活的时尚侵蚀了务实、节俭、教育等传统文化的精髓。吕坤的作品中经常出现"病"这样的字。他认为,"病"的根源是人类的欲望,而这表现在了追求奢华的行为上,其中正是以商人为代表[50]。

2. 崇奢思想以及奢侈对国家财政的正面作用

在很多人的观念中,崇奢似乎和古代中国的社会风潮沾不上边,这更像是资本主义发展中所特有的产物。彭慕兰曾说过:"对一条欧洲独有的发展道路的最著名的文化解释是韦伯关于新教伦理和禁欲资本主义的讨论,但近期的很多研究集中关注欧洲人的某些消费——特别是奢侈品消费——态度起的刺激作用"[51]。言下之意,资本主义的发展可能非但不是什么勤俭节约的结果,而恰恰是奢侈品消费,以及这种消费不间断地从上层向下层扩散的结果。无论彭慕兰还是布罗代尔都在其著作中提供了大量事实,证明奢侈品消费在近代资本主义发展过程中所起到的决定性作用。

布罗代尔指出,奢侈品和必需品之间并不存在一条分隔鲜明的界限,而相反的情形是,奢侈品和必需品之间经常是不断转化的。原先只供富人阶层享用的奢侈品,随着生产力的提高逐渐成为大多数人的必需品。比如,"糖在十六世纪以前是奢侈品,十七世纪末以前,胡椒也是奢侈品……叉子或者普通的窗户玻璃,在十六十七世纪仍然是奢侈品……手帕也是奢侈品"[52]。与此同时,富人阶层又开始享用其他新的奢侈品。久而久之,原先的奢侈品逐渐成了平民阶层亦可享用的普通商品,而新的奢侈品也在不断涌现,如此循环往复,整个国家和社会的生产和生活水平提高,随之而来是国家财政收入的提高。可见奢侈品在其中所扮演的重要角色。

随着明代商业的发展,明代的崇奢思想有了很大的发展,尤其是在明朝中后期。虽然仅仅是奢侈并不足以推动社会的进步,但在明帝国,奢侈已从上层社会向下层社会扩散,从少数人向多数人普及。而因为没有来自上层的阻断,这个社会就是有活力的社会、不断进步的社会[53]。彭慕兰指出,"在明代的中国、日本和同时期的西欧,消费者需求广泛超越了阶级,它在空间的扩散是个非常复杂的问题……如果我们把奢侈的物化视为一种改变,它取代了私人侍从的规模而成为一个人的地位标志,看起来是合乎逻辑的。最晚从十六世纪起,在中国和西欧,有人身依附的仆人和佃农的人数都出现了急剧下降,加上上流社会的城市化,使得维持大批侍从更为困难。因而在中国和欧洲,指责民众消费的文献汗牛充栋,既表现出经济变革,又表现出这些地方的上层社会在多大程度上不再主张直接拥有他们的下人"[54]。

陆楫或许是明代最崇尚奢华的学者,他的相关观点在崇尚节俭的古代中国是不太常见的。陆楫不仅面对日益枯竭的财政提出了解决宗室禄米问题的办法,他更是首先点明了奢侈消费对国家收入的正向作用。陆楫出身于长江下游松江府的一个地主家庭[55]。他的父亲陆深,也是当时著名的文人。陆楫的《蒹葭堂杂著摘抄》中,有一大段经济思想批评禁止奢侈品。陆楫的经济思想深受《管子》的思想影响,认为奢侈比节俭要好。《管子·侈靡篇》开篇就指出谋利是人之常情,并形成了倡导鼓励奢侈消费的理念[56],这在先秦时期颇为不寻常。其认为,全社会的奢侈消费有助于增加国家的财富,维持宏观经济形势,确保国家经济平稳运行。在生产力不足的情况下,确实需要控制社会上的过度消费,但在生产力有剩余的情况下,就要增加消费。在一定条件下,奢侈品消费对生产也有积极作用。国家需要更多地修路,统一计量,并为商户的交易活动提供便利。其名言"雕卵然后瀹之,雕橑然后爨之"更是表达了其对奢侈消费的支持态度。他认为,富人的奢侈消费可以为穷人创造就业机会,而民生应由贫富互助形成[57]。

陆楫由此分析了奢侈品对社会和国家财政的积极影响。陆楫认为富人的奢侈消费可以增加穷人的谋生手段。比如,富商的车夫、厨师、裁缝等都可以从富人的奢侈作风中获利;富商和权贵在粮食上的巨额支出则使农民受益;在服饰上的巨额支出使织布工受益;等等。因此,他认为这些奉行享乐主义的商人的生活方式对普通人来说是非常有益的。而对于国家而言,这相当于变相帮助国家解决了部分人的就业问题,除此之外还节省了一部分国家本来需要花在扶持农民或经济有困难的民众的财政开支。陆楫还以位于当时上海县(华亭)附近的苏州和杭州的民众为例[58]。在这里,很多人不耕不织,他们仅通过"末业"就解决了日常生活问题。因此陆楫认为,商人的奢侈消费与其说是浪费天下财富,不如说是富国富民[59],所以它根本不应该被禁止。

陆楫如是分析:众所周知,商人阶层大多是典型的功利主义者,所谓"无利不起早"。奢侈品本身深受皇宫贵族的喜爱,而其利润率通常很高,因而也很受商人阶层的欢迎,商家自然在交易过程中不遗余力。但是,商人营利的前提是消费者具有潜在的消费能力和消费欲望。从宏观上看,奢侈品消费氛围促成了市场的繁荣。繁荣的市场的存在,既是奢侈生活的必要条件,也是政府,尤其是地方政府拥有足够收入的重要保障之一。陆楫以当时的上海县为例来说明他的意思。明代的上海县地处偏远,虽临海,却并不是陆路交通要道,也不是船舶通行的要地。因此,当地经济也相对落后于当时的扬州、苏州、杭州。然而,即使如此,在当时的上海,地方政府的财政富余,商贾数量远多于十万,百姓安居乐业。而距离上海不远的宁波、绍兴、金华、衢州,则成为陆楫论点的反例。他说,这些城市的风俗多半是崇尚节俭,但民众的生活却没有保障,一半的人口为了食物而四处游荡。节俭并没有使人民富裕,而吴越地区(苏州、杭州、上海等)的人们崇尚奢侈品消费,当地经济和商业却非常繁荣[60]。

陆楫的奢侈消费理念不禁让人联想到晚于他一个世纪的英国古典经济学家曼德维尔的思想。他著名的寓言诗《蜜蜂的寓言》讲述了一群蜜蜂的兴衰史。起初,蜜蜂因追求繁荣和虚荣而奢侈,整个社会因而变得繁荣起来了,大家都找到了工作。后来,蜜蜂改变了原有的习惯,放弃了奢侈的生活,提倡节俭。结果,宫殿荒凉,商业不景气,蜜蜂的生计因而枯竭[61]。曼德维尔由是评论说,他"不由地反对这样一个公认的观念",即"奢侈品对整个政治实体的财富具有破坏性……国家需要以节俭的方式使一个国家富裕"[62]。陆楫还说,节俭或许可以使一个家庭富裕,但肯定无法使一个国家富裕。这与曼德维尔的观点非常相似,德国经济学家桑巴特也在他的著作《Luxus und Kapitalismus》中宣扬了类似的推崇奢侈消费积极价值的观点[63]。桑巴特指出,奢侈品需求的增长引起了新型手工业者和商人的出现。陆楫的思想被之前一些学者认为是明代中后期主流思想界对以商人为代表的富裕阶层更为欣赏的一个信号。不过,这种解释可能太过勉强了。基于中国古代崇尚节俭的传统经济思想,陆楫的思想不太可能突然跃升到与西方奢侈相关的思想(例如 17 世纪英国奢侈思想)的水平。

陆楫完全根据社会现状来阐述自己的想法,而没有引经据典,无论是儒家还是其他学派。原因可能是,虽然他的思想,如上所述,确实部分来自《管子》,但他很难在先前的各学派经典中找到明确的主流观点和论据来支撑他的思想。而且,他的父亲陆深虽然也是名士,但他的曾祖父是一个弃儒从商的商人,祖父也善于理财。所以,他的家族背景也至少部分说明了陆楫为什么会有这样的想法。即使他自己不从事商业,但他的生活至少有一部分与商业重叠,因而他同时站在了商人阶层而非仅仅士人阶层的角度来看待奢俭的问题。他的想法或许包含了对提升商人社会地位的愿望,但其观点本身并不能证明崇奢已被认为是一种全社会都可接受的想法。此外,陆楫还强调了全天下的总货币量是固定的,因而国家和个人的收支其实是此消彼长的。换言之,他认为奢侈与否只能对个人家庭或者国家的其中一方有利[64]。这就是说,在国家的财政利益面前,私人层面的消费也不能过于奢侈。陆楫的崇奢思想或许只是对传统思想的一种修正,而非推翻它。

3. 奢俭并重以及消费税的缺乏

随着明中叶以来一些商人日益奢侈的生活方式开始被其他阶层效仿,明代的一些思想家重新评估了传统(主要是儒家)的节俭价值观,以及其对国家收支的影响。一些学者并不崇奢或者崇俭,而是建议奢侈和节俭应该受到同等关注。这一思想的代表人物是王夫之。

虽然在儒家文献中充满了奉劝皇室、诸侯和权贵不要过度消费稀有贵重物品的警告[65],在批判和继承儒家崇尚节俭、排斥奢靡的传统儒家哲学的基础上,王夫之基于当时民众的消费行为提出了新的消费观念: 适度节俭和适度奢侈并行。他仍然提倡节俭,但他也反对吝啬。他提倡合理消费,反对铺张浪费。他认为,只有坚持这样的消费伦理价值取向,才能有利于明帝国的社会经济发展[66]。

王夫之对商人的轻视,不是因为商人的财富本身,而是因为富商容易变得奢侈,从而败坏社会的节俭风气。因此,所谓抑制商人不是抑制商人的货物贸易或商人的财富数量,而是抑制商人的过度奢侈。王夫之因此对汉高祖、洪武帝对商人着装和日常开支的限制措施表示赞赏。他认为这是认识到了执政之根本的表现。统治者应杜绝商人的狂妄自大,避免商人做出不厚道的事。在王夫之看来,禁止富商跨越社会阶层,规定一定的礼节,对统治者来说是必要的[67]。其他还有一些学者,比如郭子章[68],也提出了类似的想法。他认为,过分奢侈和过分节俭都是不必要的,太节俭的害处大于太奢侈的害处[69]。

明朝征收的商业税名目不少,但几乎没有和消费税沾边的内容(明廷征收的酒醋税和消费略有相关,却也并非消费类税种)。而反观同时期的西欧,以 17 世纪晚期重商主义者霍布斯为代表的重商主义者,已经在主张以国内消费税取代直接税,成为国家的主体税制。从受益说出发,他认为消费税可以反映出民众从国家活动中得益大小,因而可予以征税。他认为,由于消费是人皆必须的,对消费征税涉及范围广,可以做到税收公平;并且对消费征税,可以促进节俭和储蓄,有利于资本的形成[70]。其出发点和上述明朝学者颇为类似。

斯图亚特作为英国后期重商主义的集大成者,也主张按比例税率课征国内消费税。他认为国内消费税虽然具有导致价格上涨、消费减退和产品成本上升等不利影响,但他认为这种税利大于弊,其优点是人人负担、公平合理且不易为富商等特权阶层所转嫁,因而消费税相当于是从税收制度上否定了税收豁免特权。不过,在德国重商主义学派中,对是否要征收消费税并未达成一致。比如,尤斯蒂反对征收国内消费税,认为征收消费税会限制人们合理的活动自由;不利于营业及商业活动;不能使课税负担平等化;需要大量人力和物力,征收成本高昂。不过同为德国重商主义学派的宋能菲尔斯主张实行消费税,尤其主张对奢侈品征收消费税。他认为消费税虽然有征收费用高这样的缺点,但是他认为征收消费税对于国内财政收入的稳定性和永久性具有非常重要的意义。

(二) 明代商人的消费和国家财政

1. 商人的服饰消费: 服装规定背后的国家财政依赖度

商人的服饰规定是历来被经济史和财政史学者们忽视的一方面。其实,明帝国商人服饰的变迁与国家财政状况息息相关。明朝初期仍以重建国家和休养生息为主,小农经济下的国家政策决定了国家财政对于商人的依赖程度很低。然而,随着开中法的逐步深入实施和商人的深度参与,以及明朝中后期商品经济的井喷导致的对于商人越来越大的需求,商人在服饰上的限制变得更为宽松。虽然肯定无法囊括所有导致这一趋势的原因,但至少,这背后很大程度上得益于国家财政对于商人的依赖程度。

在古代中国,根据不同社会阶层对官员服饰和平民服装的范围界定通常起源于统治阶级为了控制社会成员和维持秩序而使用国家权力的需要。这一传统倒也并非古代中国所特有。如凡勃伦所描述,在西方,"穿着制服暗示着相当程度的依附性,甚至可以作为实际劳役或表面劳役的标志,身着制服的人可以粗略地分为两大类,即高贵者和低贱者"[71]。

早在西汉初期,当时商人的服装首次以国家法律的形式受到限制,比如汉高祖下令商贾不准穿绸衣,不准坐马车,还对商人额外征税[72]。汉高祖刘邦建立西汉时,全国急于重建,而富商和大商人依然过着奢侈而散漫的生活。这也算是高祖禁商的由来[73]。不过,当吕后开始掌权后,在黄老思想的指导下,商人的服饰禁令得到了放松[74],因而商人的势力发展得相当迅速。甚至,到了文帝时代,连皇帝和皇后的服饰都会被商人们在背后嘲笑,而不久之后,商人的禁令被彻底废除了。当时,法令虽鄙视商人却未能阻止商人致富和炫富的趋势,而法令虽尊重农民却也未能帮助农民致富[75]。这似乎很讽刺,却又像是历史的既定规律,因为相似的情况也发生在了明帝国时期。

朱元璋曾说过,他对于西汉时期商人不能穿丝绸衣服、不能坐马车的规定无法理解。他认为自古以来,白天的活跃市场一直是必不可少的,所有商人都是普通人中的一员。因此,很难理解刘邦羞辱这些商人的原因[76]。然而,朱元璋话虽这么说,实践中却与汉高祖一样,下令农家之人可穿绸缎之衣,而商贾之人只可穿麻布衣服。而且,农家中但凡有一个人经商,全家都要遵照商人的服装规定。此外,不从事农业的平民进入市场时不得穿着斗笠,而农民不受此限制[77]。这些禁令比较温和的可能解释是,朱元璋只是着眼于经济复苏和维护国家财政稳定的角度,要求不同行业的人各司其职,而并非对农民或者商人另眼相看;朱元璋的好斗和加强监管实际上是针对流浪汉和真正的奸诈之徒,而并非商人阶层。毕竟,明帝国的统治者也知道商人对于国家财政的巨大作用。

不过,丘濬亦曾对此评论说,提倡商人节俭是可行的,但没有必要用严厉的服饰禁令来羞辱这一群体或阶层。他认为,西汉离先秦时期不远,它采取的抑制商人的政策是沿用了前朝的政策,尚可理解。但本朝已距离那时上千年,对于商人的衣着和日常开支,不鼓励他们奢侈或许是合理的,但明显羞辱商人的政策就有点过分了[78]。

而到了明中之后,这一情形发生了一些改变。《大明律》曾提到,正德元年(公元 1506 年)朝廷规定,商贾、臣仆、戏子不得穿貂皮衣,而僧人、衙役、军士不得穿丝、纱、棉制成的衣服[79]。这虽然表明了商人还只能与臣仆、戏子并列,也反映了明中期社会上的奢靡风气已经开始出现,导致了政府不得不重新调整关于各阶层人士的着装标准的规定。在这里可以看到的明显变化是,当时各阶层中,僧人、军士和衙门里的衙役被迫遵循最严格的着装规范,而普通商人反而不受过多限制。时任南京户部尚书的何孟春[80]毫不掩饰地指出,对于当时的商人来说,在着装方面,已经没有人穿粗布制成的衣服了[81]。

与何孟春同时期的李梦阳就曾这样描绘明代商人在服饰和出行方面的富裕

程度："今商贾之家,策肥而乘坚,衣文绣绮縠……其富与王侯埒也"。扬州商人资本雄厚,更是"无不盛宫室、美衣服,侈饮食、饰舆马及诸摊钱之戏"。连山东博平县这样的小城也是"至正德、嘉靖间而古风渐渺……市井贩鬻厮隶走卒,亦多缨帽缃鞋纱裙细袴"。顾清是松江府人士,而松江府位于当时已然高度商业化的长江三角洲东缘,下辖周边的棉纺织业。他参与编纂了第一部《松江府志》,这部地方志于正德七年(公元1512年)问世。顾清对松江当地风俗的不满溢于言表。他写道:"松之风俗见于志者几变矣"。他将当地风俗的败坏,归咎于大商人在冠履服饰等方面的挥霍消费,并带动了庶民百姓靡然向奢,从而使守礼、节俭、关心风化等儒家核心价值荡然无存。他特别将权贵与士人阶层作对比,由此可知他所针砭的对象乃是松江的商贾之家。尽管顾清没有言明,这种消费行为背后的动力却是再简单不过的,即奢侈品供需的增长:"曾经人们只能买到桃红、翠蓝、酱色的布料。而到了正德七年,染坊可以提供荔枝红、天蓝、沉香色等价格可能更为昂贵的品种。同时,消费者的购买力也相应提高了"[82]。

到了明末,商人们开始藐视禁止奢靡的法规。鲜少有人按照法律规定穿着适合其身份的款式和颜色的服装。儒生日常穿的素衣被认为是类似贫民的装束而被耻笑。而下级官员和政府文员规定要穿的官职礼服更是被中高级官员们抛弃:他们喜欢商人穿的那种更时髦的服装。

颇为有趣的是,明朝与前朝相比捉襟见肘的财政收入水平反而让很多商人在一些场合的着装上倾向于"低调",从而也影响了相当一部分商人的服饰消费偏好。明廷的财政收入需要大量用于外部战争、军队给养、官员俸禄、皇室内府开销、基础设施投资和赈灾等方面,因而在地方安全上的财政投入上很不充足。所以,即使没有朝廷的限制,商人自己也会选择在很多公共场合穿比较朴素的便装,尤其是对于需要跨省做生意的商人。在当时流行的商人指南中明确强调,"如果商人要去陌生的地方,旅行服装要小心选择。看起来昂贵的衣服会让他成为被强盗和土匪掠夺的重点目标,因此为了方便和安全,应穿着便衣"。不过,商人也被劝告"不要穿得过于朴素,这不符合他们的经商身份"[83]。毕竟,商人,尤其是中等规模以上的商人,要想生意兴隆,就必须保持一定的阔绰形象和可靠声誉,而他们在服饰上的消费对于国家财政亦是有重要意义。

贯穿整个明朝,一些对商人的歧视性规定,如最具代表性的对商人着装的限制,几乎从未从法律层面上废除过,尽管在实际操作层面,这些规定并未极大限制明代商人在服饰上的消费。不过从积极的一面看,服饰规定体现的是国家对包括商人在内的社会各阶层的控制,这是维护稳定、保证生产的举措之一,并非是针对商人阶层。看上去显得更像是针对商人阶层,无非是因为很多商人比农民更有可能负担得起锦衣华服,抑或是商人到处流动的不确定性、不便管理,让明廷很头疼。服饰规定尽管对商业发展构成了一定的消极影响,但商人常态的商业活动仍然可以得到政府的许可,并未遭到刻意遏制。他们不仅属于政府掌握的编户齐民,同时也须履行自己的赋役义务。

2. 商人藏书和艺术鉴赏: 背后体现的国家财政力量

商人另一块重要消费是购买艺术品和书籍。明代藏书的主力军并非国家,而是富人阶层,其中不仅有士大夫,很多则是商人出身。这就与宋朝形成了明显的对比。宋朝之所以可以让官方藏书发展得十分兴旺,其中一个原因就是宋朝的经济水平很高,国家财政实力雄厚,是足以承担得起书籍这样享受型的消耗的。反映在财政收入上就是,禁榷收入和商税收入的大幅上涨,这样大量的收入进入国库更能帮助统治者进行文化业的发展,财政收入增多了,才可以对文化事业的发展投入更多的财政支出,因此,宋代官方藏书量在大量财政收入的支持下发展得很好。反观明帝国,如前所述,在商税、对外贸易等税目上的收入乏善可陈,而对于漏税等现象又无法很好地遏制,因而明廷官方即使有心发展官方藏书,也是有心却无财力。

明代商人阶级"文雅"化的趋势,并不是他们自身文化和审美修养的悠久历史的自然结果,而是以突兀的"物质事物"的形式强行介入。这是正统文人所不能代表的,在一定程度上动摇了士人的社会身份、权力和尊严。当时有学者,如袁宏道,认为"宋代画","宋代哥窑、汝窑"等才更具鉴赏价值[84]。但是对于大部分明帝国的人们来说,无论是士人阶层还是商人阶层,都更重视现在而不是过去。艺术品和其他类型藏品供不应求,导致假冒产品在市场上大行其道。

其中一个经典的例子即是"宣德炉"。如前面章节所述,宣德帝朱瞻基的文学、书法、绘画造诣都很高。但他也并不迂腐,也喜欢玩。他喜欢斗蛐蛐,也喜欢捶丸(类似今天的高尔夫),还喜欢艺术品。他下令制造了三千多个宣德炉,不仅工艺非常精湛,而且造型还十分优雅,这非常能体现审美能力。宣德炉显然是孤品,然而因为其极高的艺术和收藏价值,出现的民间私款络绎不绝。所谓私款,即指私家铸款,是当时官宦人家或富商自用的款识。宣德炉后仿的私款根据目前统计,高达113种,其中有40种是明代时期的仿款。而所有这些仿款的背后,几乎全是商人的影子。

艺术品的真假难辨,一定程度上会损害社会风俗。更严重的是,这种混乱的局面打乱了原有的艺术文化格局。正统的儒家学者们担心暴发户们(即新晋富商们)的粗俗风格会影响对高雅艺术的整体品味[85]。徽商被认为是助长了"时尚妖魔横扫天下"的火种。苏州是当时江南地区的核心城市,在当时被认为是"时尚"和"女巫"的主要发源地。沈德符[86]在《万历野获编》中认为商业资本介入文化市场抬高物价,使真正有鉴赏力的知识分子反而无力购买和收藏古文物、字画。换言之,商人资本将其挤出文化流通领域[87]。

而且,由于商人阶层缺乏深厚的文化积淀、艺术修养和真正的审美欣赏,他们参与古玩和艺术品交易只是为了囤积和牟取暴利。商人阶层,而非传统的士人精英阶层,成了古董流通和贸易的主导力量。相应地,古董、艺术品等文化"艺术"的文化艺术内涵逐渐消退,演变成权力和财富的象征。袁宏道曾指出,晚明对贵重物品的时尚追求,将明初仅在少数精英人物中流传的具有文化内涵的物品,如古玩、字画等,带入了金钱世界[88]。

商家参与文化交易和竞争的动机并非纯粹是为了牟利。那些被沈德符讽刺不识真义、花大钱买假古董假书画的商人对"文化"充满渴求。换言之,商人们迫切希望通过购买具有文化性质的"物质"来装饰门面,模仿上流社会尤其是文人阶层的优雅悠闲生活方式,以塑造"休闲优雅的文化人"的新形象,从而摆脱暴利、低俗、吝啬等负面社会批判。这意味着在这之前,以徽商为代表的商人新富阶层已经被贴上一种独特的社会标签,被普遍认为与生活品味、文化底蕴和审美趣味隔绝。明末,徽州人詹景峰在其书画鉴赏作品中记录了世人对徽商的偏见,以及对徽商的抵制[89]。除了"取悦"士人阶层的喜好之外,商人之间,尤其是有钱的商人之间,往往也会进行攀比。无论是以上两者中的哪点,或许都符合菲斯汀格所提出的社会比较理论,即人们对自身的评价时常建立在与他人比较的基础之上,这一点之于明代商人阶层亦不例外。

商人只有在价值观、生活方式、社会交往等方面努力接近士人阶层,才能得到后者的认可和尊重。同时,商人阶层渴望得到士人阶层的认可。这与同时期很多其他国家的商人的情形大不相同,比如日本大阪的米商,与明代商人几乎处于同一时期,却"很享受他们独特的都市文化。歌舞伎、傀儡戏、井原西鹤小说中的'浮世绘'和安藤广重的浮世绘本,都是多愁善感的,与日本正统武士文化里严苛的价值观形成了鲜明对比"[90],而明朝商人却在仿效着形态几乎没有任何改变的精英文化。然而,在大多数情况下,并非所有商人的文明优雅行为都能得到积极响应。大多数试图享有平等身份的商人仍然只能得到士人无情的嘲弄和蔑视[91]。

对比同时期的西欧,商人不仅参与到艺术鉴赏中,还主导了很多艺术赞助,而这些赞助无疑成了当时西欧各国的财政收入的一部分。文艺复兴运动作为欧洲当时前无古人的一场思想解放运动,他们对于思想宣传的重视程度是非常高的。在这一时候的艺术赞助是文艺复兴运动时期的重要手段。中国的造纸术、印刷术等传播到西欧,对于他们的文化创造发挥了积极的引领作用。西欧商人们在一定程度上积极主动地赞助艺术,更是使得这一赞助手段在这个时候兴起的重要原因。这些拥有着强大财力的资本主义商人群体出于发展自身实力的需要,积极主动赞助艺术,促进艺术的新一轮发展和提高。在这一时期逐渐发展起来的拥有深厚财力的大资本主、大商人,以及国家,都从中获得了更多的收益。与此同时,由于文艺复兴期间更多的是在思想领域的斗争,他们为了应对宗教神权的斗争,必须积极主动和世俗生活进行结合,创造出更贴近世俗的作品。因此,他们往往积极推动这一场运动的发生,以谋求文艺复兴运动所带来的更大利益。当时的明廷显然并没有对抗宗教神权的需要,因而也没有出现类似西欧的情况。

藏书显然是传统上士人阶层的另一个独特标志。事实上,直到明朝中叶之前,民间的书籍仍然极其稀缺,而且"私人收藏经常受到限制"[92]。不少史料都记载了书籍严重短缺的情况。比如,16世纪初,上文提到的陆深"不得不去南京和北京看很多书(即使这样也只能买不完整的廉价副本)"[93]。即使是到了明末,据顾炎武所言,藏书的种类仍然是大路化的四书五经等书籍。要是还有其他类别的书,那只有在那些喜欢历史的大家族的藏书里才能看到[94]。

然而,这种学者曾经所享有的"特权",开始被商人阶级为代表的人所挤占。明朝后半期,当时在士人和藏书者的行列中加入了许多之前从未担任过官职的商人。而让学者们更难以接受的是,这些"沾染了铜臭味"的商人通过正统科举以外的一些特殊方式进入官场,从而更容易成为财力雄厚的藏书者。因此,士人在面对商人的出现时,表现出十足的蔑视和无奈,这也反映了商人阶层试图通过艺术、收藏等行为变得更加文雅的坎坷和尴尬。

如前所述,明廷在国家层面的藏书是颇为消耗财政的,编纂和修订更是"烧钱",比如《永乐大典》。明代中前期,图书的刊刻传播主要通过中央和地方政府,这一时期的藏书群体也主要是皇室和贵族等。而中期以后,私人藏书成为藏书主要群体,最有影响力的明代藏书家仍然都是当时知名的学者,而并非商人。不过他们有一个有趣的共同点: 他们虽然与商人或商人家族基本上没有联系,但他们大都来自江南地区或南部沿海地区等商业较为发达且较为富庶的地区,比如上文提到的苏州,地方财政实力较强,也是"当时全国的书籍出版印刷中心"[95]。比如焦树安(2011)罗列的公认藏书最丰富的明代藏书家[96]包括宋濂、叶盛、范钦、王世贞、胡应麟、黄居中、祁承爜、毛晋和钱谦益。他们无一例外都是明朝较为知名的学者。我们可以有把握地推断,尽管商人富裕,但藏书的话语权仍然掌握在学者手中。

三、明代皇室内府的商业活动与国家财政

在明帝国时期,主要掌管国家钱粮的储藏及皇室的用度的是司礼监和御马监等内府机构。与很多人的想象不同,按照明朝的制度,国家经费其实是与皇室经费严格分开的。国家经费,也就是"外库",其主要收入来源是户部管辖的太仓库,工部管辖的节慎库以及太仆寺管辖的常盈库,其中,太仓银库主要承担边备饷银的支付。而皇室经费则主要由内承运库支付,也就是我们常说的"内帑",其来源主要是"金花银",而"金花银"是由南方各地起运税粮的一部分折征而来。而商人有时候会参与到这些活动中,例如运送银两财物,或者协助采购宫廷所需的木材、服饰等。

(一) 明代内府活动的财政收支

明代内帑的主要来源则是"金花银",所谓"金花银"指的是明朝赋税改革后出现的特定名称的白银。一般的说法认为是为了解决从南京迁往北京的文武官员俸禄支米在途中损耗的问题,于是有官员建议在江西、南京、浙江等地折米为绢布、白银等物,送到京城充当俸禄,这便是"金花银"之由来,当时白银还不是明朝的法定货币,所以日常俸禄是支米折俸。后来改折漕粮,使用"金花银"作为俸禄发给在京武臣,其他多余的全部纳入内承运库,成了皇帝重要的收入来源。

即使作为皇帝的私人用度,内府的收支也应当适当且克制。比如,丘濬认为,内府用度的量入为出,其重点是控制支出。他强调,君主节省财政支出是"万世理财之要",也是贯彻"量入为出"理财观念的唯一方法。为此,他甚至公开宣称皇室开支可有可无,"军国之需决不可无,奉养之具可以有可以无",以此作为限制皇室经费的理论依据。这对于一个深受传统儒家思想影响的学者而言是极为难得的。他还提出了一个规范和限制皇室开支的办法,即分设内、外二府(储存金钱及财物的库房),严格划分两者的权限: 外府为国家的财库,收存经常性的赋税收入,专供国家公共事务的开支,有盈余则专款存储,作为"水旱兵火不测之需"的储备;内府为皇室专用的财库,收存坑冶(矿税)、赃罚(没收赃物及罚款收入)之类的特殊收入,专供皇室用费,"夫外府有不足,则可取之于内;内府则常为撙节,使不至于不足;虽有不足,亦不可取之于外"[97]。

内府在支出方面是非常惊人的。从整个明朝看,一般分为三大块。其一是帝后的饮食和服御之费用。其二是庆典和巡幸的费用。比如,1577 年一位公主庆祝寿辰耗费了十万两白银。万历皇帝的诸位儿子的册封典礼耗费了超过一千二百万两白银,而他们的婚庆典礼又再次耗费了另外一千二百万两白银。其三是宫殿、陵寝及木料采办的花费。比如,万历皇帝重建被烧毁的皇宫建筑,据称木材开支就超过了九百万两白银。而天启年间,皇宫修建在一年内就花费了六百多万两白银[98]。商人们也时常会参与采购服饰、木材等皇室事项。

据黄仁宇的论述,明朝官员们在他们给皇帝的奏疏中常常引用多年来宫廷开支的各种项目来批评皇帝个人的铺张浪费。一个常常引用的题目就是缎匹,它的费用常常达到几百万两。皇宫所需缎匹按特别的设计织成,显示着穿者的品级,这些织物被做成各式礼服,用于宫廷。每年要以大约每匹 12 两白银的价格向商人们订购 8 000 到 28 000 匹织物。这些费用由生产这些物品的地区从其税额中扣除。不过,有时帝国的配额无法应付总的开支,或者地方税收少于解运额度,就会导致资金的短缺。地方官员就不得不调整这个差额,或者一定程度上削减开支,或者向某些纳税人额外加征。1575 年,当国家事务仍然在张居正的控制之际,还向商人们订购了 97 000 匹织物,分数年输纳。尽管这项采办计划导致了财政的紊乱,但它与王朝的一贯做法是一致的[99]。

由上可见,明代商人在皇室内府中扮演着重要的角色。他们提供了丰富的商品和服务,帮助满足了皇室成员的各种需求。同时,他们也能从皇室得到保护和支持,为他们的商业活动提供了更大的稳定性和可靠性。首先,明代的皇室需要大量的物品和服务来维持日常生活和礼仪仪式。商人们能够提供各种各样的商品,包括食品、饮料、衣服、家具、宝石和其他奢侈品。他们还能提供各种服务,如装修、维修、运输和保护。皇室成员可以从商人那里购买到高质量的商品和服务,让他们的生活更加舒适和便利。其次,明代的皇室成员通常需要大量的财富来维持他们的地位和权力。商人们能够提供资金和财富,以支持皇室成员的活动和计划。商人们还可以在皇室成员的要求下提供赞助和捐款,以展示他们的忠诚和支持。此外,商人们还能够在政治上对皇室产生影响。他们可以利用自己的财富和资源来获取政治上的支持,并在需要时向皇室成员提供有利的建议和意见。商人们还能够为皇室提供重要的情报和信息,以帮助他们作出更好的决策。最后,商人们在皇室内府中的地位和作用,也给了他们更大的社会地位和声望。他们通常享有皇室成员的信任和尊重,这使他们在商业和社会上得到更大的成功和地位。此外,商人们还可以从皇室成员获得各种荣誉和奖励,这进一步增强了他们的社会地位和声望。

(二) 明代内府活动的财政监管

虽然皇室费用每年有定规,但随意性较大。尤其是,当碰到生活奢侈、开支用度巨大的皇帝,内承运库银两入不敷出时,就会动用太仓的银两。这就增加了国家的财政负担,也加大了皇家财政监管的难度。宣德元年(公元 1426 年),宣德皇帝下令勘查内府钱粮,这表明早在明初时,明廷已经开始加强对内府财政机构的监察,以遏制愈益发展的贪腐之风。尽管明政府加强了对内府财管的审计,但随着明朝吏治腐败的加剧,内府管财政的宦官仍然多方侵吞皇室经费,这促使明政府进一步加大审计和稽核的力度。嘉靖八年(公元 1529 年)诏令:"每年差给事中、御史各一员于内府内承运等库,并各监局巡视监收,禁革奸弊。先将各系衙门见在各项钱粮,会同该管人员逐一查盘明白,作为旧管。每年终,通将旧管、收除实在数目磨算无差,造册奏缴"。

正统之后,土地兼并加剧,特别是成化之后,上自皇室贵族,下至富商地主,都变本加厉地掠夺土地。"有恃豪势而强占者,有因连界而并吞者","有见其耕荒成熟而争取者","有受投献地土"和"乘势侵夺田园"者,勋贵更以"奏讨"方式大量强夺民田,就连皇帝和后妃们也直接掠夺土地,建立皇庄和宫庄[100]。据弘治二年

（公元 1489 年）户部尚书李敏等以灾异上疏：“皇庄有五，共地一万二千八百余顷。勋戚、太监等官庄田三百三十有二，共地三万三千一百余顷。”[101] 土地兼并造成明廷掌握的土地数量大幅减少，“洪武初年天下田土八百四十九万六千顷有奇，弘治十五年存额四百二十二万八千顷有奇，失额四百二十六万八千顷有奇”。

皇庄为皇室占有的土地，是皇室经费的重要来源。皇庄由宦官经营，收入直接归宫中使用。皇庄扩大，意味着农民的土地减少，影响国家赋税。自嘉靖开始，御史和给事中对皇庄进行专项稽查。嘉靖皇帝即位伊始，派遣时任给事中夏言和御史樊继祖等清查京师周围、顺天等八府的皇庄田土。夏言等人历时一年清查后写成《勘报皇庄疏》，上报给嘉靖皇帝。嘉靖皇帝下令将清查出的两万余顷之前被皇庄侵占的土地退还给原来的田主[102]。这次对皇庄的稽查，抑制了土地兼并的步伐，增加了国家的田赋收入，对国家财政起到了正向作用。

监察官员自然也是起到了重要的作用。比如，天启年间，监察官员连续不断地抗议皇帝愈演愈烈的奢侈行为。天启二年（公元 1622 年），给事中章允儒要求削减皇帝的袍服开支，将省下来的钱用于接济贫困民众。皇帝将其贬谪。叶向高和其他内阁大学士也尝试提出同样的建议，却没有结果。当年年底，刚刚巡查过边疆军饷的御史江日彩请求朝廷采取措施，保证在不给平民施加更大压力的前提下给边疆提供更多的补给。但皇帝反驳道，朝廷已经在节衣缩食了[103]。天启三年（公元 1623 年），巡按国库的给事中方有度提出建设皇陵的成本太高，遭到皇帝的严厉斥责，并罚俸禄半年。方有度提到的军事防御的高昂成本促使 17 世纪 20 年代初期的监察官员们屡次请求节约其他政府开支。他们要求皇帝节约其个人的奢侈行为，其重点在于当时京城内外的建设项目： 为神宗和光宗修建皇陵，以及重新修建宫中被火烧毁的殿阁[104]。

到了天启四年，此时虽然魏忠贤已经大权在握，权倾朝野，但是监察官员们仍然没有停止就各种财政问题，尤其是内府收支进谏。大量的财政收入被用于修建宫殿，这正是 17 世纪 20 年代初期的监察官员所反对的。修建宫殿成了魏忠贤最大的乐趣，在为他修庙之前，积极支持宫殿修建活动是监察官员巴结魏忠贤的主要方式[105]？ 那么更多的财政收入从何而来？答案： 文官集团和商人群体。我们无从考证魏忠贤尝试向文官集团和商人群体征税的出发点是什么。有可能他只是为了掠夺政敌的财富，当然也不排除是为了大明的江山社稷好，毕竟唯有大明帝国还存在，他才能继续代行皇权。从历史学的角度看，学者们普遍认同魏忠贤坏事做尽，而从财政的角度来看，魏忠贤向文官集团和商人群体征税这一行为，亦是弊远大于利的。虽然对于国家而言，向商人群体的加征似乎是弥补了商业税收入太少的缺陷，但这一加征中的很大一部分用于皇室内府的用度。而且，从商人阶层的角度，这种加征更是对他们利益的极大侵犯。他们以这样的方式通过参与到内府的商业活动中而为国家财政出的力，恐怕也并非他所愿。

参考文献

［1］［意］阿列桑德洛·荣卡格利亚：《西方经济思想史》，上海社会科学院出版社，2009 年版，第 30—32 页。

［2］丘濬：《大学衍义补》，台湾商务印书馆，1986 年版。

［3］Chen，H.（1911）. *The Economic Principles of Confucius and His School*. New York：Columbia University，Longmans，Green & Company，Agents，p. 173.

［4］胡寄窗：《中国经济思想史》上册，上海财经大学出版社，1998 年版，第 439 页。

［5］胡寄窗：《中国经济思想史》中册，上海财经大学出版社，1998 年版，第 111 页。

［6］余英时：《儒家伦理与商人精神》，广西师范大学出版社，2004 年版，第 269 页。

［7］王阳明：《传习录》，上海古籍出版社，1992 年版。

［8］Hu，J.（1988）. *A Concise History of Chinese Economic Thought*. Peking：Foreign Languages Press.

［9］何心隐：《何心隐集》卷三，中华书局，1960 年版。

［10］颜钧：《颜钧集》，中国社会科学出版社，1996 年版。

［11］李贽：《李贽文集》，中国社会科学文献出版社，2000 年版。

［12］常文相：明代士大夫的"商人-商业"观. 西南大学学报（社会科学版），2018，44（5）：136—144.

［13］韩邦奇：《苑洛集》，台湾商务印书馆，1973 年版。

［14］李梦阳：《空同集》，上海古籍出版社，1991 年版。

［15］顾宪成（1550—1612），无锡县人，明朝政治家、思想家、学者，重建东林书院，在野评议时政，广受支持，人称东林先生，为东林党的创始人之一。曾官至吏部文选司郎中。

［16］顾宪成：《小心斋札记》，齐鲁书社，1997 年版。

［17］黄宗羲：《宋元学案》，河洛图书出版社，1975 年版，第 83 页。

［18］Stark，W.（2005）. *Jeremy Bentham's Economic Writings*：*Critical edition based on his printed works and unprinted manuscripts*，Vol. III. London：Routledge，p. 81.

［19］顾炎武：《天下郡国利病书》，商务印书馆，1985 年版，第 94—96 页。

［20］Lufrano，R. J.（1997）. *Honorable Merchants*：*Commerce and self-cultivation in late imperial China*. Hawaii：University of Hawaii Press，p. 46.

［21］ 顾炎武：《天下郡国利病书》，商务印书馆，1985 年版，第 94 页。

［22］ 刘守刚：《中国财政史十六讲：基于财政政治学的历史重撰》，复旦大学出版社，2017 年版，第 216—217 页。

［23］ Schefold，B.（2016）. *Great Economic Thinkers from Antiquity to the Historical School*：*Historical school，old and young*. London：Routledge，p. 368.

［24］ Poettinger，M.（2019）. The Medici Pope, Jacob Fugger and the new catholic view on the economy：Johann Eck and the problem of usury. *International Conference at Forschungskolleg Bad Homburg* 2019，p. 4.

［25］ Sombart，W.（1967）. *The Quintessence of Capitalism*：*A study of the history and psychology of the modern business man*，translated and edited by Epstein M. New York：Howard Fertig，p. 44.

［26］ Von Glahn，R.（2004）. *The Sinister Way*：*The devine and the demonic in Chinese religious culture*. Berkeley：University of California Press，p. 222.

［27］ 刘守刚：《中国财政史十六讲：基于财政政治学的历史重撰》，复旦大学出版社，2017 年版，第 219—220 页。

［28］ Hu，J.（1988）. *A Concise History of Chinese Economic Thought*. Peking：Foreign Languages Press，p. 452.

［29］ Hymes，R. P. and Schirokauer，C.（1993）. *Ordering the World*：*Approaches to state and society in Sung dynasty China*. Berkeley：University of California Press，p. 86.

［30］ 胡寄窗：《中国经济思想史》下册，上海财经大学出版社，1998 年版，第 351—352 页。

［31］ 丘濬：《大学衍义补》，台湾商务印书馆，1986 年版，第 91 页。

［32］ 陆深（1477—1544），字子渊，号俨山，南直隶松江府上海县（今属上海市）人，明朝政治人物、书法家。弘治辛酉解元，乙丑进士，累官詹事府詹事。上海浦东的陆家嘴即因其故宅、祖茔得名。

［33］ 陆深：《俨山外集》，上海古籍出版社，1987 年版。

［34］ 宋应星（1587—1666）是明朝晚期的科学家和思想家。他著有《天工开物》一书，这本百科全书涵盖了包括火药武器使用在内的各种技术主题。英国汉学家、历史学家李约瑟称宋应星为"中国的狄德罗"。

［35］ 宋应星：《天工开物》，上海古籍出版社，2010 年版。

［36］ 海瑞（1514—1587）是明代知名的清官。关于其评价，褒贬不一。有观点认为其"迂腐"，亦有观点认为其是治世能臣。他虽一开始只是"不入流"的教谕，45 岁时也仍然只是淳安知县，但后来受到朝中高官（普遍认为是吏部侍郎朱衡）提携，最高官至二品的南京吏部右侍郎。

［37］ 海瑞：《海瑞集》上册，中华书局，1962 年版。

［38］ 高拱（1512—1578）是明朝政治家和思想家，曾于隆庆时期担任内阁首辅。

［39］ 高拱：《高拱全集》，中州古籍出版社，2006 年版。

［40］ 刘秋根：《明清高利贷资本》，中国社会科学文献出版社，2000 年版，第 32—33 页。

［41］ 刘秋根：《明清高利贷资本》，中国社会科学文献出版社，2000 年版，第 221—230 页。

［42］［英］博克舍著,何高济译:《十六世纪中国南部行纪》,中华书局,1990年版,第83页。

［43］刘守刚,林矗,宋浩天:《中国古代治国理财经典阐释》,复旦大学出版社,2019年版,第250页。

［44］何孟春:《余冬序录摘抄内外篇》,中华书局,1985年版。

［45］陆深:《金台纪闻》,上海古籍出版社,1993年版。

［46］徐阶:《少湖先生文集》,齐鲁书社,2009年版。

［47］翰林院从唐朝开始设立,初时为供职具有艺能人士的机构,自唐玄宗后,翰林分为两种,一种是翰林学士,供职于翰林学士院,一种是翰林供奉,供职于翰林院。翰林学士担当起草诏书的职责,翰林供奉则无甚实权。宋朝后成为正式官职,并与科举接轨。明帝国时期被内阁等代替,成为养才储望之所,负责修书撰史,起草诏书,为皇室成员侍读,担任科举考官等。地位清贵,被认为是成为封疆大吏乃至阁老重臣的"踏脚石"。

［48］徐阶:《少湖先生文集》,齐鲁书社,2009年版。

［49］李先芳:《东岱山房诗录》,凤凰出版社,1997年版。

［50］Handlin, J. F. (1983). *Action in Late Ming Thought：The reorientation of Lü Kun and other scholar-officials*. Berkeley：University of California Press, p. 119.

［51］彭慕兰:《大分流:欧洲、中国及现代世界经济的发展》,史建云译,江苏人民出版社,2003年版,第111页。

［52］［法］布罗代尔著,顾良、施康强译:《十五至十八世纪的物质文明、经济和资本主义》第一卷,三联书店,1992年版,第211—212页。

［53］杜车别:《中国历史停滞吗? 对资本主义萌芽问题再探讨》,世界知识出版社,2019年版,第96—99页。

［54］［美］彭慕兰著,史建云译:《大分流:欧洲、中国及现代世界经济的发展》,江苏人民出版社,2003年版,第120—123页。

［55］Clunas, C. (1991). *Superfluous Things：Material culture and social status in early modern China*. Cambridge：Polity Press, p. 146.

［56］Hu, J. (1984). *Chinese Economic Thought Before the Seventeenth Century*. Peking：Foreign Language Press, p. 39.

［57］胡寄窗:《中国经济思想史》上册,上海财经大学出版社,1998年版,第316—317页。

［58］Clunas, C. (1991). *Superfluous Things：Material culture and social status in early modern China*. Cambridge：Polity Press, p. 146.

［59］陆楫:《蒹葭堂杂著摘抄》,中华书局,1985年版。

［60］陆楫:《蒹葭堂杂著摘抄》,中华书局,1985年版,第106页。

［61］Mandeville, B. (2017). *The Fable of the Bees；or, private vices, public benefits*. Hildesheim：Georg Olms Verlag, p. 12—22.

［62］Mandeville, B. (2017). *The Fable of the Bees；or, private vices, public benefits*. Hildesheim：Georg Olms Verlag, p. 110.

［63］Sombart, W. (1913b). *Luxus und Kapitalismus*. München：Duncker & Humblot, p. 71—76.

［64］陆楫：《蒹葭堂杂著摘抄》，中华书局，1985 年版，第 84 页。

［65］Wilhelm，R.（1930）．*Chinesische Wirtschaftspsychologie*．Leipzig：Deutsche Wissenschaftliche Buchhandlung，p. 69—70.

［66］王夫之：《读通鉴论》，中华书局，1975 年版，第 195 页。

［67］王夫之：《读通鉴论》，中华书局，1975 年版，第 181 页。

［68］郭子章（1542—1618）是明朝学者和天文学家。他历任福建建宁府推官、南京工部主事、广东潮洲知府、四川提学佥事、两浙参政、山西按察使、湖广右布政、福建左布政、兵部尚书兼都察院右副都御史。

［69］胡寄窗：《中国经济思想史》下册，上海财经大学出版社，1998 年版，第 432—433 页。

［70］王乔，席卫群：《比较税制》，复旦大学出版社，2013 年版，第 1 页。

［71］［美］凡勃伦：《有闲阶级论》，上海译文出版社，2019 年版，第 63 页。

［72］司马迁：《史记》，中华书局，1959 年版，卷三十。

［73］王孝通：《中国商业史》，上海书店，1984 年版，第 51 页。

［74］黄老思想是黄帝与老子思想的结合。黄老思想主要涉及三个主题：修身（包括炼金术）、治国（休养生息等）、实用主义（技术发明等），以形而上学本体论之道为基础，结合养生之道、命理学、兵法、谋略等。

［75］班固：《汉书》，中华书局，1962 年版，卷二十四。

［76］朱元璋：《明太祖文集》，台湾商务印书馆，1986 年版，卷十。

［77］张廷玉：《明史》，台北中研院历史语言研究所，1974 年版，卷六十七。

［78］丘濬：《大学衍义补》，台湾商务印书馆，1986 年版，卷二。

［79］申时行：《明会典》，中华书局，1989 年版，卷六十一。

［80］何孟春（1474—1536）是明朝学者，曾官至南京户部尚书。

［81］何孟春：《余冬序录摘抄内外篇》，中华书局，1985 年版，第 3 页。

［82］［加］卜正明，潘玮琳译：《挣扎的帝国：元与明》，民主与建设出版社，2016 年版，第 122—123 页。

［83］Lufrano，R. J.（1997）．*Honorable Merchants：Commerce and self-cultivation in late imperial China*．Hawaii：University of Hawaii Press，p. 158.

［84］袁宏道：《瓶花斋集》，上海古籍出版社，2010 年版，卷三。

［85］沈德符：《万历野获编》，中华书局，2007 年版，卷二十六。

［86］沈德符（1578—1642），明朝学者，但未曾为官，因为他只获得过举人头衔。他以其有趣的作品《万历野获编》而闻名，涉及明规、轶事、统治阶级内部纷争、民族关系、对外关系、山川、典籍史册、科技、神鬼等多种话题。他父亲是一位官方历史学家。

［87］沈德符：《万历野获编》，中华书局，2007 年版，卷二十六。

［88］袁宏道：《瓶花斋集》，上海古籍出版社，2010 年版，卷三，第 642 页。

［89］卢辅圣：《中国书画全书》，上海书画出版社，1992 年版，卷四。

［90］［美］魏斐德，梅静译：《中华帝国的衰落》，民主与建设出版社，2017 年版，第 49 页。

［91］唐顺之：《荆川先生文集》，商务印书馆，1922 年版，卷四。

［92］Lin，H.（2013）．Intersecting Boundaries：Manuscript，printing，and book culture in late

Ming China. *Oriens Extremus*，*Vol*. *52*，263—304.

［93］McDermott，J.（2006）. *A Social History of the Chinese Book*. Hong Kong University Press，
　　　p. 99.

［94］McDermott，J.（2006）. *A Social History of the Chinese Book*. Hong Kong University Press，
　　　p. 57—58.

［95］杜车别：《明末清初人口减少之谜》，中国发展出版社，2018 年版，第 168 页。

［96］焦树安：《中国藏书史话》，中国国际广播出版社，2011 年版，第 93—101 页。

［97］刘守刚，林蠹，宋浩天：《中国古代治国理财经典阐释》，复旦大学出版社，2019 年版，第
　　　250—251 页。

［98］［美］贺凯：《明朝监察制度》，中国方正出版社，2021 年版，第 140 页。

［99］黄仁宇：《十六世纪明代中国之财政与税收（大字版）》，九州出版社，2020 年版，第 554—
　　　555 页。

［100］王毓铨：《中国经济通史·明代经济卷》，经济日报出版社，2000 年版，第 135 页。

［101］李东阳：《明孝宗实录》，台北中研院历史语言研究所，1962 年版，卷二十八。

［102］蒋大鸣：《中国审计史话新编：自先秦至民国》，中国财政经济出版社，2019 年版，第
　　　153 页。

［103］温体仁：《明熹宗实录》，台北中研院历史语言研究所，1962 年版，卷七十四。

［104］［美］贺凯：《明朝监察制度》，中国方正出版社，2021 年版，第 194 页。

［105］［美］贺凯：《明朝监察制度》，中国方正出版社，2021 年版，第 196 页。

结语

明代的财政
与商人

从财政政治学的角度来看，明帝国时期，"士农工商"这几个重要阶层的排序或许可以调整为"士商工农"：士人阶层仍然排在第一位，其次是商人与工匠并列，或者商人略高于工匠，毕竟商人阶层对于国家的财政贡献是明显高于工匠阶层的。农民的相对地位在明帝国是明显下降的。这与传统的排名是不同的。至于国家与商人的关系，显然明帝国的商人仍然受到或多或少的打压，而这个量取决于他们在特定历史时期为国家财政和重要事项（比如为边镇运粮、为战争筹钱等）所能发挥的作用。充其量，他们通过提供有利于国家利益，尤其是国家财政的服务，证明自己在与皇室、官员或一些强大的团体的某些形式的合作中"很有价值"，但也仅此而已。

　　本书重点研究了明代的财政政策与商人的社会角色地位如何交互影响。通过本书的分析,我们可以得到关于明代商人与国家财政之间关系的两个较为清晰的结论。

　　首先,在国家层面,明廷和当时的士人阶层对商人的不信任、官僚的懒惰和不作为、国家对垄断行业的财政制度设计和学者相关思想对决策层的渗透、禁海开海等政策,这些财政思想和相应的政策直接或间接导致商人们通过寻租,即非生产性寻利活动来获取收入。比如: 商人通过各种方法进行偷税漏税;商人在国营垄断贸易中通过类似盐引这样的特殊许可证来寻租;商人在朝贡贸易、走私贸易、依附于海商集团的贸易中获取收益;等等。

　　其次,在学界和社会层面,士农工商的相关关系以及关于义利奢俭的消费思想等亦对当时的社会思潮以及商人在财政活动中的角色和地位产生重要影响,直接或间接导致商人们获得的财富很少用于再生产和再投资;商人阶层缺乏足够的外部正向激励,无法从根本上增加社会生产力,所以也就难以产生新的财富。明代的商人们往往把财富用于: 购置土地和房产;或者用于维持经商的持续性和为经商开展便利,比如投资子女的科举教育、巴结官员;或者用于一些"来钱更快"的方式,比如放高利贷;或者是直接用于高额消费,比如书籍、艺术品、服饰等。

　　于是,寻租和再投资缺位这两大破坏性因素,直接导致明代商人难以为国家财政贡献足够力量,难以承担起同时期欧洲商人所扮演的财政角色。不过,其对明代国家财政的一些积极作用仍然值得肯定,与前朝相比亦有不少进步。

一、明代财政制度：商人视角

从整个财政制度历史的视角来看,历经了千年的演变,明代的财政制度日趋成熟,而明代商业的井喷式发展,亦一向为明史学者和明史爱好者们津津乐道。本书试图融合财政史和商业史,以明代财政制度为基石,探讨了商人在各类主要财政活动中发挥的作用及相应的地位,包括但不限于商人与国家在食盐贸易中的合作、商税征收、田赋征收和土地交易、对外贸易和关税征收、高利贷活动、消费等等。

首先,在财政思想领域,正如我们在本书中看到的,整个明帝国时期,与商业和商人有关的财政思想可以大致归纳为以下三大阵营。第一类是像丘濬、张居正这样的学者兼明廷高官,他们的财政思想中体现了对中小商人的同情,因为在他们看来,商人与农民一起构成了稳定统治和国家财源的基础,而大商人虽被认为可能与国家竞争而需要一定的压制,但仍时常有被利用的巨大价值。丘濬、张居正这样的学者虽然不是皇室成员,但作为朝廷高官,他们要么直接为皇室和国家财政服务,要么直接是皇室财政利益的代言人。同时,由于这一类的学者大多是官员,还经常是高级官员,他们的思想通常表现出实用主义的趋势。尽管他们在年轻时接受了正统的儒家教育,但他们并没有死板地固执于很多公认的教条。

第二类是以高攀龙、叶向高等学者的财政观点为代表的,他们中的大多数属于东林学派,当然亦有一些明中的学者可以归入此类,比如叶淇等。他们的理论主要集中在试图改善中小商人的地位。虽然这一倾向看似与第一类相似,但与第一类显著不同的是,这些学者的财政思想很大程度上是基于他们自己的立场,因为他们大多出身于商人家庭。自然地,他们的财政思想也时常反映商人群体的利益。他们大多支持"弃儒"的潮流,但这并非出于对儒学的鄙视,而是旨在提高商人的声誉,甚至他们重点突出一些有作为的商人对于地方财政乃至国家财政所作出的贡献,他们因而获得社会尊重,这点在这一派学者看来显得尤为重要。值得一提的是,这些财政思想大多出现在与商业迅速扩张时期平行的明中明末时期。

第三类财政观点来自明代以传统思想为主导的学者。代表学者有林希元、李贽、王夫之等人,他们始终坚持"重本抑末"的思想。他们毫不掩饰自己的观点,即过多的民众参与商业会减少农民的数量，从而折损国家财政。这在维持小农经济统治的背景下是可以理解的，但不可否认，他们的财政思想同时继承了前朝对商人阶级的蔑视。本书中提到了明中以后以精致生活方式和奢侈品为特征的社会潮流至少一部分是由商人群体引发的，但即使在这样的时期，人们对商人的蔑视仍然广泛存在。许多人确实羡慕商人的赚钱能力；然而，这一阵营的学者们往往仍然认为，从事商业本质上是一种卑微的职业。

因而，明代中国的财政思想具有相应的突出特点。第一，财政思想集中在为君主利益而"富国"的命题上，而鲜少关心如何"强民"。其次，学者们经常站在自己的利益所涉及的群体视角来讨论商业和商人。最后，从纵向比较来看，虽然出现了一些明显的变化，但明代的财政思想在大多数情况下仍与中国古代财政思想的传统风格保持一致；而从横向比较来看，明代的财政思想大多数仍以伦理道德和王政为基础，极少讨论同时期西方经济思想中占主导地位的价值和公平价格等问题。

而具体到商人阶层在国家财政中的作用和地位，首先要明确一点，商人在其中的角色和地位绝不可能用简单的"高"或者"低"来定义。在不同的财政活动中，其地位甚至可能是大相径庭的。对此全书已作了通篇论述，现总结如下。

首先，在明代商人与国家的财政合作中，商人的地位因为其对国家的依附性而确实很低。第一个迹象是可追溯至先秦时期的对国有商业大力支持的顽固思想。明朝以前的朝代，虽然关于支持或反对国有商业的争论从未停止，但国有商业始终占上风。尽管更多的反对开始出现，但国家的垄断行为在明帝国仍然占主导地位。与国家相比，商人仍然是卑微的。这还反映在普遍的官僚腐败和有抱负的商人需要以某种方式获得有影响力的官员的支持才得以开展业务的必要性。继承并发展前朝重量级学者，如桑弘羊、刘晏、王安石等人的理论后，丘濬、张居正等一批高官学者对国有商业表达了谨慎的反对。尽管如此，李贽、王夫之等众多明代思想家继续表达对国有商业的偏袒和支持，而其中的一个重要出发点就是防止富商获得过多的政治权力。并且，就连丘濬和张居正，对于国家的盐、铁、酒等的专卖，态度也颇为复杂。换言之，他们也表达了对国家垄断某些产品的支持。比如，丘濬虽然明确赞成私人贸易，但亦明确不赞成废除所有垄断。作为主管国家财政的中央官员，他们往往还分别有他们各自特殊的财政目标。

明代的盐业专卖就是国营商业对国家财政支柱作用的最好例证。事实上，明廷通过实施开中法,加剧了对普通商人利益的侵犯。动机可能很容易识别: 财政管理者们往往也是当时的主流经济学者,他们的主要关注点是维护帝国的财政运行和社会的稳定。因此,要想使国家和君主的利益最大化,最好的办法就是压制商人阶级,而不给予他们足够的权利。然而,这种"利用"想要达到的预期效果,很容易被明朝官僚内部的腐败所抵消。官僚剥削商人,而不是帮助他们扩大贸易,而有时哪怕是有意图保护商人的皇帝也无法充分地对国家财政管理者进行制约,这一点在宦官当道的时期更为变本加厉。最终,以普通平民为主体的消费者不得不承担低效安排的负担。韩文、李雯、庞尚鹏、袁世振等财政管理者就盐业的短板提出了一些财政上的思考。他们的担忧其实体现了普通商人与国家合作的境况,这类合作对商人而言其实充满了风险和不确定性: 他们承受着随时可能被压制,甚至被逐出合作的压力。高官们和士人阶层偶尔也会对商人表示同情;然而,国家利益和国家的财政收支问题始终是他们最关心的问题,即使在国家对国营商业的控制减弱的时期亦是如此。这一点在万志英的书中也有提及[1]。

向商人出售盐引从一个角度展示了明朝维持盐业垄断的政策。流程是比较复杂的,它涉及官员和商业利益的不同派别。国家通过出售过多的盐引,削弱了它的财政收入来源。而在笔者看来,之所以对这个在明代财政史上跌宕起伏的复杂故事进行反思的主要目的,在于试图理解明代财政权力关系的逻辑。将基于盐引的分配制度视为"垄断"似乎表明这属于不完全竞争理论,在这一点上笔者参照了 Schefold(2019)关于盐铁会议的分析范式。本书在对明朝盐业的论述中,主要关注的是财政权力关系,以及商人基于地域渊源的利益集团的形成。而主要的解释变量是国家从提供特权中获得的收入,作为其财政收入的重要组成部分。

在商业税征收方面,明朝的商人在不同时期享有不同的地位。明初,洪武帝将商税税率定得很低,甚至对征收商税(相对于农业税而言)表示了不屑一顾,通俗地来说,明廷曾一度看不上商税这点财政收入。尽管如此,明廷还是执行了严格的惩罚措施,以防止商人逃税。到了明中叶,明廷主动向商人征收更多名目的商税,以减轻农民负担,这一时期,反对固定商业税率成为主流思想和政策。然而,逃税也在此期间开始变得更为猖獗。明末打压商人严重的时期(尤其是万历后期),对征收重税的批评成为学者们的共识,尤其是东林学派,而这似乎进一步助长了商人逃税。然而,即使在明末商业迅猛发展的实际背景下,将商税作为压制商人的手段的理论在以王夫之等为代表的学者中仍有忠实拥护者。当时税收被一些学者认为是为国防提供资金的主要手段,亦有学者认为可以进行税收改革来减轻农民的负担。王夫之曾给出了一个财政论证实例,他认为商人的税收负担不能转嫁给农民或地主。这种信念产生的原因值得进一步分析,以及判断这是否是西方财政思想中的重要概念"盈余"(surplus)在中国的肇始。

作为财政思想的重要组成部分,关税和对外贸易思想也反映了商人的角色和地位。在明代大部分时间实行海禁政策的背景下,一些学者将对外贸易仅仅视为一些沿海地区的特殊问题,不过也有学者从整个国民经济和国家财政的角度切入。在支持和反对海禁的两大阵营中,海禁政策的支持者从"关税对国家财政利益不大"和"海外贸易导致海盗骚扰沿海、国家政治不稳定"的角度进行论证。而支持开海的学者则提出针锋相对的思想,从"国家财政利益与民众利益相通"、"通则寇为商"等角度展开讨论,这些财政思想居然与桑巴特等人的思想也不谋而合。尽管如此,这些思想无一例外是从国家政治稳定和财政需要的角度出发的,并非真正关注商人阶级,这与同时期的欧洲国家的相关政策出发点颇为不同。

不仅如此,长期以来,明朝中央政府还将迫于生计等原因出海经商的商人视为海盗。他们因此受到无情的欺辱甚至迫害,这也反映了商人尤其是海商地位的一个方面。同样糟糕的是,晚明散商们不得不在一些大的海商集团下寻求某种"保护",这也是朝廷固执地推行海禁政策所导致的走私贸易制度的产物。然而,尽管政策环境和社会思潮并不友善,明帝国商人在整个明朝的对外贸易以及全球(尤其是东南亚地区)的贸易体系中仍然扮演着重要的角色。它不仅在明初积极寻求渗透进朝贡体系,而且与当时以葡萄牙人为首的日益增长的西方贸易交织在一起,在明中后期的贸易体系中发挥了重要作用。

在对内的财政活动方面,明帝国商人发挥的作用则日益显著。首先,商人能在明帝国时期发挥更大作用,与"义"和"利"这对中国古代经济思想史上最基本的哲学概念密切相关。前朝"义利不相容"的传统思想,即使不是全部,也至少在明帝国被部分取代了。在义利相容至少被部分肯定的背景下,一些相对有实力的商人开始帮助赈灾济贫、为重要工程筹款,或建立宗庙、参与慈善活动,这些无疑均是对国家财政的有利因素。进而,商人在这些领域的地位也获得了更进一步的承认。

突出的财政例子之一是明廷对商人在高利贷活动中的行为和作用的前所未有的认可(至少是默许)。在西方财政史上,高利贷一直是一个非常重要的议题,而在明帝国时期，更多的学者也开始讨论这个议题。在明朝以前，国家高利贷是国家财政的一个组成部分，私人高利贷虽然也广泛存在，但国家在高利贷行业中处于绝对的主导地位。而在明朝，尤其是中后期，商人进行高利贷活动的势力迅速崛起，与国家共分一杯羹。不过在当时的学界，虽然贷款必须偿还的原则没有受到质疑，但关于国家是否应该提供高利贷或是否应许可商人提供高利贷存在争论。与桑弘羊相反，丘濬赞成民间借贷，反对国家过度参与。其他思想家担心放贷可能会导致借款人变得懒惰，而另一种观点则要求富商放贷不求利息。反驳的观点是，这将意味着"劫富济贫"。因此，私商和国家虽共分一杯羹，但也是借贷的对手，商人明显在当他们的网络延伸到偏远的农村地区的时候更具备优势。

更突出的例子体现在消费方面。明代一个前所未有的现象是，以陆深为代表的崇尚奢侈之思潮，或提倡奢与俭并重的思潮，均开始形成自己的风气。这在明朝以前是不可想象的。事实上，在明代，特别是中后期，商人在艺术、书籍和各种奢侈品消费形式上越来越接近传统的士大夫阶层，甚至有时引领着整个社会的消费潮流，这或许可以被视为莫里哀的《资产阶级绅士》的明朝对应物。然而，这些崇奢的思想也并没有在整个帝国占据绝对的主导地位，更多地只是出现在了当时商业较为发达的地区，比如江南和徽州府地区。以阳明学派、东林学派为代表的当时的一些著名学者，严厉批评了奢靡的社会风气及其对于国家财政的损害。

而在明代的财政监管方面，在以都察院和六科给事中为中心的审计体制下，中央有都察院、十三道监察御史、六科给事中并立且互相牵制，地方上则有总督、巡抚、按察司、巡按御史等行使审计职权。这些机构都各自直接对皇帝负责。这样一个组织严密又直接受到皇帝控制的审计监督体系，增强了审计的独立性和权威性，对于恢复和发展经济，整顿吏治，巩固国家政权，产生了重要的影响。不过，我们也在本书中看到，明帝国的审计体制也存在诸多弊端，赋予一些监察审计官员尤其是巡按御史的权力过大，多个部门掌握审计职权造成了机构重叠、职权混淆，在科道之间形成了互相对峙、党同伐异的局面。

传统上，王阳明提出的新四民分业论被认为是传统四民分业定居论崩溃的征兆。然而，正如本书阐述的那样，和"重农抑商"类似，"重士轻商"的观念同样深深地根植于中国人的潜意识中，或谓"学而优则仕"。不过，明帝国时期的社会现实催化了儒家对待商人的态度的转变，推动了士商关系的转变，但这也根本不是儒家思想本身的发展。类似从事商业是一种体面的谋生方式这样的想法的出现，以及明中后期大量出现的"弃儒"等新的社会现象,是因为有关生计的实际考量,而并非因为对商人态度发生了根本变化。换言之,如果他们能够通过科举直接成为官员,他们肯定不会优先考虑从商。而且,类似王阳明对四民分业的新解释至少早在唐宋时期就已经得到发展和流传。因此,这并不是一个明代中后期才萌芽的新理论。而重新对其强调的可能原因或许是明代中后期中国沿海地区和徽州等商人多发地区的商业迅速发展,重现了唐宋时期商业繁荣的荣光。此外,从士人的角度来看,商人被认为需要仰赖官员的支持甚至庇护,而后者只是对商人有条件的欣赏。再加上大量当时的文献中呼吁对商人更多的理解和同情,这些都表明商人相对于士人的地位并没有实质性的提高。

在实践中,虽然部分商人(主要是两淮地区和山西省的盐商)受益于"商籍"制度的实施,在参与科举的过程中获取了一定的便利,但从总体上看商人阶层仍然没有被纳入被士人阶层控制的传统晋升渠道中,他们总是比士人阶层面临更多的歧视和限制。虽然在明帝国时期士人阶层与商人阶层之间的互动肯定更多,但这本质上是士人对商人的操纵,而不是对商人的衷心尊重。相反,商人有义务与士人保持特殊关系,例如参加士人子女的婚礼和一些特殊场合的送礼。这直接反映了商人阶层缺乏独立性: 只有依靠手握一定权力的官员,他们的财产和人身安全才能得到保障。

从财政的角度来看,与农民相比,商人的地位有了非常明显的提高。虽然农业税收占据国家财政收入的一大块,尽管不少学者仍存在着根深蒂固的对农业和农民的偏好,但基于客观的商业飞速发展以及商人日益增长的重要性等助推条件,以张居正、海瑞等人的思想为代表的农商并重理论逐渐与传统思想分庭抗礼。不同于前朝的一点是,在明帝国,从事商业被许多明朝学者肯定为是一种重要的生存方式,而且相比于农业需要更先进的技能。这一点在以前朝代的思想家中鲜少提及。相比之下,农民普遍被认为智力和能力低于平均水平。在实践中,虽然明朝初期洪武帝对商人服饰的限制并未在朝廷层面真正废除,但这些禁令在实践中从未得到认真执行。尤其是明朝中后期,禁令被认为是徒劳的,商人的服装比农民的服装豪华得多,尽管后者在表面上享有更高的法律地位。此外,许多农民放弃了农业,选择加入日益壮大的商人队伍,也是两者地位倒挂的又一明证。尤其到了明朝末期,自然灾害频发,许多原本为农民的难民更是寻求成为商人和工匠的助手,这一切都印证了商人相对于农民的地位逐渐提高。尽管官方一直强调对农业和农民的重视,但那只是作为小农经济统治者所必须坚持的表面文章。明代农民的实际选择以及对商人表现出的羡慕,已经证明了两者地位的倒挂。

而商人的地位应该是略高于工匠的。不过实际上,商人和工匠的相对地位是较难确定的,相关的原始文献亦非常有限。在中国古代,手工业也被视为不够"高大上"的职业,与商人经常面临的屈尊俯就类似。两者的相对地位自古以来就很少引起学者们的注意,或者说根据"士农工商"的排序,似乎没有什么可以讨论的必要。不过可以推断,与不受任何特定地点束缚、四处游走的商人相比,工匠通常拥有更容易受政府控制和管理的永久性作坊;因此,在传统的四民分业定居论中,他们或许能够获得比商人略高的地位。然而,与商人群体类似,在明中后期的商业化浪潮中,一些工匠的精品作品和审美标准得到了包括士人阶层在内的许多人的认可和赞赏。这在一定程度上提高了他们的地位,正如许多学者的赞美所证明的那样。但是,和商人一样,士人阶层对工匠的态度也很复杂。事实上,对工匠的钦佩和认可也往往伴随着蔑视。

纵观本书的分析,从财政政治学的角度来看,明帝国时期,"士农工商"这几个重要阶层的排序或许可以调整为"士商工农": 士人阶层仍然排在第一位,其次是商人与工匠并列,或者商人略高于工匠,毕竟商人阶层对于国家的财政贡献是明显高于工匠阶层的。农民的相对地位在明帝国是明显下降的。这与传统的排名是不同的。至于国家与商人的关系,显然明帝国的商人仍然受到或多或少的打压,而这个量取决于他们在特定历史时期为国家财政和重要事项(比如为边镇运粮、为战争筹钱等)所能发挥的作用。充其量,他们通过提供有利于国家利益,尤其是对国家财政的服务,证明自己在与皇室、官员或一些强大的团体的某些形式的合作中"很有价值",但也仅此而已。

不过略显讽刺的是,这一明显合理的新排名,却与各个阶层对国家税收的实际贡献恰恰是完全相反的。在小农经济中,农业税显然是所有税种中对国家财政贡献最大的一块,而士人阶层是根本不纳税的。不过从另一个角度看,这倒也并不奇怪。农民上交的税赋虽然很多,但农民只是国家财政的"贡献者"。而士人阶层才是国家财政的"掌管者"和掌握最终话语权的人。更何况,商人通过与国家合作、与权臣合作、与大的团体合作,甚至买官购籍等形式,为国家财政的贡献远超商税,对于国家财政而言,商人兼具"贡献者"和"参与分配者"两个身份,甚至在某些情况下,和士人阶层一样具有相当的话语权,这些在本书的论述中屡见不鲜。

这种价值无疑也让商人阶层爬到农民阶层头上"实至名归"。

二、结语： 大分流视角下的明代财政和商人

在大航海时代之前,当时的明帝国和西欧各国都是在君主制下以农业为主导的经济体,因此可以说他们至少在一定程度上有着相似的财政模式。在某些方面和某些时期,明帝国的表现甚至比西欧还要好。比如,永乐年间郑和所用的舰船制造技术实际上"处于世界先进水平"[2]。这可以通过以下事实来证明:"根据最近的一份报告,哥伦布和达伽马的所有船只都可以存放在郑和启航的舰队中的一艘船只的单层甲板上"[3],来自吕宋等地的大量白银流入明帝国。与此同时,庄园经济是西欧的主要形式,尤其是在中世纪。这种落后的生产方式阻碍了经济的发展。然而,大航海时代之后,西欧逐渐走上了发展资本主义的道路。西欧几个国家的国力相继强盛,而同时代的明帝国则逐渐落后,差距越来越大。

我们可以据此作一个简单的比较。第一,正如本书所阐述的那样,明中后期出现的重商思想,虽然有了明显的改善,但始终未能彻底战胜"重农抑商"的思想桎梏。农业和商业之间的根本相对地位没有动摇,商业被视为"末业"的尴尬事实虽确有松动,却并未发生根本改变。相反,在西欧,重商主义逐渐在当时的学界开辟出一片天地,各国的商业制度也随着思想体系的变化而发生变化。西欧各国大约在 15 至 16 世纪均出现了重商主义。重商主义者大都认同流通领域是财富的主要源泉,而且只有对外贸易才能增加一国的财富。具有代表性的便是法国的柯尔贝尔在路易十四统治时期推行的一整套对商业的保护和扶植政策。

第二,明帝国与同时期欧洲的政商关系似乎大不相同。西欧政治与商业资本的结合,可以说是真正的合作关系,这在明帝国是不可想象的。明朝总体上对商人的态度很明确: 打压和利用相结合,即使不打压,也想占商人的便宜。国家没有考虑过,也实际上没有积极为商家获取更高利润提供便利,个别官员或许有表达过其恻隐之心,但也只是凤毛麟角。比如盐业实行的开中制,表面上看确实是官商合作,以维持整个国家的盐业经济。然而,从生产到确定价格区间,从发盐许可证到决定运输和销售区域,实际上都是完全由明廷主导的,商人并不是一个参与制定或者参与决策的角色,而纯粹只是执行者和听命者。

不过,我们也不能就此认为明代的这种国家和商人的关系与以前的时代相比没有任何变化。虽然理论上一切仍然"由无处不在、高效和官僚的政府控制"[4],但正如本书所述,实际效果往往会偏离政策的预期结果。虽然商人们没有多少发表意见的权利,更谈不上双边协商和相互牵制,但至少,他们逐步在朝廷的高层有了利益代言人,比如叶淇,比如东林党人,甚至在某些情况下是宦官。尽管如此,与当时欧洲商人的待遇相比,这些努力还远远不够。

在近代早期的欧洲,虽然政府经常因国与国之间的战争而陷入金融危机,王室急需从商业中获得更多的财政收入,但与明帝国显著不同的是,西欧国家增加政府财政收入的关键途径是促进其商业发展和海外扩张。各国致力于争取在国际竞争中的优势地位,而不是诸如盲目控制和利用商人,或设置层层监督和严格控制试图覆盖所有商业活动这样的"内斗"。

第三,明廷对海洋贸易的限制太多,进而对海商的发展设置颇多障碍,这与同时期的欧洲海商面临的状况有很大的不同。虽然欧洲商人在中世纪时可能仍然享有较低的地位,但在大航海时代,他们的地位开始上升,甚至有助于他们影响国家经济和财政政策,这很大程度上归功于商人通过海外贸易为国家带来可观的财政收入。而反观明帝国,朝廷施以有史以来最强的禁海令[5],虽然明代海商实际上在对外贸易中(或明或暗),尤其是在东南亚贸易网络中发挥了至关重要的作用,但也难以彻底扭转禁海令的负面影响。从本书的分析中可以看出,虽然私商在16世纪左右繁荣的海外贸易中获得了可观的利润,但国家也从中受益,而且在前述的诸如大陆中心主义这样的思想影响下,明帝国没有如欧洲国家那样采取对外掠夺性扩张。

商人所起到的重要作用并没有换来明帝国商人地位的提高,可以产生急需的财政收入的商业活动却时常被政府拒绝。究其原因,从本书的几个地方可以看出,政府更担心制度的稳定性而不是财政状况,这反映在学者的财政思想中,亦反映在明帝国的各种财政政策中。在他们看来,只有民众遵守限制,国家才能稳定,边境才能消除外部威胁。因此,在考虑财政收支之前,必须先充分保障这些因素。政府认为,与其他国家的密切联系很容易让人造反,与外国勾结威胁国家的统治。当时,海岸屡遭海盗袭击(尽管其中相当一部分"盗寇"可能只是商人)。不受禁制的海外贸易,在执政者看来,必然成为帝国的隐患。这种忧患本身确实没错,但与当时的欧洲政府相比,一以贯之奉行小农经济的明廷缺乏开拓进取的精神。在西欧,勿论重商主义的学者们,即使是重农学派的很多思想家们也明确主张不论是对进口还是出口商品,都不应当课税,认为只有解除了妨碍对外贸易的一切禁令和规定,才能有利于粮食和商品的生产和贸易,从而增加国家的财政收入。

而最后,与同时期西方"倡导自由与约束商人的法律"[6]所不同的是,决定明帝国商人命运的往往不是《大明律》,而是某些官僚的权力和意志。不过,或许与许多人的猜测相反,这里所指的官僚主要是指地方官员,而非朝廷高官。正如我们在书中看到的那样,明廷中的一些有权势的人物反而会时常对平民,包括商人,表现出真正的同情。然而,日常所有的裁决执行必须依靠各地的地方官员,商人不得不与他们打交道,而很难与中央高官直接沟通。地方官员的道德标准参差不齐,各地的财政需求也各不相同,商人的角色和待遇也因此非常不稳定。

这些构成了明帝国时期商人的真正困境,阻碍了他们在协助明帝国的财政执行和发展中发挥更为积极的作用。商业发展不平衡以及商人对国家事务极低的参与度,必然是造成东西大分流的部分原因。与本书开头提到的问题类似,耶鲁大学的陈志武教授曾经提出过一个同样经典的问题——"为什么中国人勤劳却不富有?"[7]虽然这个问题更多是针对当代社会的个体,但这一疑问也完全适用于考察明帝国的商人群体:"为什么明帝国的商人勤劳却不富有?"正如我们在本书中看到的那样,不少明代学者认为经商需要特殊才能,但商人很难将经商事业做大和长久,似乎"富不过三代"确实是一条规律,而且如前所述,商人积累的资金也往往没有用于再生产。直到明代,国家也仍未建立起保障市场公平交易和自由竞争的法律和财政制度: 我们在当时学者们的财政思想中基本看不到这样的线索,哪怕是他们试图作出这样的努力都非常鲜见。在某些情况下,明廷不是公平交易制度的创始者或捍卫者,反而是其最大的破坏者。被不少学者引用的明万历年间增设税吏一事,或许只是特定时期的产物。然而,许多得到皇室支持的官员和宦官利用权力控制平民(包括中小商人)和富商财产的现象更像是明帝国的常态。这不得不引人深思。

中国古代大多数统治者的基调是"控制和使用"商人。明廷允许他们在一定范围内追逐利益,他们的子女亦可以参加科举,甚至偶尔也默许一部分人买官的行为。我们确实看到明帝国发生了一些令人欣喜的变化,但一些陈词滥调和陈规陋习显然远未消除。而明帝国时期的商人们要想赚钱,尤其是赚大钱,除了讨好政府,与官府结盟,似乎也别无他法。

但是,我们若仅把责任归咎于制度本身也是失之偏颇的。毕竟,明廷对待大小商人的方式也有其合理性,正如笔者在本书中阐述的那样。卢梭曾特别指出,"一般来说,民主形式的政府适合小国,贵族制适合中等规模的国家,而君主制适合大国"[8]。孟德斯鸠还认为,对于明朝这样一个庞大的帝国来说,"专制权威"可能更合理:"一个庞大的帝国以统治者的专制权威为前提。必要的中央决议的及时性可以弥补它们被送至地方的长距离这一缺点;必要的恐惧可以防止偏远省份的地方官员的玩忽职守;必要的权力集中有助于使法律不断完善,它总是与国家的规模成比例地增加"[9]。

这种看似不可避免的制度设计,让明帝国商人难以像其欧洲的同行们那样扩大商人集团的势力和影响。因此,明帝国商人若能够在现有的社会制度中增加财富,他们就不会去改进或颠覆现有的制度,而会努力稳定和提高他们在现有制度中的地位。即使是那些强烈支持商人阶级的明帝国财政思想家、财政管理者甚至是明廷高官们也不敢挑战本书所阐述的国家财政与商人的制度,尽管他们的努力可能已经是有史以来最接近成功的尝试[10]。

作为某种补充和总结,商人、市场和君主之间的关系以及商人与其他职业相比的相对地位或许也可以从"进入门槛"的角度来解释。根据供求规律,若假定需求不变,如果一个职业的劳动力供给过高(很多人有资格做这方面的工作),价值必然会降低。如果从这个角度来分析,四大职业中,士人无疑是最稀有的。毕竟,正如书中所说,读书人要获得头衔和官位是极其困难的。历朝历代都如此,明朝亦不例外。而且在明朝,由于印刷术等技术的进一步普及和发展,科举的竞争就有可能更加"内卷"。然而,虽然从事商业在从前或许会被认为是"几乎没有门槛",但在明帝国时期,与"愚农"相比,能够在市场上生存的商人通常也被认为是商业方面的天才。类似的,你必须发展一些技能才能成为工匠。相反,虽然当农民似乎是有门槛的(首先你得有地可以耕种),但在那个远没有农业机械化和智能化的年代,成为一位合格农民基本只需要勤奋,而鲜少有技术层面的要求。更糟糕的是,虽然商人经商也依赖很多外部因素,但作为一个农民,其收成在更大程度上取决于一些外部因素,如降水量和光照,而这是个人根本无法控制的,在当时的客观条件下连预测也做不到。虽然明帝国对农业的重视可能没有改变,但作为君主利益代言人的主导力量(士人阶层,通常是官员和财政管理者)与商人阶层产生了更多的联系。只要这些阶级没有威胁到国家的财政和社会稳定,在明帝国商业蓬勃发展的背景下,农民阶层最终沦为四民之末就成了现实。

以上这些财政活动的讨论最后又可以回归到制度问题。第二章里已经提到,在古代中国史里,宋朝和明朝是两个具有代表性的平民知识分子通过科举形成庞大的文官集团来掌控政府的例子。但不同于宋代是皇帝以高俸禄、宽纵优待来笼络文官的做法,明朝是出了名的低俸禄,对官员严厉,而且文官之间的互相制衡甚于前朝。在这种状况下,文官出于利益等需要,很容易成为民间各阶层的利益代言人,在任何大的决策形成前都互相内斗,直接导致国家无法在税收等方面有效汲取民间财富。财政收入只能维持国家最基本的运行需要。一碰上连年灾害就难以应付。社会也无法及时切换到战时状态,应对诸如外族入侵这样的危机。而明帝国很不幸,以上两个问题都碰到了,而且都非常严重——后金的入侵和明末的"小冰河期"。

类似欧洲工业革命的萌芽在明代中国没有出现应该说是学界的共识,虽然对其成因的解释是迥异的。比如,杜车别认为,问题极有可能不是明帝国压制个性、压制民间活力,而恰恰相反,是中国的社会形态进化超前于技术(造纸和印刷术),导致战国后大共同体的汲取能力和武力尚强时,却无法实现科技革命、工业革命,只能空等在那里。等到技术已经出现后,却又因为政治进步,民间对政府、对皇帝的约束限制大大加强。明帝国不能再像秦、汉、唐时期那样容易切换到战时状态,被外侵全盘占领的概率增加,文明发展被打断[11]。而卜正明认为,17 世纪上半叶订立的《威斯特伐利亚和约》决定了中国和欧洲国家从此走上不同的道路,这一合约确立了国家不再是君主的私人领域,而是一个公共实体;它不再是一个贡物的消费者,而是一个为了国家利益集中并富于创业精神地有效利用资源的代理机构[12]。

上述的这些解释均只是一家之言。但无论是哪种解释,商人及其资本没有深度参与其中,一定是个不容小觑的重要因素。卜正明指出,商业积累、残酷激烈的竞争、炫耀性消费,以及对规范和传统的不满和反抗,无论在中国还是欧洲,这些都改变着社会习惯和态度。这一论断是很中肯的。不过,正如本书的阐述中所体现的,明帝国的商人在经过资金积累、竞争、炫耀性消费等这些阶段后,却没有更进一步地协助整个社会往富有创新精神的方向去引导,因为他们作为私人,沉迷于权力寻租与其他非生产性投资。而正是明廷的力量太弱,尤其在中后期对国家的控制能力弱,财政收入弱,导致以商人阶层为代表的民间力量没有义务也没有意愿进行再投资,也无法有效转化为国家力量,民间财富无法转化为国家所需的财政收入来维持国家有效运转和抵御各种灾荒和外部入侵。而反观西欧,他们在封建社会瓦解时,国家对商人的汲取能力类似于战国和秦汉时期的状况,能满足四处征战和抵御外侵的需要,同时又有现成的造纸和印刷术从中国传播过去,提供给他们。而随着中世纪的终结,文艺复兴、宗教改革、启蒙运动、工业革命等重大事件的接连发生,且其进程没有被蛮族外侵打断,生产力于是发生了堪称飞跃性的进步。而等到国家的财政汲取率有所下降时,生产力却已经增长了更大幅度。而这样的客观条件和历史机遇,毫无疑问对于明帝国而言是不存在的。

最后要强调的是,以上所有结论都是基于本书的研究和阐述,因而必存在疏漏之处。商人在明代的财政活动中的角色和地位,以及他们与市场和国家的关系,毕竟是一个高度复杂的话题,因此可能不会有任何让每个人都认同的确定性结论。而且,正如我们在本书中看到的那样,明帝国商人在从事各种业务和与各种人群或机构打交道时,其角色和地位也并非一成不变,有时甚至是天差地别。不过,从财政史和商业史的角度来看,本书中的研究结论已尽可能地接近真实历史。期待之后进一步的研究,抑或其他学者的相关研究,能够为本书中尚存不足的部分作进一步的深化和完善。

参考文献

[1] Von Glahn, R. (2016). *An Economic History of China*: *From Antiquity to the Nineteenth Century*. Cambridge: Cambridge University Press, p. 94.

[2] 吴慧:《中国商业通史》第三卷,中国财政经济出版社,2004 年版,第 686 页。

[3] Strayer, R. W. (2011). *Ways of the World*: *A brief global history with sources*. New York: Bedford St. Martin's, p. 575.

[4] Braudel, F. (1979). *Civilization and Capitalism*, *15th—18th Century*, *Volume II*, *The Wheels of Commerce*. Translation from the French by Sian Reynolds. London: Book Club Associates, p. 131.

[5] 李金明:《明代海外贸易史》,中国社会科学出版社,1990 年版,第 2—3 页。

[6] McCloskey D. N. (2010). *Bourgeois Dignity*: *Why Economics Can't Explain the Modern World*. Chicago: University of Chicago Press, p. 11.

[7] 在 2019 年于德国 Bad Homburg 进行的国际会议期间,笔者曾有幸和陈志武教授面对面讨论他提出的这一经典问题。陈教授提及了对这个问题的另一个可能解答是"金融大分流"

（financial divergence）的某种古代渊源： 中国对于宗族秩序的早期选择，对比西方对超越
宗族秩序的跨期风险共担模式的选择（early choice of kin-based family order vs. extra-kin
order for inter-temporal risk-sharing）。参见陈志武：《为什么中国人勤劳而不富有》，中信
出版社，2008 年版。

［8］ Rousseau，J.（1999），*The Social Contract*. Translated by Christopher Betts. Oxford：Oxford
University Press，p. 100.

［9］ Montesquieu，C.（1989）. *The Spirit of the Laws*. Translated by Anne M. Cohler，Basia C.
Miller and Harold S. Stone. Cambridge：Cambridge University Press，p. 126.

［10］ Hua，Tengda（2022）. *Handel im chinesischen Imperium der frühen Neuzeit*. Wiesbaden：
Springer Gabler，S. 183.

［11］ 参见杜车别：《大明王朝是被谁干掉的》，世界知识出版社，2017 年版。

［12］ ［加］卜正明：《挣扎的帝国：元与明》，潘玮琳译，中信出版集团，2016 年版，第 254 页。

参考文献

中文文献

［ 1 ］［意］阿列桑德洛·荣卡格利亚著，罗汉，耿筱兰，郑梨莎等译：《西方经济思想史》，上海社会科学院出版社，2009 年版。

［ 2 ］班固：《汉书》，中华书局，1962 年版。

［ 3 ］边俊杰：《明代的财政制度变迁》，经济管理出版社，2011 年版。

［ 4 ］［法］费尔南·布罗代尔著，顾良、施康强译：《15 至 18 世纪的物质文明、经济和资本主义》第一卷，生活·读书·新知三联书店，1992 年版。

［ 5 ］［加］卜正明著，潘玮琳译：《挣扎的帝国：元与明》，中信出版集团，2016 年版。

［ 6 ］蔡石山著，黄中宪译：《明代宦官》，台北联经出版事业公司，2011 年版。

［ 7 ］晁中辰：《明代海禁与海外贸易》，人民出版社，2005 年版。

［ 8 ］陈宝良：《明代社会转型与文化变迁》，重庆大学出版社，2014 年版。

［ 9 ］陈岱孙：《往事偶记》，商务印书馆，2016 年版。

［10］陈洪谟：《继世纪闻》，中华书局，1985 年版。

［11］陈继儒：《白石樵真稿》，首都师范大学出版社，2010 年版。

［12］陈仁锡：《皇明世法录》，台湾学生书局，1986 年版。

［13］陈子龙等：《明经世文编》，中华书局，1962 年版。

［14］陈正兴，周生春：《中国审计文化研究》，中国时代经济出版社，2004 年版。

［15］陈支平. 中国社会经济史学理论的重新思考. 中国社会经济史研究，1998(1)：1—7.

［16］陈志武：《为什么中国人勤劳而不富有》，中信出版社，2008 年版。

［17］丁笃本：《丝绸之路古道研究》，新疆人民出版社，2010 年版。

［18］杜车别：《大明王朝是被谁干掉的》，世界知识出版社，2017 年版。

［19］杜车别：《明末清初人口减少之谜》，中国发展出版社，2018 年版。

［20］[葡]多默·皮列士著，何高济译：《东方志》，中国人民大学出版社，2012 年版。

［21］鄂尔泰：《硃批谕旨》，上海点石斋，1887 年版。

［22］范仲淹：《范文正公集》，商务印书馆，1919 年版。

［23］范之麟：《全唐诗典故辞典》，湖北辞书出版社，1989 年版。

［24］[美]索尔斯坦·凡勃仑著，凌复华，彭婧珞译：《有闲阶级论》，上海译文出版社，2019 年版。

［25］方宝璋：《中国古代审计史话》，中华书局，1995 年版。

［26］方兴.明朝万历年间"矿税银两"的定额与分成.首都师范大学学报(社会科学版)，2016 (6)：21—27.

［27］费宏：《明武宗实录》，台北中研院历史语言研究所，1962 年版。

［28］冯梦龙：《醒世恒言》，人民文学出版社，1979 年版。

［29］傅玄：《〈傅子〉评注》，天津古籍出版社，2010 年版。

［30］傅衣凌：《明清时代商人及商业资本/明代江南市民经济初探》，中华书局，2007 年版。

［31］傅振伦：《〈景德镇陶录〉详注》，书目文献出版社，1993 年版。

［32］高拱：《高拱全集》，中州古籍出版社，2006 年版。

［33］高攀龙：《高子遗书》，台湾商务印书馆，1986 年版。

［34］高寿仙.明万历年间北京的物价和工资.清华大学学报(哲学社会科学版)，2008，23 (3)：45—62.

［35］顾大韶：《炳烛斋稿》，北京出版社，1997 年版。

［36］顾宪成：《小心斋札记》，齐鲁书社，1997 年版。

［37］顾炎武：《天下郡国利病书》，商务印书馆，1985 年版。

［38］谷应泰：《明史纪事本末》，中华书局，1977 年版。

［39］关文发，颜广文：《明代政治制度研究》，中国社会科学出版社，1995 年版。

［40］管仲等：《管子》，台湾商务印书馆，1965 年版。

［41］郭厚安：《明实录经济资料选编》，中国社会科学出版社，1989 年版。

［42］海瑞：《海瑞集》上册，中华书局，1962 年版。

［43］韩邦奇：《苑洛集》，台湾商务印书馆，1973 年版。

［44］韩大成：《明代社会经济初探》，人民出版社，1986 年版。

［45］韩大成：《明代城市研究》，中华书局，2009 年版。

［46］韩愈：《韩昌黎集》，商务印书馆，1958 年版。

［47］何孟春：《余冬序录摘抄内外篇》，中华书局，1985 年版。

［48］何乔远：《镜山全集》，福建人民出版社，2015 年版。

［49］何心隐：《何心隐集》，中华书局，1960 年版。

［50］何兆武.论徐光启的哲学思想.清华大学学报(哲学社会科学版)，1987(1)：1—10.

［51］［美］贺凯著，谢天译：《明朝监察制度》，中国方正出版社，2021 年版。

［52］洪振快：《亚财政：制度性腐败与中国历史弈局》，中信出版社，2014 年版。

［53］胡寄窗：《中国经济思想史》上中下册，上海财经大学出版社，1998 年版。

［54］华强，张国浩：《故事本中国通史》，上海古籍出版社，2002 年版。

［55］桓宽：《盐铁论》，中华书局，1992 年版。

［56］黄仁宇：《资本主义与二十一世纪》，生活·读书·新知三联书店，1997 年版。

［57］黄仁宇著，阿风等译：《十六世纪明代中国之财政与税收》，生活·读书·新知三联书店，
2001 年版。

［58］黄仁宇：《万历十五年》，生活·读书·新知三联书店，2015 年版。

［59］黄绾：《明道编》卷四，中华书局，1983 年版。

［60］黄宗羲：《明夷待访录》，岳麓书社，2011 年版。

［61］黄宗羲：《宋元学案》，河洛图书出版社，1975 年版。

［62］嵇文甫：《晚明思想史论》，中华书局，2013 年版。

［63］姜瑞雯.明代丝绢税研究.中国经济史研究，2022(3)：100—110.

［64］蒋大鸣：《中国审计史话新编：自先秦至民国》，中国财政经济出版社，2019 年版。

［65］蒋建平，柳思维，朱坚贞等：《中国商业经济思想史》，中国财政经济出版社，1990 年版。

［66］江立华，孙洪涛：《中国流民史(古代卷)》，安徽人民出版社，2001 年版。

［67］江盈科：《雪涛小说(外四种)》，上海古籍出版社，2000 年版。

［68］焦树安：《中国藏书史话》，中国国际广播出版社，2011 年版。

［69］［意］卡洛·M.奇波拉：《欧洲经济史》第一卷，商务印书馆，1988 年版。

［70］赖建诚：《边镇粮饷：明代中后期的边防经费与国家财政危机，1531—1602》，浙江大学出
版社，2010 年版。

［71］李东阳：《明孝宗实录》，台北中研院历史语言研究所，1962 年版。

［72］李渡：《明代皇权政治研究》，中国社会科学出版社，2004 年版。

［73］李金华：《中国审计史》第一卷，中国时代经济出版社，2004 年版。

［74］李金明：《明代海外贸易史》，中国社会科学出版社，1990 年版。

［75］李金明，廖大珂：《中国古代海外贸易史》，广西人民出版社，1995 年版。

［76］李梦阳：《空同集》，上海古籍出版社，1991 年版。

［77］李明伟：《丝绸之路贸易研究》，新疆人民出版社，2010 年版。

［78］李维桢：《大泌山房集》，齐鲁书社，1997 年版。

［79］李雯：《蓼斋集》，北京出版社，2000 年版。

［80］李先芳：《东岱山房诗录》，凤凰出版社，1997 年版。

［81］李贽：《焚书》，远方出版社，2001 年版。

［82］李贽：《李贽文集》，中国社会科学文献出版社，2000 年版。

［83］［意］利玛窦著，文铮译：《利玛窦书信集》，商务印书馆，2018 年版。

［84］［意］利玛窦，金尼阁著，何高济，王遵仲，李申译：《利玛窦中国札记》，广西师范大学出版社，2001 年版。

［85］梁方仲：《中国历代户口、田地、田赋统计》，上海人民出版社，1980 年版。

［86］梁方仲：《梁方仲经济史论文集》，中华书局，1989 年版。

［87］梁捷：《梁捷西方经济思想史讲稿》，复旦大学出版社，2019 年版。

［88］林枫.万历矿监税使原因再探.中国社会经济史研究，2002(1)：13—19.

［89］林仁川：《明末清初私人海上贸易》，华东师范大学出版社，1987 年版。

［90］林希元：《林次崖先生文集》，厦门大学出版社，2015 年版。

［91］刘侗，于奕正：《帝京景物略》，上海古籍出版社，2010 年版。

［92］刘吉：《明宪宗实录》，台北中研院历史语言研究所，1962 年版。

［93］刘淼.明代前期海禁政策下的瓷器输出.考古，2012(4)，84—91.

［94］刘秋根：《明清高利贷资本》，中国社会科学文献出版社，2000 年版。

［95］刘强：《海商帝国：郑氏集团的官商关系及其起源(1625—1683)》，浙江大学出版社，2015 年版。

［96］刘守刚：《中国财政史十六讲：基于财政政治学的历史重撰》，复旦大学出版社，2017 年版。

［97］刘守刚，林矗，宋浩天：《中国古代治国理财经典阐释》，复旦大学出版社，2019 年版。

［98］刘守刚：《打开现代：国家转型的财政政治》，上海远东出版社，2021 年版。

［99］刘惟谦：《大明律》，上海古籍出版社，2002 年版。

［100］刘晓东：《明代的塾师与基层社会》，商务印书馆，2010 年版。

［101］刘泽华，汪茂和，王兰仲：《专制权力与中国社会》，天津古籍出版社，2005 年版。

［102］刘志伟：《在国家与社会之间：明清广东地区里甲赋役制度与乡村社会》，中国人民大学出版社，2010 年版。

［103］卢辅圣：《中国书画全书》，上海书画出版社，1993 年版。

［104］陆粲：《陆子余集》，上海古籍出版社，1993 年版。

［105］陆楫：《蒹葭堂杂著摘抄》，中华书局，1985 年版。

［106］陆深：《俨山外集》，上海古籍出版社，1987年版。

［107］陆深：《金台纪闻》，上海古籍出版社，1993年版。

［108］栾成显：赋役黄册与明代等级身份.中国社会科学院研究生院学报，2007(1)：89—96.

［109］吕坤：《吕坤全集》，中华书局，2008年版。

［110］罗宗强：《明代后期士人心态研究》，南开大学出版社，2006年版。

［111］马洪宽：《博弈论》，同济大学出版社，2015年版。

［112］马一龙：《农说》，中华书局，1985年版。

［113］［美］彭慕兰著，史建云译：《大分流：欧洲、中国及现代世界经济的发展》，江苏人民出版
社，2003年版。

［114］平新乔：《财政原理与比较财政制度》，格致出版社，2018年版。

［115］钱穆：《国史大纲》，台北联经出版事业公司，1998年版。

［116］钱穆：《中国历代政治得失》，九州出版社，2012年版。

［117］秦晖：《传统十论》，东方出版社，2014年版。

［118］丘濬：《大学衍义补》，台湾商务印书馆，1986年版。

［119］商鞅：《商君书》，中华书局，2009年版。

［120］沈榜：《宛署杂记》，北京古籍出版社，1980年版。

［121］沈德符：《万历野获编》，中华书局，2007年版。

［122］沈垚：《落帆楼文集》，刘氏嘉业堂刊本，1918年版。

［123］申时行：《明会典》，中华书局，1989年版。

［124］石俊志：《夺富于民：中国历史上的八大聚敛之臣》，中信出版集团，2017年版。

［125］史起蛰，张矩同：《两淮盐法志》，齐鲁书社，1996年版。

［126］司马光：《温国文正司马公文集》，商务印书馆，1919年版。

［127］司马光：《资治通鉴》，中华书局，2013年版。

［128］司马迁：《史记》，中华书局，1959年版。

［129］宋立杰.谏诤与妥协：沈一贯与万历朝矿税问题.贵州文史丛刊，2018(4)：71—78.

［130］宋濂：《元史》，中华书局，1976年版。

［131］宋瑞.从明代内库与皇室财政看明代国运兴衰.社会科学前沿，2022，11(3)：855—867.

［132］宋应星：《天工开物》，上海古籍出版社，2010年版。

［133］［日］松浦章著，李小林译：《清代海外贸易史研究》，天津人民出版社，2016年版。

［134］苏新红：《太仓库与明代财政制度演变研究》，中国社会科学出版社，2021年版。

［135］孙尚扬：《利玛窦与徐光启》，中国国际广播出版社，2009年版。

［136］孙文学，王振宇，齐海鹏：《中国财政思想史》(上)，上海交通大学出版社，2008年版。

［137］孙祖芳,孙伟立:《国际金融导引》,同济大学出版社,2002 年版。

［138］谈敏:《中国财政思想史简编》,上海财经大学出版社,2018 年版。

［139］唐力行:《商人与中国近世社会》,商务印书馆,2006 年版。

［140］唐顺之:《荆川先生文集》,商务印书馆,1922 年版。

［141］万明.16 世纪明代财政史的重新检讨——评黄仁宇《十六世纪明代中国之财政与税收》,《史学月刊》,2014(10):116—130.

［142］万依,王树卿,刘潞:《清代宫廷史》,百花文艺出版社,2004 年版。

［143］汪道昆:《太函集》,上海古籍出版社,2002 年版。

［144］王安石:《王临川集》,世界书局,1961 年版。

［145］王夫之:《黄书 噩梦》,中华书局,1956 年版。

［146］王夫之:《读通鉴论》,中华书局,1975 年版。

［147］王乔,席卫群:《比较税制》,复旦大学出版社,2013 年版。

［148］王士性:《广志绎》,中华书局,1997 年版。

［149］王世贞:《弇州续稿》,台湾商务印书馆,1986 年版。

［150］王廷相:《王廷相集》,中华书局,1989 年版。

［151］王孝通:《中国商业史》,团结出版社,2009 年版。

［152］王阳明:《传习录》,上海古籍出版社,1992 年版。

［153］王阳明:《王阳明全集》,河洛图书出版社,1978 年版。

［154］王逸帅:《参与式治理的兴起:地方人大公共预算监督问责的模式与实践》,复旦大学出版社,2020 年版。

［155］王应奎:《柳南随笔/续笔》,中华书局,1983 年版。

［156］王毓铨:《中国经济通史·明代经济卷》,经济日报出版社,2000 年版。

［157］王振忠:《明清徽商与淮扬社会变迁》,生活·读书·新知三联书店,1996 年版。

［158］卫永生,刘建俊,赵丽亚.浅谈明朝的审计.财会月刊,1989(6):46.

［159］温体仁:《明熹宗实录》,台北中研院历史语言研究所,1962 年版。

［160］吴慧:《中国商业通史》第一卷到第五卷,中国财政经济出版社,2004 年版。

［161］吴宽:《匏翁家藏集》,商务印书馆,1929 年版。

［162］吴晓波:《浩荡两千年:中国商业公元前 7 世纪—1869 年》,中信出版社,2011 年版。

［163］［美］谢尔登·D.波拉克著,李婉译,刘守刚校译:《战争、收入与国家构建:为美国国家发展筹资》,上海财经大学出版社,2021 年版。

［164］谢国桢:《明代社会经济史料选编》,福建人民出版社,1980 年版。

［165］解缙:《明太祖实录》,台北中研院历史语言研究所,1962 年版。

［166］谢开宠：《两淮盐法志》，台湾学生书局，1966 年版。

［167］谢肇淛：《五杂组》，上海书店出版社，2001 年版。

［168］徐光启：《农政全书校注》，上海古籍出版社，1979 年版。

［169］徐光启：《徐光启集》，上海古籍出版社，1984 年版。

［170］许国：《许文穆公集》，北京出版社，2000 年版。

［171］许衡：《鲁斋遗书》，台湾商务印书馆，1983 年版。

［172］许建国，蒋晓蕙，蔡红英：《西方税收思想》，中国财政经济出版社，2016 年版。

［173］徐泓：《二十世纪中国的明史研究》，台湾大学出版中心，2011 年版。

［174］徐阶：《少湖先生文集》，齐鲁书社，2009 年版。

［175］严从简：《殊域周咨录》，中华书局，1993 年版。

［176］延丰：《钦定重修两浙盐法志》，上海古籍出版社，2002 年版。

［177］颜钧：《颜钧集》，中国社会科学出版社，1996 年版。

［178］杨红伟：《超越控制的秩序：分税制产生的政治学分析》，复旦大学出版社，2021 年版。

［179］杨士奇：《明宣宗实录》，台北中研院历史语言研究所，1962 年版。

［180］黄克缵：《数马集》，北京出版社，1997 年版。

［181］叶世昌：《古代中国经济思想史》，复旦大学出版社，2003 年版。

［182］叶向高：《苍霞草全集》，北京出版社，1997 年版。

［183］叶永盛：《浙鹾纪事》，中华书局，1985 年版。

［184］尹守衡：《明史窃》，北京出版社，2000 年版。

［185］俞汝楫：《礼部志稿》，台湾商务印书馆，1986 年版。

［186］于慎行：《谷山笔麈》，江苏人民出版社，1983 年版。

［187］余英时：《儒家伦理与商人精神》，广西师范大学出版社，2004 年版。

［188］袁宏道：《瓶花斋集》，上海古籍出版社，2010 年版。

［189］臧嵘：《中国古代驿站与邮传》，中国国际广播出版社，2009 年版。

［190］张岱：《陶庵梦忆》，中华书局，2010 年版。

［191］张国维：《张忠敏公遗集》，北京出版社，2000 年版。

［192］张瀚：《松窗梦语》，中华书局，1985 年版。

［193］张建民、周荣：《中国财政通史（第六卷）：明代财政史》，湖南人民出版社，2013 年版。

［194］张居正：《张文忠公全集》，商务印书馆，1935 年版。

［195］张丽剑：明代的开中制，《盐业史研究》，1998 年第 2 期。

［196］张卤：《皇明嘉隆疏钞》，上海古籍出版社，2003 年版。

［197］张溶：《明世宗实录》，台北中研院历史语言研究所，1962 年版。

［198］张守军：《中国古代的赋税与劳役》，中国国际广播出版社，2010 年版。

［199］张廷玉：《明史》，台北中研院历史语言研究所，1974 年版。

［200］张燮：《东西洋考》，上海古籍出版社，1987 年版。

［201］张萱：《西园闻见录》，上海古籍出版社，2002 年版。

［202］张治安：《明代政治制度》，五南图书出版有限公司，1999 年版。

［203］章有义：《明清徽州土地关系研究》，中国社会科学出版社，1984 年版。

［204］赵龙：从屯田看世宗一朝财政与明之兴衰.西部学刊，2021(21)：93—96.

［205］赵南星：《赵忠毅公诗文集》，北京出版社，2000 年版。

［206］赵中男：明弘治时期的藩王赏赐与国家财政.安徽师范大学学报（人文社会科学版），2021，49(2)：92—99.

［207］周公旦：《周礼》，上海古籍出版社，2004 年版。（杨天宇：《周礼译注》，上海古籍出版社，2004 年版。）

［208］周荣：财政与僧政：从民间赋役文书看明初佛教政策.清华大学学报（哲学社会科学版），2021，36(5)：95—106.

［209］周玄暐：《泾林续纪》，中华书局，1985 年版。

［210］朱国桢：《涌幢小品》，上海古籍出版社，2012 年版。

［211］朱廷立：《盐政志》，上海古籍出版社，2002 年版。

［212］朱元璋：《明太祖文集》，台湾商务印书馆，1986 年版。

英文文献

［1］Balazs，E. (1967). *Chinese Civilization and Bureaucracy：Variations on a theme*. New Haven：Yale University Press.

［2］Baldanza，K. (2016). *Ming China and Vietnam Negotiating Borders in Early Modern Asia*. Cambridge：Cambridge University Press.

［3］Beard，M. (2008). *Pompeii：The life of a Roman town*. London：Profile Books Ltd.

［4］Bentham，J. (1823). *Principles of Morals and Legislation*. Oxford：Clarendon Press.

［5］Braudel，F. (1972). *The Mediterranean and the Mediterranean World in the Age of Philip II，Volume I. Translation from the French by Sian Reynolds*. New York：Harper & Row.

［6］Braudel，F. (1979). *Civilization and Capitalism，15th—18th Century，Volume II，The Wheels of Commerce. Translation from the French by Sian Reynolds*. London：Book Club Associates.

［ 7 ］ Brook，T. （1993）. *Praying for Power：Buddhism and the formation of gentry society in late-Ming China*. Cambridge：Harvard University Asia Center.

［ 8 ］ Brook，T. （1999）. *The Confusions of Pleasure：Commerce and culture in Ming China*. Berkeley：University of California Press.

［ 9 ］ Calder，K. （2012）. *The New Continentalism：Energy and Twenty-First-Century Eurasian Geopolitics*. New Haven：Yale University Press.

［ 10 ］ Chang，C. （1962）. *Wang Yang-ming：Idealist philosopher of sixteenth-century China*. New York：St. John's University Press.

［ 11 ］ Chang，J. L. （1987）. History of Chinese Economic Thought：Overview and recent works. *History of Political Economy*，19 （3），481—502.

［ 12 ］ Chen，H. （1911）. *The Economic Principles of Confucius and His School*. New York：Columbia University，Longmans，Green & Company，Agents.

［ 13 ］ Cheng，L.，Peach T. and Wang，F. （2014）. *The History of Ancient Chinese Economic Thought*. London：Routledge.

［ 14 ］ Chou，C. and Edward，H. K. （1974）. *An Economic History of China*. Center for East Asian Studies，Western Washington University.

［ 15 ］ Clunas，C. （1991）. *Superfluous Things：Material culture and social status in early modern China*. Cambridge：Polity Press.

［ 16 ］ Clunas，C. （1997）. *Pictures and Visuality in Early Modern China*. London：Reaktion Books Ltd.

［ 17 ］ Dardess，J. W. （2011）. *Ming China，1368—1644：A Concise History of a Resilient Empire*. Lanham：Rowman & Littlefield Publishers.

［ 18 ］ Deng，K. G. （1997）. *Chinese Maritime Activities and Socioeconomic Development，c. 2100 BC-1900 AD*. Westport，CT：Greenwood Publishing Group.

［ 19 ］ Deng，K. G. （1999）. *The Premodern Chinese Economy：Structural Equilibrium and Capitalist Sterility*. London：Routledge.

［ 20 ］ Deng，K. G. （2000）. A Critical Survey of Recent Research in Chinese Economic History. *Economic History Review*：1—28.

［ 21 ］ Elvin，M. （1973）. *The Pattern of the Chinese Past*. Stanford：Stanford University Press.

［ 22 ］ Fairbank，J. K. （1983）. *The United States and China*. Cambridge：Harvard University Press.

［ 23 ］ Friebel，G. and Raith，M. （2004）. Abuse of Authority and Hierarchical Communication.

RAND Journal of Economics：224—244.

［24］Habermas，J. (1989). *The Structural Transformation of the Public Sphere*. Translated by Thomas Burger. Cambridge：MIT Press.

［25］Haliassos，M. & Tobin，J. (1990). The Macroeconomics of Government Finance. In：*Handbook of Monetary Economics*，2：889—959.

［26］Handlin，J. F. (1983). *Action in Late Ming Thought*：*The reorientation of Lü Kun and other scholar-officials*. Berkeley：University of California Press.

［27］Handlin，J. F. (1998). Social Hierarchy and Merchant Philanthropy as Perceived in Several Late-Ming and Early-Qing Texts. *Journal of the Economic and Social History of the Orient*. 41 (3)：417—451.

［28］Haney，L. H. (1911). *History of Economic Thought*：*a critical account of the origin and development of the economic theories of the leading thinkers in the leading nations*. New York：Macmillan.

［29］Hansen，V. (1990). *Changing Gods in Medieval China*，*1127—1276*. Princeton：Princeton University Press.

［30］Harari，Y. N. (2014). *Sapiens*：*A Brief History of Humankind*. New York：Penguin Random House.

［31］Hayek，F. A. (1988). *The Fatal Conceit*：*The errors of socialism*，*Collected works of F. A. Hayek*，Vol. I. London：Routledge.

［32］Hengstmengel，J. (2019). *Divine Providence in Early Modern Economic Thought*. London：Routledge.

［33］Ho，P. (1959). *Studies on the Population of China*，*1368—1953*. Cambridge：Harvard University Press.

［34］Ho，P. (1962). *The Ladder of Success in Imperial China*：*Aspects of social mobility*，*1368—1911*. New York：Columbia University Press.

［35］Horvath，J. (2020). *An Introduction to the History of Economic Thought in Central Europe*. London：Palgrave Macmillan.

［36］Hsü，I. C. Y. (2000). *The Rise of Modern China*. Oxford：Oxford University Press.

［37］Hu，J. (1984). *Chinese Economic Thought Before the Seventeenth Century*. Peking：Foreign Language Press.

［38］Hu，J. (1988). *A Concise History of Chinese Economic Thought*. Peking：Foreign Languages Press.

［39］Hua，T. (2021). *Merchants，Market and Monarchy：Economic thought and history in early modern China*. London：Palgrave MacMillan.

［40］Huang, R. (1974). *Taxation and Governmental Finance in Sixteenth-century Ming China*. Cambridge：Cambridge University Press.

［41］Hucker，C. (1958). Governmental Organization of the Ming Dynasty. *Harvard Journal of Asiatic Studies*, Vol. 21：1—66.

［42］Hymes，R. P. and Schirokauer，C. (1993). *Ordering the World：Approaches to state and society in Sung dynasty China*. Berkeley：University of California Press.

［43］Kaur，M. and Isa，M. (2020). *Between the Bay of Bengal and the Java Sea：Trade Routes，Ancient Ports and Cultural Commonalities in Southeast Asia*. Singapore：Marshall Cavendish.

［44］Klump，R. (2004). The Kingdom of Ponthiamas — A physiocratic model state in Indochina：A note on the international exchange of economic thought and of concepts for economic reforms in the 18th century, in：l. Barens, V. Caspari and B. Schefold (Eds.)：*Political Events and Economic Ideas*, Cheltenham：Elgar, 2004：173—183.

［45］Krueger，A. O. (1974). The political economy of the rent-seeking society. *The American economic review*, 64(3), 291—303.

［46］Le Bon，G. (1896). *The Crowd：A Study of the popular mind*. New York：The MacMillan Co.

［47］Li，Z. (2019). *A History of Classical Chinese Thought. Translated，with a philosophical introduction，by Andrew Lambert*. London：Routledge.

［48］Lin，H. (2013). Intersecting Boundaries：Manuscript, printing, and book culture in late Ming China. *Oriens Extremus*, *Vol*. 52, 263—304.

［49］Liu，Z. (1959). *Reform in Sung China：Wang An-shih (1021—1086) and his new policies*. Cambridge：Harvard University Press.

［50］Loewe，M. (1974). *Crisis and Conflict in Han China*. London：George Allen & Unwin.

［51］Lufrano，R. J. (1997). *Honorable Merchants：Commerce and self-cultivation in late imperial China*. Hawaii：University of Hawaii Press.

［52］Ma，D. (2016). *Textiles in the Pacific，1500—1900*. London：Routledge.

［53］Ma，Y. and Trautwein，H. (2013). *Thoughts on Economic Development in China*. London：Routledge.

［54］Maddison，A. (2007). *Chinese Economic Performance in the Long Run：960—2030 AD*. Paris：OECD Development Centre Studies.

［55］ Malthus，T. R. (1966). *First Essay on Population 1798*. London：Palgrave MacMillan.

［56］ Mandeville, B. (2017). *The Fable of the Bees；or，private vices，public benefits*. Hildesheim：Georg Olms Verlag.

［57］ Mark, K. (2002). *Salt：A world history*. New York：Walker and Co.

［58］ McCloskey D. N. (2010). *Bourgeois Dignity：Why Economics Can't Explain the Modern World*. Chicago：University of Chicago Press.

［59］ McCloskey D. N. and DeMartino, G. F. (2016). *The Oxford Handbook of Professional Economic Ethics*. Oxford：Oxford University Press.

［60］ McDermott, J. (2006). *A Social History of the Chinese Book*. Hong Kong：Hong Kong University Press.

［61］ McDermott, J. (2013). *The Making of a New Rural Order in South China*. Hong Kong：Hong Kong University Press.

［62］ Menudo, J. M. (2020). *The Economic Thought of Sir James Steuart：First Economist of the Scottish Enlightenment*. London：Routledge.

［63］ Montesquieu, C. (1989). *The Spirit of the Laws*. Translated by Anne M. Cohler，Basia C. Miller and Harold S. Stone. Cambridge：Cambridge University Press.

［64］ More, T. (2002). *Utopia*. Cambridge：Cambridge University Press.

［65］ Mosca, M. (2018). *Power in Economic Thought*. London：Palgrave Macmillan.

［66］ Needham, J. (2005). *The Grand Titration：Science and society in East and West*，Vol. 1，London：Routledge.

［67］ North, D. C. (1990). *Institutions，Institutional Change and Economic Performance*，Cambridge：Cambridge University Press.

［68］ Poettinger, M. (2019). The Medici Pope, Jacob Fugger and the new catholic view on the economy：Johann Eck and the problem of usury. *International Conference at Forschungskolleg Bad Homburg 2019*.

［69］ Polanyi, K. & Maclver, R. M. (1944). *The Great Transformation*. Boston：Beacon Press.

［70］ Pomeranz, K. (2000). *The Great Divergence：China，Europe，and the making of the modern world economy*. Princeton：Princeton University Press.

［71］ Reid, A. (1993). *Southeast Asia in the Age of Commerce 1450—1680*，Vol. 2. Princeton：Princeton University Press.

［72］ Rickett, W. A. (1998). *Guanzi：Political，economic，and philosophical essays from Early China*，Vol. 1. Princeton：Princeton University Press.

［73］ Roncaglia, A. (2006). *The Wealth of Ideas: A history of economic thought*. Cambridge: Cambridge University Press.

［74］ Rothbard, M. N. (2000), *Egalitarianism as a Revolt Against Nature and Other Essays*. Auburn: Ludwig von Mises Institute.

［75］ Rothbard, M. N. (2006), *Economic Thought Before Adam Smith*. Cheltenham: Edward Elgar Publishing.

［76］ Rousseau, J. (1999), *The Social Contract*. Translated by Christopher Betts. Oxford: Oxford University Press.

［77］ Russell, B. (1922). *The Problem of China*. London: George Allen and Unwin, Ltd.

［78］ Schefold, B. (2000). *Economic Interests and Cultural Determinants in European Integration: Conference Proceedings of the 1998 Summer School, Brixen/Bressanone, 31 August - 10 September 1998* (No. 21). Europäische Akademie.

［79］ Schefold, B. (2014a). Marx, Sombart, Weber and the Debate about the Genesis of Modern Capitalism. *Journal of Institutional Studies*, 6(2): 10—26.

［80］ Schefold, B. (2014b). Economics without Political Economy: Is the discipline undergoing another revolution. *Social Research*, 81(3): 613—636.

［81］ Schefold, B. (2016). *Great Economic Thinkers from Antiquity to the Historical School: Historical school, old and young*. London: Routledge.

［82］ Schefold, B. (2017). *Great Economic Thinkers from the Classicals to the Moderns: Translations from the Series Klassiker der Nationalökonomie*. London: Routledge.

［83］ Schefold, B. (2019). A Western Perspective on the Yantie lun, in: L. Cheng, T. Peach and F. Wang: *The political Economy of the Han Dynasty and Its Legacy*. London: Routledge, 2019: 153—174.

［84］ Schumpeter, J. A. (1954). *A History of Economic Analysis*. London: George Allen & Unwin.

［85］ Scott, J.C. (2009). *The Art of not Being Governed: An anarchist history of upland Southeast Asia*. New Haven: Yale University Press.

［86］ Semedo, A. (1655[1636]). *The History of That Great and Renowned Monarchy of China*. Translated by a person of quality. London: E. Tyler for John Crook.

［87］ Shen, F. (2009). *Cultural Flow Between China and Outside World Throughout History*. Peking: Foreign Language Press.

［88］ Skinner, G. W. and Baker, H. D. (1977). *The City in Late Imperial China*. Stanford: Stanford University Press.

［89］ Skinner，G. W. and Elvin，M. (1974). *The Chinese City between Two Worlds*. Stanford：Stanford University Press.

［90］ Smith，A. (1979). *The Wealth of Nations：An inquiry into the nature and causes of the wealth of nations*. Oxford：Clarendon Press.

［91］ Sombart，W. (1967). *The Quintessence of Capitalism：A study of the history and psychology of the modern business man*，translated and edited by Epstein M. New York：Howard Fertig.

［92］ Stark，W. (2005). *Jeremy Bentham's Economic Writings：Critical edition based on his printed works and unprinted manuscripts*，*Vol．III*. London：Routledge.

［93］ Strauss，L. (1998). *Xenophon's Socratic Discourse：An interpretation of the Oeconomicus*. South Bend：St. Augustine's Press.

［94］ Strayer，R. W. (2011). *Ways of the World：A brief global history with sources*. New York：Bedford St. Martin's.

［95］ Subrahmanyam，S. (2012). *The Portuguese Empire in Asia 1500—1700：A Political and Economic History (2nd edition)*. New York：Wiley-Blackwell.

［96］ Sun，E. and DeFrancis，J. (1966). *Chinese Social History：Translations of selected studies*. *7.* London：Octagon Books.

［97］ Tang，L. (2018). *Merchants and Society in Modern China：Rise of merchant groups*. London：Routledge.

［98］ Tanimoto，M. and Wong，R. B. (2019). *Public Goods Provision in the Early Modern Economy：Comparative Perspectives from Japan，China，and Europe*. Oakland：University of California Press.

［99］ Twitchett，D. and Mote，F. (1998). *The Cambridge History of China：Volume 8，The Ming Dynasty，1368—1644*. Cambridge：Cambridge University Press.

［100］ Vaggi，G. (1987). *The Economics of François Quesnay*. London：Palgrave Macmillan.

［101］ Venn，H. (2009). *The Missionary Life and Labours of Francis Xavier Taken from His Own Correspondence：With a sketch of the general results of Roman Catholic missions among the heathen*. Cambridge：Cambridge University Press.

［102］ Von Glahn，R. (2004). *The Sinister Way：The devine and the demonic in Chinese religious culture*. Berkeley：University of California Press.

［103］ Von Glahn，R. (2016). *An Economic History of China：From Antiquity to the Nineteenth Century*. Cambridge：Cambridge University Press.

［104］ Watson，B. (1958). *Ssu-ma Chien：Grand Historian of China*. New York：Columbia University Press.

［105］Weber，M. (1951). *The Religion of China：Confucianism and Taoism*. New York：Free Press.

［106］Weber，M，Runciman，W. G. And Matthews，E. (1978). *Max Weber：Selections in translation*. Cambridge：Cambridge University Press.

［107］Weber，M. (2001). *The Protestant Ethic and the 'Spirit' of Capitalism*. New York：Penguin.

［108］Weber，M. and Whimster，S. (2004). *The Essential Weber：A reader*. London：Routledge.

［109］Wittfogel，K. (1949). *History of Chinese Society：Liao (907—1125)*. Lancaster：Lancaster Press.

［110］Wittfogel，K. (1957). *Oriental Despotism：A Comparative Study of Total Power*. New Haven and London：Yale University Press.

［111］Xiong，V. (2000). *Sui-Tang Chang'an：A Study in the Urban History of Late Medieval China*. Ann Arbor：The University of Michigan Press.

［112］Yu，Y. (2016). *Chinese History and Culture，vol. 2*. New York：Columbia University Press.

德文文献

［ 1 ］Greiner，Peter (1977). *Thronbesteigung und Thronfolge im China der Ming：(1368—1644)* (Vol. 43，No. 1). Darmstadt：Deutsche Morgenländische Gesellschaft.

［ 2 ］Hua，Tengda (2022). *Handel im chinesischen Imperium der frühen Neuzeit*. Wiesbaden：Springer Gabler.

［ 3 ］Höllmann，Thomas (2021). *China und die Seidenstraße：Kultur und Geschichte von der frühen Kaiserzeit bis zur Gegenwart*. München：Verlag C. H. Beck.

［ 4 ］Kauz，Ralph (2005). *Politik und Handel zwischen Ming und Timuriden：China，Iran und Zentralasien im Spätmittelalter* (Vol. 7). Wiesbaden：Reichert Verlag.

［ 5 ］Schefold，Bertram (2018). *Die Bedeutung des ökonomischen Wissens für Wohlfahrt und wirtschaftliches Wachstum in der Geschichte*. Wiesbaden：Franz Steiner Verlag.

［ 6 ］Sombart，Werner (1913a). *Der Bourgeois*. München：Duncker & Humblot.

［ 7 ］Sombart，Werner (1913b). *Luxus und Kapitalismus*. München：Duncker & Humblot.

［ 8 ］Vogelsang，Kai (2020). *China und Japan：Zwei Reiche unter einem Himmel*. Stuttgart：Alfred Kröner Verlag.

［ 9 ］Wilhelm，Richard (1930). *Chinesische Wirtschaftspsychologie*. Leipzig：Deutsche Wissenschaftliche Buchhandlung.

缀珍录

18世纪及其前后的中国妇女

［美］曼素恩 著　定宜庄 颜宜葳 译

Susan Mann

Precious Records

Women in China's Long Eighteenth Century

江苏人民出版社

图书在版编目(CIP)数据

缀珍录:18 世纪及其前后的中国妇女/(美)曼素
恩著.--南京:江苏人民出版社,2022.6(2023.10 重印)
(海外中国研究丛书/刘东主编)
书名原文:Precious Records:Women in China's
Long Eighteenth Century
ISBN 978-7-214-26876-1

Ⅰ.①缀… Ⅱ.①曼… Ⅲ.①女性-研究-中国-清
代 Ⅳ.①D442.9

中国版本图书馆 CIP 数据核字(2022)第 030862 号

江苏省版权局著作权合同登记号:图字 10-2004-066 号

书　　　名	缀珍录:18 世纪及其前后的中国妇女	
著　　　者	[美]曼素恩	
译　　　者	定宜庄　颜宜葳	
责 任 编 辑	史雪莲	
装 帧 设 计	周伟伟	
责 任 监 制	王　娟	
出 版 发 行	江苏人民出版社	
地　　　址	南京市湖南路 1 号 A 楼·邮编:210009	
照　　　排	江苏凤凰制版有限公司	
印　　　刷	苏州市越洋印刷有限公司	
开　　　本	652 毫米×960 毫米　1/16	
印　　　张	22.5　插页 4	
字　　　数	265 千字	
版　　　次	2022 年 6 月第 1 版	
印　　　次	2023 年 10 月第 4 次印刷	
标 准 书 号	ISBN 978-7-214-26876-1	
定　　　价	78.00 元	

(江苏人民出版社图书凡印装错误可向承印厂调换)